天大·中国司法论坛丛书

（第七辑 2021）

民事诉讼制度创新研究

编审委员会主任 苏泽林

主 编 孙佑海

中国法制出版社

CHINA LEGAL PUBLISHING HOUSE

序

2021年全国人大常委会启动对《民事诉讼法》的第四次修改，此次修改主要致力于缓解“案多人少”的司法矛盾，以“纠纷解决的多元化”“纠纷解决的效率化”“纠纷解决的电子化”为目标，对非讼程序与诉讼程序的对接、简易程序、小额诉讼程序、电子诉讼与电子送达等法律规定进行了修改与完善。

针对《民事诉讼法》的修改，2021年12月18日，由中国行为法学会司法分会主办，天津大学法学院承办的第七届“天大·中国司法论坛”在天津大学卫津路校区举行。来自全国各地法院、检察院、律所、高校科研单位的代表等一百余人通过线上线下相结合的方式共聚一堂，聚焦《民事诉讼法》的修改，共同研讨“智慧司法”背景下民事司法的“效率化”改革与展望。本届论坛共收到稿件211篇，内容涵盖了此次《民事诉讼法》修改的所有制度内容，专家们围绕民事诉讼中“纠纷解决的多元化”“纠纷解决的效率化”“纠纷解决的电子化”展开研讨，产出了多篇高质量的研讨成果。

民事审判工作的成效关系到老百姓的切身利益，如何“让人民群众在每一个司法案件中感受到公平正义”成为司法改革尤其是民事司法改革的重要目标。为保障人民群众能够充分通过司法手段保障自己的权利，2015年民事司法立案登记制开始全面实施。在便利了当事人起诉的同时，民商事案件的审判突破“千万大关”，民事司法实践中“案多人少”的矛盾较为突出，使得民事司法审判能力与人民群众对司法公平正义的要求存在一定的距离。

为实现审判能力的现代化，我国法院开始全面推进审判的“电子化”，包括从电子立案、电子送达直至电子庭审等一系列的电子审判手段，极大促进了审判的现代化。为提升司法处理案件的效率，对民事诉讼程序的非讼程序、小额诉讼程序、简易程序、普通程序的合议制度等进行修改，以实现案件审理的“繁简分流”，在保障案件审判质量的同时，实现审判的高效。

自2015年以来，“天大·中国司法论坛”在天津大学法学院已经举办了七届，形成了一系列制度改革建议与理论成果。此次司法论坛聚焦《民事诉讼法》的最新修改，对相关的理论与实践问题提出了多项改革建议，相信这些成果能够对我国司法改革产生重要的理论借鉴意义和参考价值。天津大学法学院作为论坛承办单位特将论坛部分成果集结出版，以期能够对民事司法领域的改革有所裨益。

本书的顺利出版再次得到中国法制出版社的大力支持，在此一并致谢！由于时间仓促，编辑人员水平有限，疏漏之处在所难免，敬请读者指正。

编　者

二〇二二年九月

目录

一、多元化纠纷解决

二、诉讼程序效率化改革

三、小额诉讼与审判辅助效率化改革

四、关于电子诉讼

一、多元化纠纷解决

中国特色纠纷解决：建构多元解纷机制与诉讼服务体系

——基于贵州省繁简分流改革试点法院的实证分析

杨劭禹

引言：多元解纷机制与诉讼服务体系彰显中国特色

良性融合的多元解纷机制与诉讼服务体系，以人民为中心，坚持权利至上，强调效率意识，是彰显中国特色的纠纷解决和诉讼服务模式。2019 年 1 月，习近平总书记在中央政法工作会议上指出“要深化诉讼制度改革，推进案件繁简分流、轻重分离、快慢分道”[①]。2021 年 2 月，习近平总书记在中央全面深化改革委员会第十八次会议上强调“要坚持和发展新时代‘枫桥经验’，把非诉讼纠纷解决机制挺在前面，推动更多法治力量向引导和疏导端用力，加强矛盾纠纷源头预防、前端化解、关口把控，完善预防性法律制度，从源头上减少诉讼增量”[②]。可见，习近平法治思想将多元解纷机制与诉讼程序繁简分流作为法治中国建设的重要一环。中国特色纠纷解决应当秉持系统性、整合性思维，将多元解纷和诉讼服务建设划归一体，构建坚持法治、集约高效、利民惠民的现代化纠纷解决体系。然而，现有研究视角呈割裂状态，更多地聚焦于多元解纷机制或者某项诉讼程序繁简分流改革的单一议题，鲜有视角对两者进行整体评价和剖析。[③]

①《习近平：全面深入做好新时代政法各项工作 促进社会公平正义保障人民安居乐业》，载《人民日报》2019 年 1 月 17 日，第 01 版。

②《完整准确全面贯彻新发展理念 发挥改革在构建新发展格局中关键作用》，载《人民日报》2021 年 2 月 20 日，第 01 版。

③ 代表性讨论参见张龑、程财：《从粗放到精细：繁简分流系统化模式之构建》，载《法律适用》2020 年第 9 期；孔才池：《制度如何生成：独任制扩大适用的实现路径与保障维度——基于 S 基层法院近三年的案件研究展开》，载《法律适用》2020 年第 22 期；左卫民：《中国在线诉讼：实证研究与发展展望》，载《比较法研究》2020 年第 4 期。

贵州省自2020年1月被确定为民事诉讼程序繁简分流改革的试点地区以来，成绩斐然，成效显著。贵阳“在线调解 + 司法确认”的模式得到了《最高人民法院关于民事诉讼程序繁简分流改革试点情况的中期报告》的转载，①南明法院的调解质效获得了《最高人民法院民事诉讼程序繁简分流改革试点工作专刊》的认可。在此背景下，本文依托于贵州省民事诉讼程序繁简分流改革试点法院的实证经验，为探索非诉与诉讼制度协同、相互融合，健全中国特色社会主义司法制度，由实然迈向应然的构想提供示范性样本，也为完善诉源治理、特邀调解、诉调对接、司法确认等问题探寻具有现实意义的法治化路径。②

一、多元解纷机制与诉讼服务体系的现实动因与症结梳理

（一）现实动因：多元解纷机制缓解“案多人少”矛盾

自2015年起，立案登记制度改革后，人民法院案件数量逐年攀升，员额法官数量却相对稳定。③窥一斑而知全豹，观察2014年至2020年贵阳市辖区基层法院民事一审案件审结数据，以及2014年至2020年南明区法院排名前十的案件审结数量变化情况，④可以初步了解中国法院诉讼经历了怎样的爆炸式发展。特征如下：

其一，2014年至2019年，案件数量总体增幅巨大。除极少数法院的个别年份出现小幅度下滑外，绝大部分基层法院的案件审结数量逐年上升。从2014年的28391件增长至2019年的83397件，整体增加约1.9倍，年平均增长率高达24%。

其二，近年来，法官办案压力与日俱增。以南明区法院为例，2019年，结

---

①《最高人民法院关于民事诉讼程序繁简分流改革试点情况的中期报告》载明“北京、杭州、贵阳等地试点法院利用在线平台，整合汇聚多元解纷资源，实现‘在线调解 + 司法确认’无缝衔接”，载最高人民法院官网，https://www.court.gov.cn/zixun-xiangqing-288321.html，2022年9月13日访问。

②《最高人民法院关于印发〈民事诉讼程序繁简分流改革试点方案〉的通知》（法〔2020〕10号），明确授权最高人民法院在北京、上海市辖区内中级人民法院、基层人民法院，……贵阳……市中级人民法院及其辖区内基层人民法院……开展民事诉讼程序繁简分流改革试点工作。

③ 罗嘉威：《仲裁与诉讼的分流机制研究——以司法文明建设为视角》，载《政法论坛》2019年第3期，载明“全国法官数量从2003年的19.5万余人开始至2014年的19.6万余人，12年间每年法官人数均维持在19万余人，变化不大。……截至2018年下半年，全国入额法官总共约12万”。

④ 数据来源于贵州法院案件知识图谱智能搜索系统，统计时间为2021年5月15日。

案数量超过 600 件的法官高达 9 人，所有法官平均结案数量为 416 件。显而易见，基层法院所面临的结案压力，以及案件背后所投射出来的日益复杂、增长的社会矛盾纠纷，如处于堤坝中高位区间的洪水，导致法院“案多人少”的矛盾日益凸显。

其三，各类民事案件均有所增长。考察南明区法院排名前十的民事案由的审结数据变化情况，2014 年至 2020 年，金融借款合同纠纷、信用卡纠纷、追偿权纠纷增长迅速，分别从 2、0、27 件增长至 557、1535、1212 件；民间借贷纠纷、借款合同纠纷占比平稳且排名居高，常年占比约为 18%、14%；离婚纠纷、机动车交通事故纠纷保持稳定，常年占比约为 5%。

其四，2020 年出现拐点。按照年平均增长率测算，2020 年的案件审结数量将突破 10 万件，但实际上，2020 年的案件量为 83397 件，略低于 2019 年的数据，且无一家法院的案件审结数量超过年平均增长率的预测，南明区法院、观山湖区法院、花溪区法院等五家法院出现了 2014 年以来的首次案件审结数量下滑。

表 1　2014—2020 年贵阳市辖区基层法院民事一审案件审结数据

（单位：件）

	2014 年	2015 年	2016 年	2017 年	2018 年	2019 年	2020 年	增长倍数
南明区法院	5523	7685	8705	12497	15157	16649	16007	1.89
云岩区法院	5364	6954	7515	8147	11175	13141	16972	2.16
观山湖区法院	2373	3413	3841	5393	6879	12431	11045	3.65
花溪区法院	3366	4397	4463	5694	6966	11593	10336	2.07
乌当区法院	1224	1655	2189	2777	3292	4593	4921	3.02
白云区法院	2040	2788	3284	3228	7860	9029	6494	2.18
清镇市法院	2105	2572	2540	3182	4823	6243	6204	1.95
开阳县法院	1827	2044	2187	2750	3427	4472	4489	1.46
修文县法院	1153	1397	1567	1798	2465	2715	2818	1.44
息烽县法院	1402	1421	1565	1695	1864	1778	2091	0.49
贵阳市辖区基层法院合计	26377	34326	37856	47161	63908	82644	81377	2.09

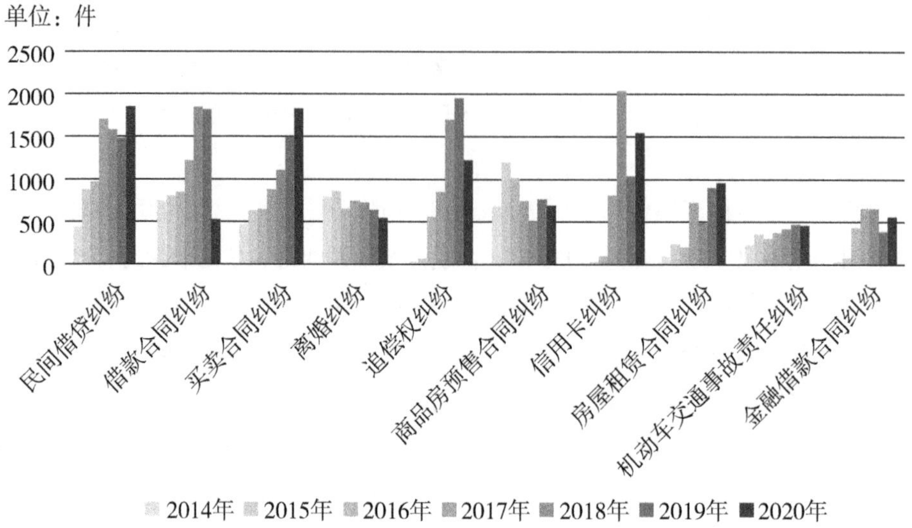

图 1　2014—2020 年南明区法院排名前十的案件审结数量变化情况

至此，迫切需要寻找 2020 年出现拐点的原因，即为何案件审结数量未按年平均增长率预测的上升，反而减少了？答案是 2020 年 1 月起，试点法院大力发展以诉前委派调解、诉中委托调解为主的多元解纷机制，将矛盾处置端口前移，当多元解纷机制成为法院诉讼解纷方式的过滤器或者分流管网时，通过法院诉讼解纷的数量自然减少。2020 年，贵州试点基层法院诉前委派调解纠纷数达 20239 件，诉前委派调解化解纠纷数达 5741 件，诉中委托调解化解纠纷数达 1885 件，换言之，有 5741 件纠纷没有进入诉讼程序。其中，南明区法院、观山湖区法院、清镇市法院通过调解化解纠纷数分别为 1831 件、2044 件、1069 件，基本抹平了预计的案件增量，三家法院的案件审结数量由此有所减少。

可以断言，正是多元解纷机制有效引导了纠纷分流，法院的诉讼之累得以在逐年攀升后有所回落。多元解纷机制必须挺在法院诉讼服务体系的前端，以疏通基层社会矛盾高位运行的状态，缓解法院系统“案多人少”的矛盾，推进审判体系和审判能力现代化。

（二）症结梳理：双轨制运行的多元解纷模式亟待重构

目前，多元解纷机制的模式主要分为两类，一类是法院主导的一站式多元解纷机制，现已在全国范围内基本建成；另一类是司法行政部门主导的人民调解。

但是，两者因体制不同暴露出一些问题。

其一，社会群众固有思维惯式。一方面，选择一站式多元解纷机制的当事人，往往不愿意调解，仍抱有立案、审判、执行的诉讼思维。另一方面，基层推选的人民调解员的法律素养不足以应对变化多端的社会纠纷，导致人民调解的专业性缺失。

其二，机构属性暗含内在矛盾。一方面，法院具有谦抑性属性，[①] 无论是西方国家还是中国，均认为法院是纠纷解决的最后一关，成为解决社会纠纷的前沿窗口并不合适。另一方面，人民调解具有民间性属性，与司法性相对立，主要表现为调解过程的自主性较强，采用情理调解多，提供法律服务少；调解对象的紧密性较强，人民调解多针对长期交往中的纠纷，如邻里纠纷、家事纠纷等；调解结果的约束力较弱，民事合同性质的调解协议，仍有被拒不履行的风险。

其三，社会变迁引致模式错配。2014 年至今，法院诉讼案件数量远大于人民调解案件数量，“当前社会公众可能更愿意通过诉讼的方式追求正义与实现权利”[②]。另外，在复杂的市场交易活动中，基于违约、侵权等债之发生原因而引发的摩擦、冲突越来越多，当事人寻求更具专业性的司法裁决的意愿更强。反映在人民调解上，在熟人社会中，中国的调解不仅依赖纠纷对立双方的求和、退让意识来运作，更依赖一定的权威和人脉关系。然而，现代社会的流动性极大，人民调解员很可能与双方当事人毫无关联，无法发挥熟人优势，以往显著的调解成效被消解。

总之，内部因素上，无论是群众对多元解纷机制与人民调解的固有印象不同，还是法院的谦抑性以及人民调解的民间性，均暴露出两者在理念、模式上的差异极大，无法供给规范化、标准化的解纷服务；外部因素上，当传统的人民调解模式已明显无法完美适配、衔接现代社会时，更迭换代的解纷体系亟待建构。

---

① 钱斌：《诉前调解制度的实践检视及完善进路——以淮安地区法院诉前调解工作情况分析为基础》，载《人民司法》2018 年第 31 期，认为“诉前调解工作存在制度理论方面的障碍之一为‘背离司法被动性原理’”。

② 左卫民：《“诉讼爆炸”的中国应对：基于 W 区法院近三十年审判实践的实证分析》，载《中国法学》2018 年第 4 期。

二、西部的突围：多元解纷机制与诉讼服务体系的理念重塑

（一）协同式的中国特色解纷基础架构

首先，协同式的中国特色解纷基础架构，是指利用人民法院搭建的一站式多元解纷机制平台，主动融入党委和政府领导，建设特邀调解制度，由司法行政部门推行的人民调解组织入驻特邀调解名册，与此同时，将行政调解、律师调解、行业调解、专业调解、商会调解作为特邀调解对象，进而实现当前调解资源的优化整合。

其次，为何要构建协同式的中国特色解纷基础架构？第一，现代化诉讼服务体系的必然要求。当前一站式多元解纷机制和人民调解的建设成绩斐然，截至2021年3月4日，人民法院一站式多元解纷和诉讼服务体系基本建成。① 依靠司法行政部门的多年努力，人民调解的覆盖范围更为广阔，服务于更广大基层。但是，若仔细观察相关公开数据，可见端倪：一是人民调解委员会的数量惊人，仅贵阳市范围内就设立了1835家人民调解委员会。二是大部分人民调解委员会形同虚设，以南明区125家人民调解委员会为例，有一半以上的人民调解委员会未公开或者待完善其联系电话和地址，可以推测，即使人民群众求助于人民调解委员会，也很难找到合适的场所和人员。三是一站式多元解纷机制和人民调解高度重合，贵阳市辖区法院一站式多元解纷机制共吸纳了84个调解组织，其中70个为人民调解委员会，7个为行政调解组织，7个为行业调解组织，与人民调解的重合率高达83.3%。② 据此，应将两者合二为一，特邀调解制度吸收、兼并人民调解，合理配置公共服务资源。

第二，推进多元解纷机制现代化转型的内在要求。一方面，一站式多元解纷机制遭到了人民法院的谦抑性质疑。事实上，笔者认为，除了诉讼服务以外，法

---

① 2020年《最高人民法院工作报告》载明“全面应用人民法院调解平台，与全国总工会、公安部、司法部、人民银行、银保监会、证监会等完成‘总对总’在线诉调对接，涵盖劳动争议、道交事故、金融保险、证券期货、知识产权等纠纷领域，3.3万个调解组织、16.5万名调解员入驻平台，为群众提供菜单式在线调解服务”。另外，2021年3月4日，最高人民法院在京召开新闻发布会宣布“人民法院一站式多元解纷和诉讼服务体系基本建成”。

② 数据分别来源于“贵州省司法厅官方网站”和“人民法院调解平台官方网站”，统计时间为2021年5月15日。

院应当发挥能动性，通过向基层组织、群众普法、释法，使矛盾纠纷于前端化解，发挥人民法院的积极参与、治理功能。另一方面，人民调解的民间性遭到了社会变迁的挑战。人民调解更适用于因社会人际交往产生的纠纷，以南明区法院为例，因社会经济往来产生的纠纷占民事案件的比例逐年升高，2014 年至 2020 年，信用卡纠纷、金融借款合同纠纷、追偿权纠纷三类纠纷从 0.82% 跃至 32.51%。另外，民间借贷合同纠纷、借款合同纠纷、买卖合同纠纷、商品房预售合同纠纷四类纠纷占比常年保持在 50% 左右，对调解员具有较高的法律素养需求，致使人民调解在处理纠纷时力不从心。

第三，协同式的中国特色解纷基础架构的制度优势。其一，宣传优势最为突出。体现在：一是越简单的制度越利于宣传，在府院联动层面，统一宣传口径就可以让百姓对协同式模式一目了然。最直接的例子是浙江省政务服务集成式改革，其"最多跑一次"的宣传口号广为人知，协同式模式可以借鉴为"民商事解纷中心，纠纷诉讼全厘清"。二是宣传一种政策比两种政策的成本效益高。法院和司法行政部门合力推行一种制度时，节省了大量人力物力。其二，组织优势尤为明显。有望解决现在常被诟病的调解员法律素养不高、调解组织经费保障不足的问题。

最后，构建协同式的多元解纷基础架构可行吗？贵州试点法院通过成立民商事案件诉调对接中心，以政府购买服务的方式调解纠纷。"截至 2020 年 12 月 31 日，贵阳市建立了 11 家全地域覆盖的民商事调解中心。纳入名册的特邀调解组织有 55 个，特邀调解员有 303 名。"① 既然全国范围内一站式多元解纷机制，已有 3.29 万个调解组织、16.5 万名调解员入驻，四级法院应用率达 100%，那么同样的模式可以推广于全国，协同式模式在实践上无制度障碍。

（二）均等式的中国特色解纷服务标准

首先，均等式的中国特色解纷服务标准，是指随着基层社会矛盾纠纷化解难题日益凸显，对协同式多元解纷机制的目标需求逐步提高，要加大对非诉讼解纷力量的法律指引、类案指导，无论是多元解纷还是诉讼服务，均要坚持以法律为中心，提供标准化、高质量的法治服务。

其次，为何要提供均等式的中国特色解纷服务标准？当前，多元解纷与诉讼

---

① 张玮、杨劭禹：《省法院召开贵州省民事诉讼程序繁简分流改革试点工作座谈会》，载贵州省高级人民法院官网，http://www.guizhoucourt.gov.cn/gzdt/229484.jhtml，2022 年 9 月 14 日访问。

服务之间差距较大，就诉讼服务而言，法院审判工作在基层社会纠纷化解中起着标杆式的定位作用，为每个当事人提供无差别的诉讼服务与审判标准。司法案件通过“类案同判”，流程公开、裁判文书公开，让人民群众切实地感受到权利和诉请得到回应，公平正义得到有效保障。就多元解纷而言，受制于调解过程中法律适用的程度不深、调解员法律素养不足、调解结果执行力度不够等因素，无论是在同类案件的纠纷解决标准上，还是在不同调解人员的服务能力上，均难以提供无差别的解纷服务。因此，普惠均等要求服务标准提质升级。

最后，如何实现均等式的中国特色解纷服务标准？答案为加强多元解纷服务的法律指引、类案指导。典型的例证是机动车交通事故责任纠纷的调解。传统的人民调解无法针对道路交通事故提供统一标准的赔付金额，往往由双方当事人协商议价，造成的结果是赔付标准五花八门，得到较低赔付的当事人对人民调解的信任度可能下降，久而久之，其他社会群众也不愿意依靠人民调解化解该类纠纷。而正在推行的道路交通事故一体化平台带来了巨大的变化，将受害人基本信息、治疗情况和伤残、医疗相关费用、财产损失等基本信息输入平台，就可以得到试算的赔付结果，[①] 实际上该试算结果与法院诉讼的赔付金额基本一致，推动了多元解纷机制与司法审判服务标准趋同。从全国数据来看，截至 2020 年 4 月底，共计受理调解申请 320247 件，调解完成 268853 件，调解成功 222919 件，调解成功率为 82.19%，通过提高道交事故调解的服务标准，有 80% 的纠纷成功化解。[②]

综上所述，由努力让人民群众在每一个司法案件中都感受到公平正义，提质升级为努力让人民群众在每一个纠纷中都感受到多元解纷机制与诉讼服务体系“普惠均等、便捷高效、智能精准”的优质服务供给。

（三）兼容式的中国特色纠纷解决机制

首先，兼容式的中国特色纠纷解决机制，实际上是指多元解纷机制与诉讼服务体系融合互通的解读，它包含两层含义：一是诉前多元解纷与诉讼服务在程序安排上如何互通；二是成功化解的纠纷如何对接司法确认程序，未成功化解的纠纷如何对接民事诉讼。

---

① 参见全国法院道路交通事故纠纷诉前调解平台，http://jttj.court.gov.cn。

② 人民法院新闻传媒总社：《运用网络科技构建共治格局 推动道路交通事故损害赔偿纠纷公正高效便捷化解》，载最高人民法院官网，https://www.court.gov.cn/zixun-xiangqing-230601.html，2022 年 9 月 14 日访问。

其次，如何构建兼容式的中国特色纠纷解决机制？第一，兼容式是指信息共享、程序互通。一是信息共享。信息主要包括双方当事人争议的主要案件事实，以及在调解过程中双方提交的证据材料。因纠纷所产生的信息在人民法院立案登记和多元解纷机制的调解过程中是共享的，当事人不用重复提交所有案件材料。当事人在一站式诉讼服务中心申请立案时，由一站式诉讼服务中心在告知当事人的基础上，将适宜调解的民商事纠纷推送至移送特邀调解，调解不成的，案件迅速回转至法院，进行诉讼立案。二是程序互通。多元解纷机制与诉讼服务的程序在立案、送达、回避等程序上是互通的，贵州试点法院打破调解、立案、审判、送达、执行各系统间壁垒，在调解过程中，双方当事人确定的案件事实，不必再经过审判程序重复质证，所确定的当事人送达地址，也可通用。

第二，“诉调对接”衔接机制包括两类：第一类，成功化解的纠纷如何对接司法确认程序？为了从根本上解决“调解协议具有民事合同性质”，当事人可以拒绝履行，无国家强制力背书的问题。要利用《民事诉讼法》所规定的司法确认制度赋予调解协议强制执行力，“裁定调解协议有效，一方当事人拒绝履行或者未全部履行的，对方当事人可以向人民法院申请执行”[①]。2020 年，贵州试点法院司法确认案件受理数达 3170 件，裁定确认调解协议有效数达 3141 件，调解协议申请强制执行率为 9.34%，为诉调对接提供了良好出路。第二类，未成功化解的纠纷如何对接民事诉讼程序？贵州试点法院编织了分层衔接递进的诉讼分流网，在原简易程序和普通程序的“双车道”基础上，开启了小额诉讼程序的“快车道”，各类案件妥善适用不同审理程序，以提供亲民、便民、惠民的司法服务。

三、全国的蓝图：多元解纷机制与诉讼服务体系的路径选择

2021 年 4 月 7 日，最高人民法院民事诉讼程序繁简分流改革试点调研座谈会在南京召开，会上强调，要将推动修改民事诉讼法作为试点工作的重中之重。本

---

① 2017 年《民事诉讼法》第 195 条规定：人民法院受理申请后，经审查，符合法律规定的，裁定调解协议有效，一方当事人拒绝履行或者未全部履行的，对方当事人可以向人民法院申请执行；不符合法律规定的，裁定驳回申请，当事人可以通过调解方式变更原调解协议或者达成新的调解协议，也可以向人民法院提起诉讼。（本书文章写作于 2021 年 12 月民事诉讼法第四次修改之前，除个别文章作了更新外，其他文章于出版时保持了原貌，未根据民事诉讼法进行修改。后文不再一一说明。——编辑注）

部分更多注重多元解纷机制与诉讼服务体系立法层面的推动作用，望试点成效转化为民事诉讼制度进步和发展的红利。

（一）民商事解纷中心：推进多元解纷与诉讼服务的协同运行

人民调解和一站式多元解纷机制在纠纷解决的目标、方式、功能上较为一致，各项业务、相关人员互有交叉、重合，完全可以通过设立民商事解纷中心，实现制度上的一体化融合。

首先，设立民商事解纷中心。第一，改变法院或者司法行政部门单兵作战的模式。一站式多元解纷中心纳入党委和政府领导范围，设立民商事解纷中心。第二，党委和政府应当对民商事解纷中心的运行予以充分的组织保障。纳入政府供给范围，相关场所建设费用、调解人员薪酬由公共财政统一解决。第三，发挥协同运行的宣传优势。有必要将做好宣传工作作为进一步推进中国特色纠纷解决的重要环节，让“民商事解纷中心，官司纠纷全厘清”的口号家喻户晓。

其次，集聚整合各类资源。第一，加强与地方政府、自治性协会的联动。各地方法院应当结合本地方实践，畅通行业自律组织、民政部门、行政主管部门的沟通，打造府院联动机制。第二，建设专业化调解平台。在矛盾纠纷频发的医疗、金融借款、民间借贷、建设工程、商品房买卖等重点领域，吸纳法院退休人员、律师、医生、会计师、银行职员、工程师、保险职员等作为特邀调解员，发挥其专业优势。

（二）特邀调解前置：推进多元解纷与诉讼服务的标准服务

首先，特邀调解的法律依据。当前除了《人民调解法》以外，诉前委托调解缺乏法律依据。有必要将特邀调解制度写入民事诉讼法，为其对接司法确认和诉讼程序提供正当性。[①] 笔者建议《民事诉讼法》增加条文：“当事人起诉到人民法院的民事纠纷，除根据案件性质不适宜调解，或者当事人不同意调解的情形外，人民法院可以委派特邀调解组织或者调解员对案件进行调解。”

其次，特邀调解的管理模式。应当对特邀调解组织、调解员的名册信息、人

---

① 学界持强制前置调解程序观点的学者很多，参见汤维建、齐天宇：《漂移的中国民事调解制度》，载《比较法研究》2012 年第 5 期。其提出“建议在《民事诉讼法》修改时增设强制前置调解程序，即在《民事诉讼法》第 12 章‘第一审普通程序’第 1 节‘起诉和受理’前增加一节作出专门规定”。

员条件、权利义务、退出机制等作出规定。2020 年，贵州试点法院委托委派调解成功率达 38.08%，可以预测，随着加强非诉解纷力量的法律指引和类案指导，调解成功率将进一步提高。

（三）司法确认程序：推进多元解纷与诉讼服务的良好衔接

调解协议具有民事合同性质，无强制执行力的保障，导致当前调解的意愿不足。司法确认制度提供了解决方案——通过特邀调解前置程序，调解达成协议的，当事人可向有管辖权的人民法院申请司法确认。经司法审查确认调解协议的效力后，一方当事人拒绝履行协议的，另一方当事人可依法申请人民法院强制执行。如此，多元解纷机制与繁简分流的诉讼衔接机制基本形成。

首先，司法确认程序的立法修改。第一，司法确认程序的管辖范围扩大。司法确认程序不以对该纠纷具有诉讼管辖权为前提，凡是民商事解纷中心委托、委派调解达成调解协议的，均可以纳入法院案件受理范围。第二，司法确认程序的排除适用。涉及担保物权、知识产权、担保权、建设工程价款优先受偿权等确权的案件，以及非委派调解组织、调解员促成调解协议的案件不能适用。

其次，民事诉讼程序繁简分流的立法修改。限于篇幅，本文无意探讨除特邀调解制度外，其他繁简分流的各项措施应当如何修改，只是借此机会抛砖引玉。笔者认为，一是应当设置独立的小额诉讼程序，形成小额诉讼程序、简易程序、普通程序的“三车道”。二是在普通程序独任制的基础上，应当改变人民陪审员的定位，破除“陪而不审、审而不议”的困境，将部分人民陪审员纳入多元解纷机制的调解员行列。

四、结语

多元解纷机制再次回归到社会大众视野，可能会遭到这样的质疑：多元解纷机制具有极大灵活性和自主性，这意味着人民法院的审判诉讼范围被压缩。然而，笔者认为，这恰恰是在法治轨道上国家治理体系和能力现代化的体现，诉讼审判服务应当是化解基层社会纠纷的最后一道关口，诉讼解纷不是唯一的选择，也不是最经济的选择。中国特色纠纷解决应当具有整体性视角，国家应当提供“大而整”的多元解纷与诉讼服务治理体系。举例言之，单一的“特邀调解的强制前置程序”改革，有悖于人民法院立案登记制度，但是，加上兼容式的“诉调对接”

衔接机制，就可实现“先行调解、调裁一体、即调速裁”。本文借由贵州省的实证经验至擘画全国范围改革的新蓝图，回应建构多元解纷机制与诉讼服务体系的理念重塑、制度构建与立法修缮的相关命题，形成极具中国特色的法治道路。

（**作者简介：**杨劭禹，贵州省高级人民法院民事审判第一庭法官助理，贵州省民事诉讼程序繁简分流改革试点工作领导小组成员，西南政法大学法学硕士）

诉调对接背景下司法确认的困境与出路

李　硕

引　言

面对有限的司法资源和人民群众的日益增长的多元化司法需求，司法确认对于推进诉调对接、加强社会治理具有重要意义。然而，由于立法粗略冲突，司法确认制度运行失范，冷热不调，甚至出现虚假司法确认。2022 年 1 月 1 日施行的新《民事诉讼法》[①]优化司法确认，扩大管辖法院范围。本文通过实证研究，提出统一立法供给规范，优化配套制度，加强虚假确认风险管理，助推非诉纠纷解决机制挺在前面，促进基层治理走向“善治”。

一、现状扫描：司法确认程序运行的实证检视

为展现司法确认运行面貌，本文以中国裁判文书网和天津法院案件数据为样本，进行宏观和微观实证研究。

（一）宏观纵览：以中国裁判文书网数据为样本

一是司法确认案件冷热不调。从全国数据来看，司法确认运行遇冷，案件数量与法院民商事案件、非诉调解案件数相去甚远，但局部火热，随着进一步深化多元化纠纷解决机制改革的号角吹响，各地法院大力开展诉前调解，全面推进司法确认。如自 2013 年至 2018 年，河北省全省法院诉前调解和指导调解案件 37.28 万件，司法确认 1.08 万件；浙江全省法院诉前引导调解 48 万件，调解成功 33 万件，办理司法确认 16 万件，两成左右的纠纷解决在立案之前。[②]

二是突破适用范围为人民调解协议的限定。法官习惯性径行适用司法解释，

---

① 本文根据 2021 年修改的《民事诉讼法》进行了修改。

② 参见最高人民法院司法改革领导小组《人民法院司法改革案例选编（五）》。

将行业调解、行政磋商等纳入司法确认范畴，甚至涵盖当事人自行达成的协议和业已履行完毕的协议。

三是案外人救济非诉和诉讼程序并存。法院审查案外人申请撤销确认案件，有两种截然不同的路径：谨守非诉路径，审查撤销申请，作出裁定书；寻求诉讼路径，参照第三人撤销之诉审理，作出判决书。

四是虚假确认认定难。虚假确认原纠纷性质受限于司法确认不予确认和驳回申请负面清单，主要集中在民间借贷、劳动争议、离婚纠纷、继承纠纷、买卖合同纠纷等。主要包括无中生有型、重复索要型、虚增金额型、变造性质型、无权处分型五种子类型。虚假司法确认存在“当事人主张多、法官认定少”的困境，以证据不足、真实性无法确认为由不予确认或驳回申请，未正面直接认定虚假确认，导致高收益、低成本的问题。

五是虚假确认法律责任畸轻。虚假确认隐蔽性强，发现可能性低，认定标准高，认定后罚款、拘留、追究刑事责任所占比例微乎其微，违法成本低。当事人发现虚假确认可能暴露即主动撤诉，法官往往尚未查明而未加限制，亦有法官主动要求撤诉。成本收益失衡导致当事人为追求利益最大化而铤而走险。

（二）微观聚焦：以天津法院数据为样本

2016年，司法确认案件被列入上网公开的“负面清单”，为防止挂一漏万，本文依托天津案件文书信息共享系统，以天津基层法院司法确认案件为研究样本。法官在适用法律时，大多进行经验性或实用性修正。司法确认也遭遇“软执行”，选择性确认、实质性确认屡见不鲜。

一是调解机构集中。法官青睐确认具有权威性的调解机构促成的协议，司法确认案件数量与调解机构的权威性呈正相关。法院诉前联合调解委员会及交通、医疗调解委员会促成的调解协议进行司法确认的，占司法确认案件的96%。而法官对确认村委会、居委会、企业等调解委员会促成的协议持谨慎态度。

二是司法确认纠纷类型集中。法院设立诉前联合调解中心，组建交通事故、医疗、物业、家事等专业化诉前调解工作室。调解工作室促成的调解协议申请司法确认，导致纠纷类型集中。

三是申请人集中。司法确认案件不收受理费，为出于政策性考量批量处理案件打开方便之门。申请人为同一保险公司、物业公司、医院、商品房开发商等的案件司空见惯。

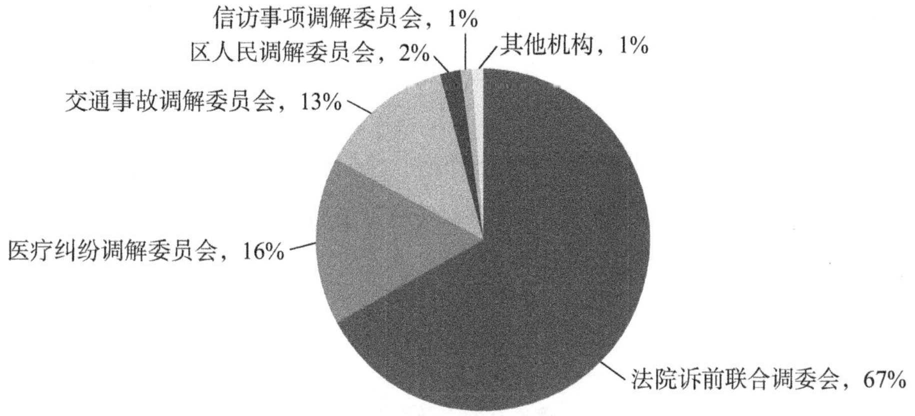

图 1　各调解机构促成调解协议占司法确认案件比例

四是审查时间差异化。法院 3 日内作出裁定的案件占比高达 97%，即调解即确认常态化。但对民间借贷等虚假确认高发领域的调解协议进行确认时，法院往往实质审查，审查时间较长。

二、抽丝破茧：司法确认程序运行困境的根源探析

程序运行现状往往是多重因素叠加，多方主体反复博弈和利益衡量的综合结果。司法确认运行偏离立法预期，不但要反思制度本身的内生因素，而且要深层分析司法环境、政策、司法者等外生变量。[①]

（一）立法供给无统一标准导致适用结果千差万别

相关规定杂乱冲突，多套标准令法律实施者无统一章法可循。司法确认制度的发展经历了从酝酿提出到逐渐成熟的演变过程。2009 年《最高人民法院关于建立健全诉讼与非诉讼相衔接的矛盾纠纷解决机制的若干意见》（以下简称《非诉讼衔接意见》）首次较为系统地规定了司法确认制度。2011 年《最高人民法院关于人民调解协议司法确认程序的若干规定》（以下简称《司法确认程序规定》）对司法确认进行了专门详细的规定，为案件处理提供了操作指南。2017 年《民事诉讼法》以法律形式确立了司法确认制度，但较为原则，程序丰富细化有赖于一系列的司

① 苏力：《送法下乡——中国基层司法制度研究》，北京大学出版社 2011 年版，第 140 页。

法解释和改革文件。2020年《民事诉讼程序繁简分流改革试点实施办法》(以下简称《繁简分流改革办法》) 规定，在北京高院等15个高级人民法院辖区开展试点，优化司法确认程序。2022年新实施的《民事诉讼法》明确了司法确认的管辖问题，扩大管辖法院范围，但对于案外人救济程序、虚假司法确认预防仍有进一步探讨空间。多套标准导致“手表定律”，并且法律解释适用主体即法官多元化，天然具有发生冲突的内生性冲动。

表1 司法确认相关文件汇总

实施时间	法律名称	适用范围	审查方式	作出时间	管辖法院
2009年7月24日	《非诉衔接意见》	行政机关、人民调解组织、商事调解组织、行业调解组织或者其他具有调解职能的组织调解达成的协议	当事人应当同时到庭，当面接受询问	参照简易程序，三个月内予以审结	书面协议当事人住所地、调解协议履行地、调解协议签订地、标的物所在地基层人民法院，但不能违背专属管辖。委派或委托调解协议由委派或委托法院管辖
2011年1月1日	《人民调解法》	经人民调解委员会调解达成调解协议	无	无	无
2011年3月30日	《司法确认程序规定》	经人民调解委员会调解达成调解协议，调解员名册中调解员促成的参照适用	必要时当事人同时到场，当面接受询问	十五日内作出，经批准，可延长十日	人民调解委员会所在地基层人民法院或者派出法庭。委派的由委派人民法院管辖
2015年2月4日	《最高人民法院关于适用〈中华人民共和国民事诉讼法〉的解释》(以下简称《民事诉讼法司法解释》)	无	当事人共同到庭	无	调解组织所在地基层人民法院

续表

实施时间	法律名称	适用范围	审查方式	作出时间	管辖法院
2016年6月28日	《最高人民法院关于人民法院进一步深化多元化纠纷解决机制改革的意见》（以下简称《多元化改革意见》）	行政机关、人民调解组织、商事调解组织、行业调解组织或者其他组织调解达成的协议	无	无	调解组织所在地基层人民法院或者人民法庭
2016年7月1日	《最高人民法院关于人民法院特邀调解的规定》（以下简称《特邀调解规定》）	吸纳人民调解、行政调解、商事调解、行业调解等调解组织和个人促成的协议	无	无	委派调解的由调解组织所在地或委派调解的基层人民法院管辖
2017年7月1日	《民事诉讼法》	依照《人民调解法》等法律促成的调解	无	自立案之日起三十日内	调解组织所在地基层人民法院
2017年9月30日	《最高人民法院、司法部关于开展律师调解试点工作的意见》	律师调解协议	无	无	律师调解工作室或律师调解中心所在地基层人民法院或人民法庭
2022年1月1日	《民事诉讼法》	依法设立的调解组织调解达成调解协议	无	立案之日起三十日内	受邀请的由作出邀请的法院管辖，自行调解的由有联系的基层法院管辖；纠纷应由中级法院管辖的，由中级法院管辖
2022年4月10日	《民事诉讼法司法解释》	无	双方当事人共同到场	无	无

1. 适用范围相悖

人民调解协议属于司法确认适用范围已成共识，但行政调解协议、行业调解协议等是否属于司法确认适用范围尚存争议。司法解释采用开放式设计，将行政调解、行业调解、特邀调解、律师调解等均予以纳入。《繁简分流改革办法》规定人民调解委员会、特邀调解组织或者特邀调解员调解达成的协议可以进行司法确认。而2022年新《民事诉讼法》将适用范围限定于“调解组织”促成的调解。根据目的解释，司法确认适用范围被严格限定于人民调解协议。

2. 审查方式冲突

审查方式经历了应当同时到庭—必要时到庭—应当同时到庭的演化，相关文件均属同一法律位阶，根据“新法优于旧法”，法院在审查时应通知双方当事人同时到庭。当事人到庭陈述更易让法官通过观察询问形成内心确信，作出正确判断，避免虚假确认。

3. 管辖法院扩充

《司法确认程序规定》《多元化改革意见》以有密切联系的调解机构所在地为核心，赋予基层法院与派出法庭管辖权。[①] 而《民事诉讼法》规定管辖法院为基层人民法院。但《最高人民法院关于海事法院受理案件范围的规定》打破与法院级别严格挂钩的限制，将就海事纠纷申请司法确认调解协议案件作为海事特别程序案件由专门法院进行司法确认。《特邀调解规定》规定，委派调解由基层人民法院管辖。然而根据《繁简分流改革办法》第4条、《民事诉讼法》第201条的规定，管辖法院扩大到中级人民法院和专门人民法院。

4. 救济途径粗疏

根据2022年新修改的《民事诉讼法司法解释》第295条和第378条的规定，司法确认案件，案外人不得提起第三人撤销之诉，当事人不得申请再审，但通过第三人撤销之诉救济的并非鲜见。根据该解释第372条的规定，当事人和利害关系人的救济均应通过提出异议，申请撤销确认裁定，但申请撤销程序的性质和程序皆未明确。

（二）成本收益失衡导致法官适用意愿低迷

法官作为理性经济人，在适用司法确认中亦会进行得失权衡。在适用司法确认中，法官有四种策略：调解协议规范，适用司法确认；调解协议规范，不适用

---

① 卫彦明、蒋惠岭、向国慧：《〈关于人民调解协议司法确认程序的若干规定〉的理解与适用》，载《人民司法（应用）》2011年第9期。

司法确认；调解协议不规范，不适用司法确认；调解协议不规范，适用司法确认。假设，适用司法确认的收益（b），成本除固有成本外，还包括虚假确认导致的职业风险成本（c）和审查时间成本（e），只有当 b–c–e>0 时，法官才有适用司法确认的积极性。

法院移植行政机关具有科层官僚性质的绩效管理制度，有些法院将司法确认作为简单案件，以极低的权重计入，收益（b）较小。司法确认作为程序的下游，其上游调解协议的质量直接影响下游适用意愿和司法确认的质量。然而调解质量参差不齐，有些调解员事实认定、证据审查素质不高，表述不够严谨，依据习惯等调解不符合法律规定，大大增加法官的审查时间成本（e）。在法官责任制的背景下，调解、确认全程免费模式减少了虚假确认的成本，费用降低大大刺激了民众的司法消费，进一步增加了法官的职业风险成本（c）。当调解质量堪忧时，利益天平的两端投入和产出失衡，b–c–e<0，法官采用结果导向的实用主义思维，趋利避害，不适用司法确认，或转以考核权重较高的调解结案方式间接确认。

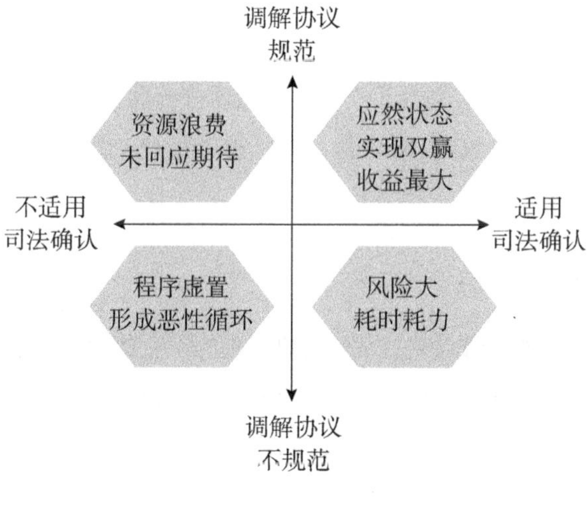

图 2　法官适用司法确认博弈策略象限

（三）主体认知偏差导致申请、告知、适用动机缺失

司法确认案件历经“纠纷形成—同意调解—达成调解协议—申请司法确认—适用司法确认”五个跳板，中间任何一环踏空，均影响程序适用率。其一，当事人不知道司法确认程序的制度优势，误以为程序复杂、收取费用等。其二，在对调解员进行调查时发现，调解依据习惯、道德等社会规范，尤其是熟人社会，德高望重的

调解员依靠其威望化解纠纷，不一定符合法律规定等，调解员不愿告知司法确认，信息壁垒由此出现。其三，从法院角度看，有的法院认为，案多人少已让法官身心俱疲，司法确认将已非诉分流的案件引入法院，增加法官负担，导致不愿配备专门人员、场所等为司法确认创造条件。诚然，司法确认案件并非越多越好。司法资源有限，必须合理配置，司法确认程序应不缺位不越位。

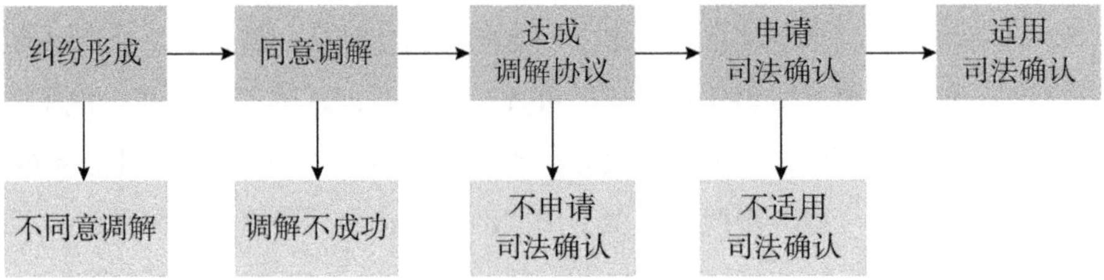

图 3　司法确认成案流程

三、理性回归：司法确认程序优化的修正优化

优化司法确认程序，应立足于司法确认性质分析和目标定位。从立法供给上，统一大前提，矫正程序运行失范问题。从配套制度上，规范调解协议，提高程序知晓度。推广线上司法确认，提高适用率。

（一）立足程序定位，统一顶层设计

“目的是全部法律的创造者，每条法律规则的产生都源于一种目的，即一种事实上的动机。”[①]优化司法确认程序的逻辑起点是其法理性质和目标定位，否则程序就成了无源之水、无皮之毛，程序设计亦会南辕北辙。

1. 立足司法确认目标定位

司法确认的目标定位在于高效、经济、快捷地定分止争，搭建诉讼与非诉之间的桥梁。通过司法审查确认、监督当事人合意，使之获取公法意义上的执行力。司法确认为非诉程序，在程序启动时当事人无争议，不采两造对立的结构，而是从职权探知主义出发，采用形式审查等略式程序，一审终局无审级救济。从比较法研

①［美］博登海默：《法理学：法律哲学与法律方法》，邓正来译，中国政法大学出版社 2017 年版，第 109 页。

究观之，赋予符合特定条件的非诉调解协议强制执行力已成共识。

2. 统一司法确认法律规范

（1）明确适用范围。其一，为适用范围做“加法”。将司法确认与《人民调解法》解绑，纳入特邀调解、行政调解、行业调解、行政磋商协议。非诉调解与人民调解在实践需求和理论基础上具有本质一致性，均遵循当事人自愿、有权处分等规则，扩大适用范围有利于与非诉调解全方位对接，符合更大范围定分止争的价值期许。其二，为适用范围做“减法”。剔除以下调解协议：一是业已履行完毕等不具给付内容的调解协议。因司法确认最直接的功能是赋予调解协议强制执行力，无给付内容则无可执行性，亦无确认之必要。二是当事人自行达成的协议。该协议未经调解机构的认证，仅是私人契约，若对此予以确认，将大大增加法院的审查成本，亦不符合司法确认与非诉纠纷解决机制对接的目标。当事人自行协商达成协议后，提起确认之诉，弥补协议强制力不足的缺陷。

（2）恪守共同申请启动模式。司法确认程序依双方当事人共同申请启动，此规定一度受到学者的质疑和诟病，认为如此严格的触发模式，为当事人反悔提供便利，有损诚信建设，主张采单方申请主义。但本文认为单方申请模式不符合司法确认的功能定位。根据合意的二重取得理论，启动调解和司法确认两个阶段当事人皆应达成合意。在调解阶段，调解协议是当事人在自愿妥协让步的基础上达成的，双方合意仅具有合同性质。在司法确认阶段，司法确认赋予调解协议强制执行力，但却缺乏高度程序保障，对当事人不利，只有同意忍受才是启动司法确认的正当事由。若一方不同意申请司法确认，根据《民事诉讼法》的规定，则应另行起诉。

（3）扩大案件管辖法院范围。满足理性现实需求，缩短定分周期，根据2022年新《民事诉讼法》将管辖扩大至中级法院和专门法院。法律将管辖限定于基层法院，是考虑到调解的大多是基于相邻关系、婚姻家庭等简单案件。然而，随着社会矛盾日益多元化，调解纠纷多样化、复杂化，业已超出基层法院管辖的范畴。大量专门法院和中级人民法院设立专门调解工作室，引入社会力量奏响多元调解“大合唱”，将大量调解机构纳入特邀调解名册，若拒不回应社会期待，浪费海事等专门法院与中级法院的专业性优势，制度性地增加当事人的解纷成本，则会徒增司法损耗。

（4）理顺权利救济程序。司法确定裁定书的效力直接关乎救济途径，调解协议一经确认即具有形成力、消极既判力和执行力。利害关系人救济途径可归纳为三种：一是启动非诉程序的申请撤销。因是对非诉程序的鉴别、修补和校正，其审查程序相对简化，应在三十日内审结，特殊情况经院长批准可以延长。二是启动再审程序。利害关系人向法院申诉、由法院依职权再审，或向检察院控告、由检察院向法院抗诉、提出再审建议等。三是启动另案诉讼。司法确认排除既判力的积极效果，若案外人对标的物有独立请求权，有权径行提起确认之诉或给付之诉，以新判决对抗司法裁定效力。

（二）优化配套制度，提高系统效能

促进司法确认程序有效运行不仅需要从内因着手，优化程序设计，而且需要从外因入手，补足制约司法确认发展的短板，实现各子系统的优化，实现 1+1>2 的效果。

1. 提高调解协议质量

调解协议的质量与法官适用司法确认的意愿呈正相关，调解员素养和程序设置参差不齐，势必影响司法确认的效益。规范调解协议可从三个方面着手：一是把调解员“请进来”。依托诉调对接中心“一站式”纠纷解决平台，统筹调配特邀调解资源，加强入册标准、业务指导、绩效考核、违法惩戒等环节的管理力度①。二是推动法官“走出去”。坚持能动司法，充分发挥审判权规范、引导和监督作用，协助调解机构开展“要素式调解”，引导加强调解标准化建设。三是健全调解机构与法院沟通协作机制。建立联席会议，加强情况通报，促进信息共享，确保程序高效快速运转。

2. 从个别告知到广泛宣传

明确调解机构的告知责任。调解机构应书面告知或在调解协议文末统一告知当事人申请司法确认的时间、管辖法院、程序，以及司法确认赋予调解协议强制执行力、无需缴纳受理费、高效快捷解决纠纷等效益图谱，保障当事人知情权，发挥好联络员作用。为消减信息不对称问题，应加大宣传力度，发布典型案例，依托“法律五进”推介司法确认，引导当事人算好金钱账、时间账。

3. 推广线上确认

调解机构与法院之间的物理距离直接影响当事人申请司法确认的意愿。在智慧法院建设的背景下，本着“让数据多跑路、当事人少跑腿”的目标，丰富供给

---

① 马骁：《优化司法确认程序的制度定位、推进原则和工作机制》，载《人民法院报》2020 年 3 月 26 日，第 8 版。

形式，建立线上线下一体化调解平台，实现线上线下司法确认互动。通过科技创新，大幅节约当事人的时间成本和诉讼成本，提高程序吸引力，提高法院办案效率，满足当事人差异化需求。

（三）衡平效率与公平，防范虚假确认风险

司法确认既要保持高效快捷解纷的优势，又要预防虚假确认，实现效率与正义的统一。因此应强化风险识别，做到受理前防范、审查中处理、确认后监督，织密风险防控网络。

1. 识别风险等级

以当事人关系亲疏、财产状况、涉诉情况和案件事实为“核心要素”，以原纠纷案由、涉案金额、调解组织权威性为“调整要素”归类排序，分为权威案件、普通案件和高危案件，以提高识别精准度和效率。

表 2　虚假确认风险等级影响因素

类型划分	考量因素	权威案件	普通案件	高危案件
核心要素	当事人关系亲疏	无亲密关系	有亲属朋友等亲密关系	有亲属朋友等亲密关系
	当事人财产状况	经济实力强	经济实力一般	资不抵债或作为被执行人面临大额债务或存在离婚、拆迁等情况
	当事人涉诉情况	无多起纠纷	无多起纠纷	涉多起纠纷
	案件事实	事实清楚	事实清楚	关键事实不清，表述矛盾模糊，不合常理
调整要素	原纠纷案由	普通案由	民间借贷、劳动争议、买卖合同、离婚等	民间借贷、劳动争议、买卖合同、离婚等
	涉案金额	标的价值小	标的价值较大	标的价值大
	调解组织权威性	权威性强	有一定权威性	有一定权威性

2. 审查阶段筛查

坚持比例原则，采类型化防范策略，以形式审查为主，以实质审查为辅。一是低标准审查权威案件。行政调解、行政磋商和特邀调解，质量高，应采“负面清单”排除式审查，近乎流水线处理。二是中标准审查普通案件。加大基础法律

关系真实性审查，加强程序保障，及时通知利益相关方参与，应当通知当事人到庭或利用信息技术远程核实。三是高标准审查高危案件。严格全面审查证据，狠抓细节，核查疑点，通知当事人本人到庭核实，必要时依职权调取证据，限制当事人自认效力。在确认影响公共利益的调解协议时，如生态环境损害赔偿协议，将公示作为前置程序，增加审理的透明度。

3. 救济阶段复查

畅通发现路径。其一，加强裁判文书公开。虚假确认侵犯利害关系人的利益，属于为保护他人合法利益确有必要公开的情形，因此业已认定和疑似虚假确认裁定书应予公开。其二，规范利害关系人反映途径。健全法院、检察院涉诉信访、控告、申诉等流程办理，对利害关系人提供初步证据的案件，法院、检察院应予受理、展开调查、反馈结果。其三，规定其他机关信息告知义务。公安机关、检察院等发现虚假诉讼嫌疑的应当将相关线索移送法院。其四，促进全国法院审判信息互通。发挥司法大数据的监测预警功能，对高危案件提示风险，消除信息不对称。

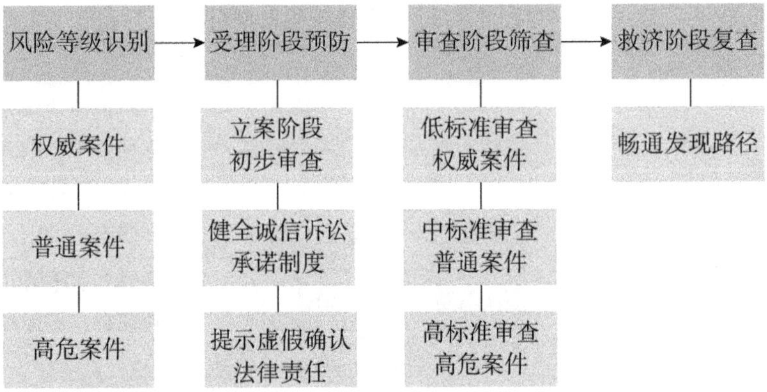

图 4　虚假确认处理四步法

4. 加大处罚力度

“遵守法律获取的利益比违反法律获得的更多，或者能造成的损失更少，人们的选择才是遵守而不是违反法律。”[①] 因此，防范虚假确认风险重在提高违法成本。规范司法处罚的适用，明确处罚标准，提高罚款、拘留适用比例，调整罚款适用

①[英]霍布斯:《论公民》，应星、冯克利译，贵州人民出版社 2003 年版，第 53 页。

条件，从“立法粗化一院长控制”向“细化规定一程序控制”转型。[①] 加大侵权赔偿的力度，赔偿范围上对主观恶性大、情形严重的适用惩罚性赔偿，充分补偿受害人损失，维护法律权威和司法秩序。注重与刑事责任的衔接，提高虚假确认后续成本，加强信用监督，建立全国法院虚假诉讼黑名单，加大黑名单宣传力度，强化联合惩戒。

四、结语

司法确认为意思自治叠加司法权威，满足人民群众低成本、高效率、高权威定分止争的需求，从源头上减少诉讼增量，在深入推进多元化纠纷解决机制改革、提高国家治理体系和治理能力现代化中应大有所为。因此，应从内因和外因两方面着手，统一立法规定，完善配套制度，促进调解与司法确认良性互动，助推非诉讼纠纷解决机制挺在前面，真正让调解这一“东方之花”常开不败。

（**作者简介：**李硕，女，1989 年 4 月出生，中国政法大学民商法学专业，硕士研究生，天津市河西区人民法院审管办三级法官）

---

① 郭翔：《论民事诉讼中的罚款——立法预期与实践效果的背离及修正》，载《当代法学》2013 年第 1 期。

诉中委托调解机制的推行与完善

——以上海知产法院的诉中委托调解实践为视角

曾 旭

诉中委托调解是指法院将立案之后、结案之前的案件委托给相应的调解组织进行调解。本文以上海知识产权法院（以下简称上海知产法院）建院以来实施诉中委托调解机制的举措为视角，分析诉中委托调解推行中的工作难点，并借鉴域外构建诉中委托调解机制的经验，提出相应的完善建议。

一、上海知产法院有关诉中委托调解机制的举措

（一）签约多家专业化调解组织和调解员

上海知产法院自 2018 年 3 月开始全面推进诉中委托调解工作，先后与上海经贸商事调解中心、上海市计算机行业协会、上海浦东新区知识产权纠纷人民调解委员会、世界知识产权组织仲裁与调解上海中心（以下简称 WIPO 仲调上海中心）等 16 家调解组织建立定期派驻调解员工作机制，建立了完备的调解组织和调解员名录。例如，在计算机软件案件调解方面，计算机软件纠纷案件系上海知产法院受理数量较多的案件，上海市计算机行业协会具有对软件行业及技术事实了解程度高、可供调解资源丰富的优点，该行业协会凭借扎实的软件专业知识成功调解了大量涉计算机软件的案件。WIPO 仲调上海中心是经司法部批准的首家国际组织仲裁机构在我国设立的业务机构，其业务范围包括在我国境内开展涉外知识产权争议案件的仲裁和调解。为了更好地服务上海具有全球影响力的科技创新中心建设，打造国际知识产权保护高地，上海知产法院与 WIPO 仲调上海中心签约合作，开展涉外知识产权纠纷诉调对接工作，成功调解多起涉及侵害商标权纠纷和涉标准必要专利的侵害发明专利权纠纷案件，充分实现了人民法院和专业调解机构的优势叠加和功能互补。

自2018年3月开展诉中委托调解以来，截止到2021年10月底，上海知产法院共委托诉中调解案件1548件，调解成功635件，调解成功率约为41.02%。

（二）制定实施方案，细化诉中委托调解规则

根据知识产权案件特点，上海知产法院制定了相关规则，明确在一、二审案件中全面实行委托调解组织进行调解的多元化纠纷解决机制。上海知产法院对适宜委托调解的案件范围采用“概括式”+“排除式”的方式确定，即明确可以不委托调解组织进行调解的案件包括：（1）涉商业秘密、技术秘密、驰名商标、反垄断纠纷等重大疑难复杂案件；（2）确定为精品案件的；（3）其他不适合调解的案件。对于诉前委派调解未成功的案件，原则上不再委托调解，但经过庭前会议或开庭后，合议庭认为适合委托调解的，征得当事人同意后，仍可以进行委托调解。上海知产法院对诉中委托调解介入的时间点规定为：案件第一次庭前会议或庭审前。这是因为在应诉材料发送后的当事人举证和答辩期间进行委托调解，可以恰到好处地运用“诉讼空余”时间，若能促成调解，则大大节约了法官办理案件的时间和精力，同时减少了当事人的诉讼成本和讼累，避免司法资源的浪费。上海知产法院同时规定，经过诉中委托调解的案件，若以调解或撤诉结案的，可以对案件诉讼费适当减免。例如，当事人达成调解协议，出具调解书时，诉讼标的额在人民币5万元以下的，免收案件受理费。诉讼标的额在人民币5万元以上的，案件受理费按规定标准的20%以下收取。

上海知产法院制定的诉调对接工作操作规程，详细地规定了调解案件范围、程序启动、调解期限、案件受理费等事项，为诉中委托调解机制的构建提供了制度保障，充分体现了多元化纠纷解决机制的优势，有助于更好地优化营商环境。

（三）确立对接机制，确保诉中调解有效开展

上海知产法院的诉中委托调解工作由知识产权综合审判庭指派专人负责与立案庭及调解组织对接。具体案件的委托调解工作由跟案法官助理负责，并在审判长、承办法官指导下进行。

在案件调解过程中，上海知产法院的法官与法官助理坚持调解自愿合法原则和公平保密原则，全程与调解组织紧密配合，积极参与指导调解，对当事人进行法律释明，分析案件情况，寻求共赢，努力促成双方当事人达成和解。调解组织积极参与诉调对接工作，如上海经贸商事调解中心和上海市浦东新区知识产权纠

纷人民调解委员会每周定期派员到法院开展诉中调解工作，并视案件数量调整来院次数和时间。针对技术类案件调解中当事人聚焦技术事实争议的情况，审判庭指派技术调查官或者技术专家参与调解，明确争议事实，提高调解效果。同时定期开展沟通交流，建立情况互通反馈机制，及时梳理诉中委托调解工作运行中产生的问题，形成良性互动，确保达成实效。

（四）运用信息技术，积极开展线上调解工作

上海知产法院建立了“一站式多元解纷平台”，将知识产权纠纷专业化调解组织纳入统一管理，通过平台的“一键发送”功能即可将案件调解信息发送至调解组织，随后可通过该平台查询追踪调解进展，及时知晓调解结果的反馈，促进了委托调解工作管理的规范化、智能化。

为实现调解的及时性以及当事人的便利性，尤其是减少外地当事人来院参加调解的时间和成本，同时，为落实疫情防控要求，上海知产法院灵活运用远程视频调解的方式，实现调解员和当事人通过 PC 端或手机端进行多地同步“面对面”调解纠纷，利用技术手段远程签署调解协议，大大提高调解的次数和效率，向当事人提供高效便捷的现代化在线解纷服务。

二、诉中委托调解机制推行的工作难点

（一）当事人对委托调解的接受意愿不强

开展诉中委托调解工作时，首先需要得到双方当事人的同意，法院才能将案件委托给调解组织。在民事纠纷发生后，当事人有权选择人民调解、仲裁或民事诉讼等多种解决方式[①]。委托调解是由社会力量参与司法调解活动的法院调解社会化的体现[②]，而当事人在其程序选择权中选择了采取法院的诉讼程序解决纠纷，正是出于对诉讼标准程序的信任和对司法系统的信赖，所以有可能出现当事人对纠纷解决方式理解狭隘而忽略了其他解决方式的情形。

一方面，由于知识产权纠纷具有专业性强、复杂程度高的特点，和一般的民商事纠纷存在较大差别，曾被广泛认为不适合采用调解等方式化解纠纷，故社会公众

---

① 参见沈志先主编:《诉讼调解》，法律出版社 2014 年版，第 6 页。

② 曾令健:《法院调解社会化研究——一个法社会学的述评》，载《学术论坛》2017 年第 5 期。

对委托调解工作的认知度不高。另一方面，绝大多数的知识产权案件当事人会委托律师参与诉讼，而实践中大多数律师更希望由法官直接对案件进行审理，即便是案件的调解工作也是更倾向于由法官本人来主持，故对委托调解的接受意愿不强。因此，诉中委托调解工作的开展范围和普及率相比其他类型的案件，还有待于加强。

（二）调解员选任范围较为狭窄

人民调解委员会是我国依法设立的调解民间纠纷的群众性组织，在人民政府和人民法院的指导下进行工作。人民调解员由人民调解委员会委员和人民调解委员会聘任的人员担任。受调解经费投入等多方面的限制，人民调解员队伍的整体素质不高，导致当事人对人民调解工作的信任度比较低[①]。调解组织的专业化程度、调解员的职业能力与实际需要之间存在差距，导致供给与需求失衡[②]。对于一些专业性较强的适宜接受委托调解的调解组织来说，行业标准规范并未与市场经济同步发展，在纠纷发生时该类调解组织又缺少专业权威性以及确定的解决方法和路径。因此，就调解员的范围而言，当事人或法院选择的范围并不宽泛。

对于知识产权纠纷来说，普通的民商事调解组织往往缺乏技术和知识产权专业知识，难以胜任知识产权纠纷的化解；而专业调解组织和行业协会又可能仅知晓本专业或者仅熟悉技术，对知识产权相关法律不甚了解，缺乏必要的专业调解能力。

（三）法院对委托调解的主导作用不够

在目前法院案件数量大幅增长、案多人少矛盾日益突出的情况下，委托调解可以分流部分案件，缓解法官办案压力，优化司法资源配置[③]。诉中委托调解采取的是调审分离模式，即法官作为裁判者对案件享有自由裁量权，调解员作为调解者可单独开展调解工作。

在此种情形下，一方面，有可能出现案件进入诉讼后，法院采取拖延审理或者久审不判的方式，让案件一直处于委托调解的状态，反而与当事人期待的以调解缩短诉讼时间、减少诉讼成本的目的背道而驰。另一方面，委托调解的方式多样且大部分未有与之匹配的法律依据，在出现实际问题时难免会出现法律缺位的

---

① 范愉：《非诉讼纠纷解决机制研究》，中国人民大学出版社2000年版，第505—508页。

② 胡仕浩：《中国特色多元共治解纷机制及其在商事调解中应用》，载《法学适用》2019年第19期。

③ 郑重：《构建我国多元化纠纷解决机制的三个向度》，载《人民法院报》2019年7月26日，第5版。

情况[①]。委托调解的急剧发展有可能导致，受委托的调解组织如人民调解组织架空了法院，案件的审判权旁落[②]。因此，法院调解主体社会化所产生的与法院行使审判权之间的冲突是不容忽视的。

三、诉中委托调解机制的借鉴

（一）美国的法院附设调解制度

美国是当代司法替代性纠纷解决方式（ADR）的发祥地，95% 的民事案件经过法院内附设的强制仲裁或调解等程序达成和解，只有不到 5% 的案件会进入法庭审理阶段[③]。法院附设调解是在法院的主持与指导下进行的，在诉讼程序的前置阶段以及诉讼中交替使用的一种纠纷解决程序，与诉讼存在制度上的联系但又有着本质区别[④]。该调解制度以当事人双方自愿采用为基础，调解与审判严格分离，调解仅在开庭审理前进行，庭审过程中不存在调解。双方当事人分别从法院的调解员名册中选择一名调解员，与双方共同选择或法院指定的另一名调解员组成调解委员会。调解委员会的大多数成员为律师，属于非营利性组织，本身独立于法院，但必须按照法院的规则进行活动。诉中委托调解是由调解委员会主持的，主审法官并不参与调解过程，以避免法官对当事人施加不利影响。首先调解员会向双方介绍调解的基本原则，然后由双方对自己的利益和诉求进行首次陈述，接着调解员在第一次全体会面后，分别与当事人单独会谈，并提出解决方案，最后若双方或一方在具体方案中没有让步或妥协，调解员会进行协调，努力尝试找出双方产生分歧的原因，提出其他可行的方案或办法来促使双方达成一致[⑤]。调解方案达成后，法院需要对调解方案予以审查，待审查批准后对双方产生法律效力。若一方当事人无正当理由不接受调解员提出的合理调解方案，案件进入审理程序，法院判决时会将此情形予以考虑，从而使拒绝调解的该方承担更多比例的诉讼费

---

① 参见范愉：《委托调解比较研究——兼论先行调解》，载《清华法学》2013 年第 3 期。

② 张嘉军：《社会化：法院调解的新走向》，载《北大法律评论》2012 年第 13 卷。

③ 崔明石：《论法院调解的程序价值——兼论我国调解程序的建构》，载法律图书馆网站，http://www.law-lib.com/lw/lw_view.asp?no=4618，2021 年 11 月 28 日访问。

④ 范愉：《非诉讼纠纷解决机制研究》，中国人民大学出版社 2000 年版，第 151、401 页。

⑤［美］麦圭尔、陈子豪、吴瑞卿：《和为贵：美国调解与替代诉讼纠纷解决方案：汉英对照》，法律出版社 2011 年版，第 23 页。

用，这在一定程度上抑制了当事人滥用诉讼权利的行为，提高了调解的成功率。

（二）日本的调停制度

日本的调停制度源于“和”的理念，该理念对日本人的行为方式、纠纷解决有着很深的影响[①]。除当事人合意申请调停外，如果法院认为案件有调停的必要，可依据职权将案件交付调停程序处理。调停委员会是负责调停制度运行的主要机构，一般由一名法官担任主任，还包括两名从院外选任的调停委员。但是，也存在仅由一名法官单独调停的特殊情况。不过，案件的调停法官与审判法官并不由同一人担任。院外选任的调停委员主要由两部分人员组成，一部分是律师、退休法官、大学教授等具有专业法律知识和法律职业资格的人员，另一部分是具有丰富社会经验和较高声望、年龄在 40 岁至 70 岁之间的人员。在调停制度中，若双方当事人达成协议并记载在笔录上，调停成立，视为撤销诉讼。若双方当事人对事实认定并无根本分歧，仅是纠纷的解决无法达成合意，调停委员会不能作出让当事人满意的决定时，裁判所可以在听取调停委员会意见后，依据职权作出代替调停的相应裁决[②]。这种代替调停的裁决在日本被视为法院对调停方案的最终提示，如果当事人没有异议则表示同意，纠纷得以解决；如果当事人明确提出反对，则调停失败。

（三）法国的调解制度

《法国新民事诉讼法典》第六编（二）第 131-1 条规定，在诉讼的任何阶段，受理纠纷的法官在当事人的允许下，指定第三人为调解员，调解员听取当事人的意见，通过比较各自的观点寻求解决双方之间冲突的办法。法国诉中委托调解的主体是除法官外的第三人，可以是自然人或者协会。作为调解员的自然人需要具备的条件包括无犯罪记录、未受过纪律或行政处罚、具有调解经验或受过调解培训、具有调解活动所需的独立性。调解的期限不得超过三个月，特殊情况下可以延长一次，延长期限最长三个月。在调解程序中，法官对调解的运行负有监督权和管理权，在征得双方当事人同意的情况下，有权指定调解员、确定调解期限和启动程序等，在任何情况下都可以决定采取相应的必要措施，或者在认为调解无法继续进行的情况下决定终止调解。若当事人达成了调解协议，法官根据当事人

---

① 范愉：《多元化纠纷解决机制》，厦门大学出版社 2005 年版，第 17 页。

② 范愉：《ADR 原理与实务》，厦门大学出版社 2002 年版，第 141 页。

的申请对该协议进行确认，协议则具有强制执行力；若当事人无法达成合意，调解终止，案件继续进入诉讼程序。在调解员的调解工作结束后，由法官确定调解的报酬数额，并确定由一方或双方当事人负担该款项。

（四）我国台湾地区的诉中移付调解制度

诉中移付调解是指第一审法院将符合法律规定的特殊案件移付给调解委员会进行调解。调解委员会实行登记制度，基层法院将辖区内符合担任调解员的人选编辑成名册。调解委员会一般由一至三人组成，需要两名以上调解员时由法院指定其中一名为调解主任。法官通常不参与调解过程，但在当事人一致申请法官调解，或调解员根据案件实际情况的判断需要，有望达成调解协议或其他必要情况下，可以将案件交由法官进行调解。在第一审中，经双方当事人同意将事件移付调解，诉讼程序停止进行。调解成立，则诉讼终结；调解不成立或者调解委员会在受理移付后两个月内不能调解成立，诉讼程序继续进行①。在调解成立的情况下，调解委员会出具调解书，法院审核调解书的效力并予以核准后，就产生了与判决相同的法律效力，当事人不能针对同一事件再行起诉。另外，根据我国台湾地区“民事诉讼法”第420条第3款的规定，调解成功后，当事人可以在三个月内，向法院申请退还已缴纳诉讼费的一半。这一规定减少了当事人纠纷解决的成本，也有利于法院实施合理的资源配置。

四、诉中委托调解机制的完善建议

（一）运用法院附设调解模式

当事人因希望彻底解决纠纷向法院提起诉讼，而法院将案件“送出法院”进行委托调解，可能会导致当事人一开始不接受委托调解，也可能存在当事人对调解组织和法院委托行为的不信任。

法院附设调解模式，是指法院的调解组织仍以人民调解命名，但调解员并非传统的居民委员会或村民委员会成员，而是由法院聘请的退休法官、专业律师或者其他具有专业知识或技术专长的人组成。这些调解员能利用他们具备的法律技

① 齐树洁主编：《民事司法改革研究》，厦门大学出版社2004年版，第214页。

能和丰富经验，发挥其特有的专业优势和人情优势，从而更容易获得双方当事人的信任，进而促使当事人接受法院委派的诉中调解[①]。

实践中，一方面需加强对诉中委托调解的宣传，促进社会公众尤其是涉案当事人对诉中委托调解的认知，增强接受度和参与度；另一方面可发展行业性、专业性调解组织，充分借助法院附设调解模式，使调解资源进一步优化，最大限度地发挥以调解方式解决纠纷的作用，增强当事人对选择委托调解的信任。

（二）构建专业和稳定的调解员队伍

一名合格的调解员在开展矛盾纠纷调解时，应当在充分听取当事人陈述和调查了解相关情况的基础上，通过说服、疏导、规劝等方式，促进当事人平等协商、自愿达成调解协议，并督促当事人及时履行协议约定的义务。

针对调解员专业知识、法律知识欠缺等问题，可以根据专业领域矛盾纠纷特点设置培训课程，进行岗前培训和岗位培训[②]，着重社会形势、法律政策、专业知识和调解技能等方面，采取集中授课、研讨交流、旁听庭审、实训演练等形式，建立完善调解员培训质量评估体系，以提高调解工作的专业度，达到提升调解质效的目的。同时，对于调解员的待遇问题，需制定统一的补贴标准，统筹协调法院经费来源，并基于案件的专业性和复杂程度，适当提高补贴经费，以构建一支稳定的调解员队伍。

在委托调解的启动阶段，法院应当根据案件的类型、难度和特点，将案件委托给具有不同专业能力和实践经验的调解员，如对于批量案件和类案的处理，可以委托较为固定的调解员一并调解，以实现调解资源的集约化利用，最大限度地提高调解成功率。

（三）完善诉调对接工作机制

诉中委托调解是社会力量参与社会矛盾化解的重要方式，由法院以外的其他组织实施调解，有利于防止审判和调解两种不同程序的紊乱，保持法官的中立性和权威性。诉中委托调解的目的是使当事人更便捷有效地解决纠纷，因此效率是委托调解相比于诉讼的优势所在。

---

① 林建林：《委托调解制度探析——对法院构建委托调解制度的思考》，载《法制与经济》2012 年 3 月总第 306 期。

② 赵毅宇：《法院专职调解员制度：根据、实践与完善》，载《法律适用》2019 年第 5 期。

实践中，诉中委托调解要符合及时、简便的原则。法院应对委托调解设立一定的期限，如 20 个工作日，对于存在案情复杂等原因未达成调解的，经当事人认可和法官同意，可适当延长调解期限，但延长的次数和天数也应有所限制。一旦当事人明确无法达成调解，调解员应及时反馈给法官，案件自动、迅速地转入诉讼程序。除此之外，法官应发挥对诉中委托调解案件的主导作用，对案件事实和法律适用进行一定的把控，可通过建立多元化纠纷调解平台，对委托调解的案件进行资源共享和优势互补[①]，让法官和调解员之间能够第一时间掌握和交换纠纷的具体情况，共同促进调解的实现。

（**作者简介：**曾旭，上海知识产权法院法官助理）

① 龙飞：《论多元化纠纷解决机制的衔接问题》，载《中国应用法学》2019 年第 6 期。

构建人民法院“诉”与“非诉”衔接的智治模式

——以建立紧密型的法院附设调解平台及机制为视角

樊 迪 易士琦 刘 欣

引 言

为贯彻落实《最高人民法院关于深化人民法院一站式多元解纷机制建设推动矛盾纠纷源头化解的实施意见》，各地法院普遍以解纷职能与基层治理网格的融合模式，参与社区综治，强化诉与非诉衔接，以期通过非诉方式将纠纷在辖区内化解，减少辖区内法院诉讼量。但实际中诉源治理功能发挥多停留在普法宣传、法律咨询等方面，对纠纷的实质性化解作用不大。

2021 年最高人民法院发布《关于加快推进人民法院调解平台进乡村、进社区、进网格工作的指导意见》，其中明确人民法院要既为非诉讼方式解决纠纷提供司法保障，又认真把好案件“入口关”，通过“请进来”“走出去”，构建分层递进源头预防化解矛盾纠纷路径。当前依托智慧平台、依靠社会解纷资源，构建起社会解纷前端与法院审判后端紧密衔接的智治模式是新时代“枫桥经验”延续的必解命题。

一、各地人民法院“诉”与“非诉”的衔接机制——以京津冀一站式多元解纷机制为视角

近年来各地人民法院按照最高人民法院部署，大力推进诉源治理，完善诉讼与非诉讼衔接机制，依托一站式多元解纷，建立紧密型的法院附设调解机制，使得大量纠纷在诉前快速化解，多数简单案件在诉讼前端快速审理，少量疑难复杂案件在诉讼后端精细化审判，逐步构建起分层递进、衔接配套的纠纷解决体系。

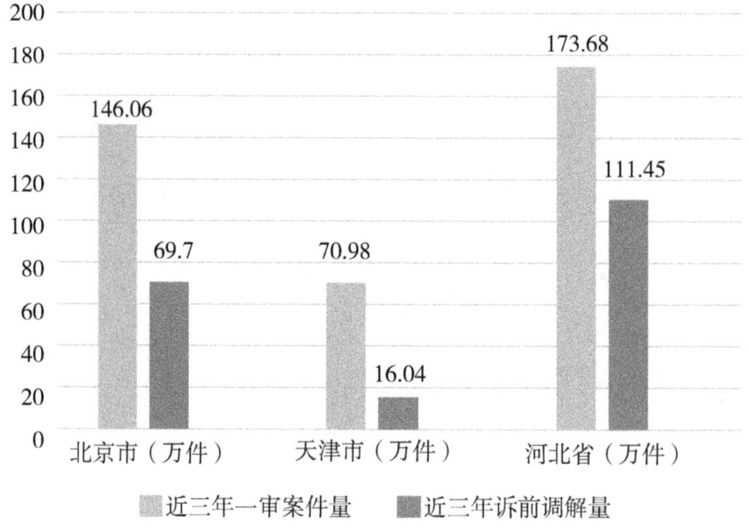

图 1　京津冀地区 2019—2021 年一审案件量与诉前调解量

近三年京津冀地区案件数量呈井喷式上涨，各地分别采取诉前解纷的非诉方式应对案多人少的矛盾，但发展很不均衡，以天津市为例，诉前调解与一审案件量的比率较低，各地区非诉讼解纷机制还有待完善。

（一）以平台为载体实现诉讼程序与非诉讼纠纷解决机制的云上衔接

为贯彻落实一站式多元解纷和一站式诉讼服务体系建设，提高人民法院工作质效，京津冀地区人民法院重视诉讼与非诉讼解纷衔接，建立诉调对接模式，但不同区域的法院对“诉调对接”概念的理解存在“偏宏观”[①]（即侧重原则，以营造良好的司法精神文化氛围为主）或“偏微观”（即侧重规则的“可操作化”，出台具体办事指南）的问题，各地诉调对接机制的构设或平台搭建采取了不同的方式和方法，虽具有不同的特征优势但无法打破区域局限性。

1. 北京市推广“分调裁审一体化平台”——人工智能与司法工作深度融合

北京市全市法院推广使用“分调裁一体化平台”，该平台集合了在线预约立案、案件繁简分流、多元调解案件信息管理、在线调解、要素式裁判文书自动生成等多种功能。依托该平台一方面为调解员规范办案提供了信息化支撑，为当事

① 卫跃宁、刘文斌：《诉调对接模式的决策依据与相对选择——基于本土司法数据及实务经验的原理总结与趋势前瞻》，载《河北法学》2020 年第 12 期。

人提供了指尖化便利；另一方面实现了经非诉程序解纷认定的要素事实直接可批量生成裁判文书，提高了审判工作效率，减轻了审判人员的工作负担。数据显示，“多元调解 + 速裁”在推动案件繁简分流、促进纠纷源头治理方面的作用进一步显现，加之受疫情等因素的影响，2020 年北京市法院民事案件收案 487791 件，同比下降 137968 件，降幅 22%。

2. 天津市以法官进社区为主开展非诉纠纷化解工作

法官工作室与社区网格化融合，法官工作室在特定时间节点进行社区开庭，接受社区居民法律咨询，提升社区网格员法律技能，获得了较好的社会效果。但法官工作室很难实现辖内社区的全覆盖，提供的法律宣传、纠纷解答的司法服务主要仍是针对所在落点社区，对全域非诉纠纷的化解作用有限。

表 1 天津市市内六区近三年民事一审案件数量

（单位：件）

区　域	2021 年	2020 年	2019 年
和平区	13681	8769	9302
南开区	20237	14257	16841
红桥区	8578	7174	8994
河东区	15361	9555	12466
河西区	19228	17532	17757
河北区	10993	9617	9296

通过以上数据可知，除 2020 年受疫情影响，案件数量有所下降外，各区民事一审案件数量均有较大上升，案件数量激增造成审判压力增大，这就使得进一步建立多元解纷机制，做好非诉讼解纷与诉讼程序衔接具有重要的现实意义。

3. “冀时调”融入市域治理——“一乡镇一法庭”模式畅通对接

2020 年 7 月 20 日，“冀时调”平台在河北全省法院上线试运行，2020 年调解成功 17.22 万件，调成率达 74.00%。“冀时调”平台在融合“一乡镇一法庭”业务的基础上，将乡镇法庭职能与乡镇综治工作对接，统一各类调解组织之间、调解和速裁之间的工作标准和流程，但未实现各种社会力量和司法资源全面对接、深度融合，在乡镇法庭、综治中心、人民调解组织、行业性调解组织和当事人之间尚未建立起全线上的纠纷受理、分流、调解、跟踪。

（二）诉讼程序与非诉讼纠纷解决机制衔接具体实践

1. 适宜非诉讼解决的案由——以京津冀地区为例

目前适宜调解的案件主要以案由为标准，采取列举式，符合条件即进入非诉讼纠纷程序，其他适应诉前化解的纠纷，由分流人员以审判经验判断是否进入非诉讼程序。

表 2　京津冀地区人民法院制定的适宜非诉化解纠纷案由

北京市	天津市	河北省
家庭继承纠纷；相邻关系纠纷；消费者权益保护类纠纷；机动车交通事故责任纠纷；劳务纠纷；保险纠纷；医疗损害责任纠纷；物业服务类纠纷；供水、电气、热力纠纷；证券、期货、基金类纠纷；标的额或价额在 50 万元以下的小额债务类纠纷	婚姻家庭、继承纠纷；道路交通事故损害赔偿纠纷；物业合同纠纷；供用水、电、气、热力合同纠纷；劳动争议；相邻关系纠纷；人民法院认为适宜先行调解的其他纠纷	家事纠纷；相邻关系纠纷；劳动争议纠纷；交通事故赔偿纠纷；医疗纠纷；物业纠纷；消费者权益纠纷；小额债务纠纷；申请撤销劳动争议仲裁裁决纠纷；其他适宜诉前化解的纠纷

2. 诉讼与非诉讼繁简分流责任主体与职责分工

实践中多由立案窗口的负责人员挑选适宜调解的案件委托给多元纠纷调解中心，是否纳入调解取决于负责人员的选择，具有浓厚的主观色彩，案件不进入非诉程序而直接进行诉讼程序的，法官仍然需要花费大量时间组织双方调解。

表 3　京津冀地区人民法院繁简分流责任主体与职责分工选择

地区	责任主体	职责分工
北京部分法院	专职程序分流员，或由立案法官兼任	1. 引导：当事人选择非诉讼方式解决纠纷；2. 程序选择：根据案件类型特点、法律适用、社会影响、当事人意愿等因素，在登记立案时确定案件应当适用的程序；3. 集中分流：对系列性、群体性或者关联性案件等进行集中分流；4. 跟踪：对先行调解案件的调解期限进行跟踪、提示、督促和监督；5. 对接：做好调解向速裁、速裁向后端审判程序转换的衔接工作
天津部分法院	专职程序分流员，或由立案法官兼任	1. 程序选择：根据案件事实、法律适用、社会影响等因素，确定案件应当适用的程序；2. 集中分流：对系列性、群体性或关联性案件等进行集中分流；3. 对接：做好与其他部门的沟通协商工作，做好不同案件程序之间转换的衔接工作

续表

地区	责任主体	职责分工
河北部分法院	程序分流员	认为起诉到法院小额纠纷符合诉前化解条件的，应当在收到材料三日内进行分流，由法院进行诉前化解或委托调解

二、人民法院诉与非诉衔接机制运行的困境分析

“诉”与“非诉”衔接机制完全从一种试点探索升级为成熟的实践制度，其在统一性、成熟性、联动性以及成效性方面仍存在些许不足。

（一）多元化解纠纷平台分散

1. 缺乏统一的集聚资源平台

实践中，由于社会解纷资源较为分散，特邀调解工作的发展出现了不平衡的情况，同时也存在职责不清、缺乏制度约束等问题。以京津冀地区为例，社会调解平台之间是独立且存在壁垒的，并未形成统一的社会调解资源平台，导致目前社会调解资源集聚平台分散的尴尬窘境。各类解纷机制各自为政的现象突出，解纷的社会力量和资源未能充分调动，资源配置不尽合理，导致解纷效率低下，解纷能力退化。多元化纠纷解决机制在整体上缺乏一个强有力的牵头单位。

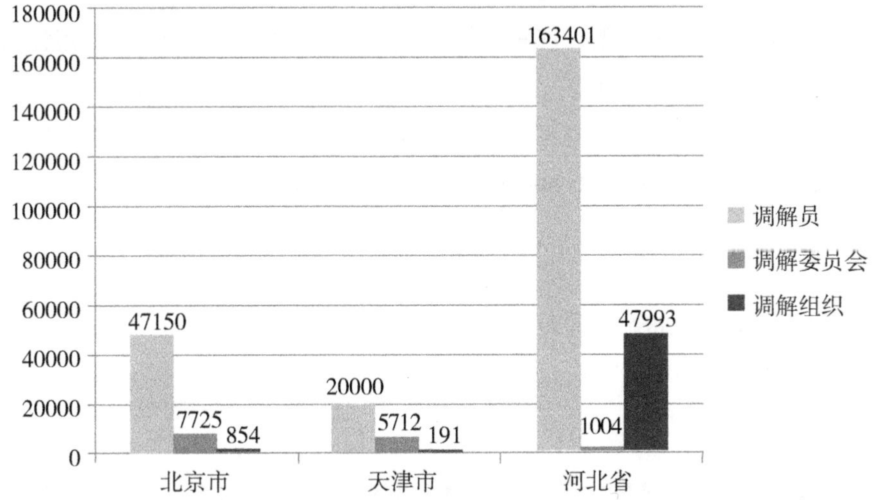

图 2　京津冀地区调解资源

2. 诉与非诉衔接机制不畅

目前各地法院诉的审判端和非诉端（纠纷多元化解中心）对接存在衔接盲区，对接依靠管理层及相关中间层的职能部门和机构较多，致使非诉解纷平台与法院审判端之间存在多层信息壁垒。例如，T 市金融调解人民委员会所开展的金融纠纷调解工作主要依托其自主研发上线的“金调通”平台进行，并没有与人民法院的立案、卷宗、审判系统衔接。这就导致人民法院无法获得诉前调解过程中准确的当事人信息，无法及时跟进案件调解进展。

（二）分流机制建设不完善

1. 纠纷分流“单一化”——主要依据为案由

诉与非诉的分流机制运行有明显的“单一化”特点，具体操作过程通常为立案窗口工作人员结合本院适宜调解的案由类型，将当事人同意调解的案件分流，委派相关调解组织或速裁团队进行调解工作。但该种纠纷分流机制具有明显的机械性，未根据案件甚至当事人的实际情况灵活安排，往往会使应由专业化审判团队审理的案件交由基层自治单位化解，导致案件调解不畅，浪费时间。

2. 非诉纠纷分流程序不明晰

非诉纠纷分流机制在设计层面上，缺乏系统科学制度支撑。现行的法律、司法解释对立案工作的程序规范、操作方式等规定得较为明确，但对于将不同案件类型先予分类，继而如何分流解决的程序并无明晰的指导。立案疏导的关键作用在于案件分流，案件分流的前提在于对各案件予以类型化，即何种案件应予以排除，何种案件适于立案调解，何种案件适于立案后直接进入审判程序，何种案件适于协同其他部门予以处理。

以实际操作层面为例，立案法官在非诉纠纷分流工作中的权能、权限的划分未在“诉”与“非诉”衔接机制制度设计中予以明确。①

（三）“诉”与“非诉”机制联动不强

现阶段诉讼与非诉讼解纷机制由于衔接不畅，程序交叉重叠，导致联动效果差，解纷资源浪费严重。

---

① 浙江省乐清市人民法院课题组、杨际平、王海亮：《纠纷多元解决视角下的立案实践：能动与协同——基于浙江乐清法院立案疏导机制的考察》，载《法律适用》2011 年第 2 期。

1. 案件材料移转困难

原则上，先行调解工作完成后，调解员将案件材料移交专职调解法官，并上传至多元调解信息管理系统形成电子卷宗备查。但实际上，人民法院之间诉的审判端与各非诉解纷平台机构在案卷流转上主要依靠线下案卷流转的形式，如调解员采取月底归还调解案卷，月初调取新案卷调解的方式。但线下案件材料移转方式不可避免地存在许多问题，如超期移转、案卷丢失等。

2. 缺乏调解反馈机制

目前京津冀地区法院均已初步建立起先行调解与审判衔接机制，但普遍欠缺健全的调解反馈机制。对比诉讼，先行调解也应有健全的反馈机制，在整个调解过程中均应当保障当事人充分地反馈渠道，以督促调解员或组织合法合理调解。[①]

3. 纠纷源头实质性化解少

现阶段“诉”与“非诉”解纷机制衔接不畅，诉的审判端由于没有与社区网格员建立联系，也无法发现社区存在的待解决纠纷，从而导致市域治理与司法联动效果不佳。此外，从 T 市某区法官工作室 2020—2021 年度工作数据来看，法院下沉社区开展工作的主要形式是为居民提供法律咨询服务，因此纠纷化解数量有限。

表 4　T 市某区法官工作室 2020—2021 年度开展活动情况

年　度	调解案件	调解案件成功	接受咨询	司法确认	普法宣传	社区开庭
2020	5 件	4 件	68 人次	1 件	21 次	2 次
2020—2021	8 件	7 件	254 人次	2 件	42 次	4 次

三、构建分层递进的“诉”与“非诉”衔接模式——以 T 市 H 区人民法院为蓝本

牢牢把握“社会调解先行”“分流因地制宜”的原则，开展治理资源聚合、案

① 林丽燕：《诉调对接下先行调解的实践检视与优化路径》，载《南京航空航天大学学报（社会科学版）》2020 年第 4 期。

件分流对接、法官指导解纷的诉讼与非诉衔接模式。搭建非诉平台，让社会调解资源作为人民法院的解纷前端，紧密衔接审判后端，对起诉到人民法院的纠纷，发挥分流作用。前后端相互配合，形成内外交互的纠纷预防化解链条，再塑人民法院非诉与诉讼衔接机制。

（一）搭建紧密型的法院附设非诉解纷平台——以人民法院为中心

1. 推进“覆盖式”的多元化解中心建设——以“三进机制”为指引

《最高人民法院关于加快推进人民法院调解平台进乡村、进社区、进网格工作的指导意见》中明确要求推动一站式多元解纷工作向基层延伸，因此非诉平台要能够紧密结合社区、网格、街道建设，深度融入智慧城市格局。以T市H区为例，辖区有6个街道，63个社区，628个网格。人民法院为主导，在每个街道选取一个社区，落点成立纠纷多元化解中心，中心辐射整个街道，建立起覆盖全辖区的非诉平台，纠纷多元化解中心“覆盖式”建设模式采取线上载体、线下载体两种机制，既有线下的多元纠纷化解中心，又有线上载体，线上载体集聚基层治理单位及行业、专业调解组织等调解资源，打破地域限制，为当事人提供更多的非诉化解纠纷渠道。

线下载体：纠纷多元化解中心，工作范围辐射到整个街道辖区，整体形成纠纷多元化解中心（社区）—街道—基层人民法院辐射的三级路径。

2. 主要依托人民法院调解平台构设线上智治非诉平台

线上载体：以人民法院调解平台①为线上非诉载体，建立线上纠纷多元化解中心。通过邀请基层治理单位或调解组织、网格员入驻等方式，将基层社会治理资源集约到人民调解平台（线上纠纷多元化解中心），实现纠纷的分流、化解、调解、司法确认、结果反馈、指导督办等全流程在线办理。

线上实现路径：一是以T市H区人民法院为蓝本，在该院人民调解平台总账号端下，结合和平辖区六个街道实际，创建六个线上纠纷多元化解中心账号，以线下纠纷多元化解中心落点社区命名。二是各线上纠纷多元化解中心及时对接其所在街道的基层治理单位或调解组织，通过人民调解平台的智慧化的名册管理功能，可新增、修改、删除对接的基层治理单位。结合H区实际，六个线上纠纷多元化解中心对接不同的基层治理单位，包括但不限于综治中心、矛调中心、司法

① 人民法院调解平台于2018年由最高院指导上线，该平台主导案件由特邀调解组织、调解员化解。

所、派出所、工会、妇联、劳动、民政、市场监管、土地管理、社区调解组织等。三是人民法院也可进行专业性、行业性调解组织名册管理，实现人民法院对接本地的专业性、行业性调解组织。

3. 打通“诉”与“非诉”衔接的最后一公里——建立诉讼服务中心速裁包联机制

各地人民法院按照最高人民法院诉讼服务中心建设要求①，逐步将诉讼服务中心作为分流开端和多元解纷终端，打破庭室建制，从审判部门抽调办案骨干，组建以法官为核心的速裁组，节约管理成本。

建立诉讼服务中心速裁包联机制后，纠纷多元化解中心直接交由不同速裁组进行日常管理，打通诉与非诉衔接的人工屏障，诉与非诉衔接由立案庭诉讼服务中心一体化统筹。

表5　多元化解中心包联机制（以T市H区人民法院为蓝本）

多元化解中心名称	包联速裁组
A街道多元化解中心	速裁组1
B街道多元化解中心	速裁组2
C街道多元化解中心	速裁组3
D街道多元化解中心	速裁组4
E街道多元化解中心	速裁组5
F街道多元化解中心	速裁组6

4. 避免“诉”与“非诉”衔接盲区——对速裁团队的扁平化管理

扁平化管理是为提高企业效率而建立起来的富有弹性的新型管理模式。②速裁团队作为法院诉的审判端直接与非诉端（纠纷多元化解中心）对接，减少管理层及压缩管理中间层职能部门和机构，使纠纷多元化解中心作为非诉载体和人民法院速裁团队的信息传递层级尽可能地减少，从而避免因为信息壁垒而产生“诉”与“非诉”的衔接盲区。具体分工为：一是速裁组法官助理负责线上法庭账号的日常管理工作，作为社区法院线上法庭联络人，动态更新、管理基层解纷力量的

①《最高人民法院关于全面推进人民法院诉讼服务中心建设的指导意见》（法发〔2014〕23号）。

②王彩元、刘力毅：《深化社区警务改革与建设思考》，载《中国人民公安大学学报（社会科学版）》2013年第29期。

入驻，重点做好调解案件进度跟踪，强化与基层治理单位联络人的沟通；二是法官指导基层治理单位的纠纷化解工作，法官助理协同参加；三是书记员协助法官助理做好相关工作。

（二）以人民法院为中心构建“诉”与“非诉”的分流机制

诉讼与非诉衔接的前提是：如何区分哪些纠纷适合非诉，哪些纠纷适合诉讼。目前，人民法院在一站式多元解纷机制建设下承接了“诉”与“非诉”分流的重要职能。人民法院将部分可以由社会调解组织解决的纠纷委派、委托给调解组织处理，进行诉与非诉的分流。根据《最高人民法院关于进一步推进案件繁简分流优化司法资源配置的若干意见》《最高人民法院关于人民法院深化“分调裁审”机制改革的意见》，人民法院需要完善诉讼与非诉解纷对接机制，首先需要形成行之有效的诉讼与非诉解纷分流机制。

在各街道建立纠纷多元化解中心的基础上，将纠纷的化解分流至街道、社区、网格，融入社会治理网络，促进非诉纠纷源头化解。因此可以形成要素指导、案由主导、居住地引导的递进分流模式，重点关注后疫情时代下的集体性纠纷。参考北京、天津、浙江等地人民法院案件分流机制，研判案件分流的责任群体，由立案窗口承担分流责任：一是节约了速裁法官时间；二是责任明晰；三是减少流转成本。案件分流主要由诉讼服务中心立案工作人员负责，分流方式主要依托“三导式”模式。

（1）要素指导。导诉指导当事人填写《送达地址确认书》《案件要素登记表》《诉前调解确认书》，立案工作人员依托《案件要素登记表》，快速掌握案件基本信息及法律关系，充分发挥人工分流作用。

（2）案由为主导。结合人民法院案由调撤情况（以 T 市某区人民法院 2020 年度案由调撤情况[①]为蓝本）、以下案由确定先行委派调解原则（指派给外部调解组织或基层治理单位），进行非诉化解。

依据纠纷的不同特征划分为地域性较强的民事纠纷及专业性较强的民事纠纷，地域性较强的民事纠纷中原被告一般住所地保持一致；专业性较强的民事纠纷中需要工作人员具有专业化的知识储备来协助纠纷化解。

① 详见文末附件。

表 6　非诉方式化解案由

类　别	具体情形
地域性较强的民事纠纷	1. 婚姻家庭纠纷 2. 相邻关系纠纷 3. 物业服务合同纠纷 4. 供用水、电、气、热力合同纠纷
专业性较强的民事纠纷	1. 医疗损害赔偿纠纷 2. 消费者权益保护纠纷 3. 音乐作品、类电作品著作权侵权纠纷 4. 教育培训类合同纠纷 5. 劳动争议纠纷 6. 道路交通事故损害赔偿纠纷 7. 信用卡纠纷 8. 其他纠纷

（3）以居住地为引导——融入城市网络布局。当事人一方或者双方住所地、经常居住地为辖区内社区、街道且适宜由基层治理单位化解、调解的纠纷，或者当事人明确表示同意先行化解、调解的纠纷，不受以上案由限制。

（三）依托人民调解平台开展非诉纠纷指派工作

根据“三导式”的纠纷分流机制，分流出需要非讼解决的纠纷后，根据不同纠纷类型，依托人民调解平台指派给线上纠纷多元化解中心吸纳的专业性、行业性调解组织或基层治理单位。

1. 专业性纠纷与地域性纠纷采取不同的指派方式

专业性较强的民事纠纷直接通过人民调解平台指派给各多元化解中心所对接的行业、专业性调解组织。

各多元纠纷化解中心对接其所在地的街道矛调中心、社区调解组织、司法所、派出所，针对起诉到人民法院的地域性较强的以下民事纠纷：婚姻家庭案件，相邻关系案件，物业服务合同案件，供用水、电、气、热力合同案件，由立案窗口人员在尊重当事人意愿基础上将案件录入人民调解平台（纠纷多元化解中心账号端下），并将案件指派给当事人所在地与法院对接的基层治理单位进行化解。

2. 建立基层治理单位及特邀调解组织的联络制度

邀请基层治理单位、专业性行业性调解组织与人民法院开展分流对接的人员作为司法联络员，全流程依托人民调解平台自行开展或指定相关人员开展诉前调解、矛盾化解等工作并主动维护基层解纷人员信息。

（四）诉调对接线上工作开展——有效运用人民调解平台区块链技术

线上纠纷多元化解中心纳入的基层治理单位或调解组织收到法院指派的非诉纠纷后，依靠人民调解平台开展调解工作。

1. 调解时间及调解工作要求

严格纠纷化解、调解时间。接受法院指派纠纷的基层治理单位或调解组织的司法联络员应当在三个工作日内登录人民调解平台确认接收纠纷，化解、调解时间为三十日，自确认接收指派之日起计算。①

调解中全程填写《案件调解情况登记表》，明确无争议事实、总结争议焦点，确保速裁团队收到调解组织调解的案件后能够快速掌握前期案件调解情况，减少时间成本，使“诉”与“非诉”衔接更密切。

2. 依靠人民调解平台区块链技术——打破调解协议真假存疑的困境

对于调解组织达成的调解协议不排除存在虚假诉讼的情况，同时达成调解协议后当事人申请司法确认，法官主要进行调解协议内容的审查，对于协议中签字真伪的审查一直存在司法困境。

人民调解平台的区块链技术有效地解决了这一问题。电子证据容易受到篡改，为保证证据真实性，对于当事人提交的证据应当说明来源和取得方式。为了保证证据真实，强化证据的法律属性，人民调解平台为调解双方当事人打造了专属数据通道。

社会调解组织通过人民调解平台开展非诉纠纷调解，产生的调解音视频、文档、调解协议、电子证据等内容也可同步上链存储和保全，确保以上材料的真实性。各院人民调解平台与内网办案系统衔接，案件调解结束后，人民法院可以直接获取当事人的信息、调解协议、证据等材料，对这些信息可直接利用，保证信息的真实、可信。

---

①《最高人民法院关于加快推进人民法院调解平台进乡村、进社区、进网格工作的指导意见》中明确了基层治理单位接收指派时间及调解时长。

3. 非诉纠纷调解结束后与速裁的线上衔接

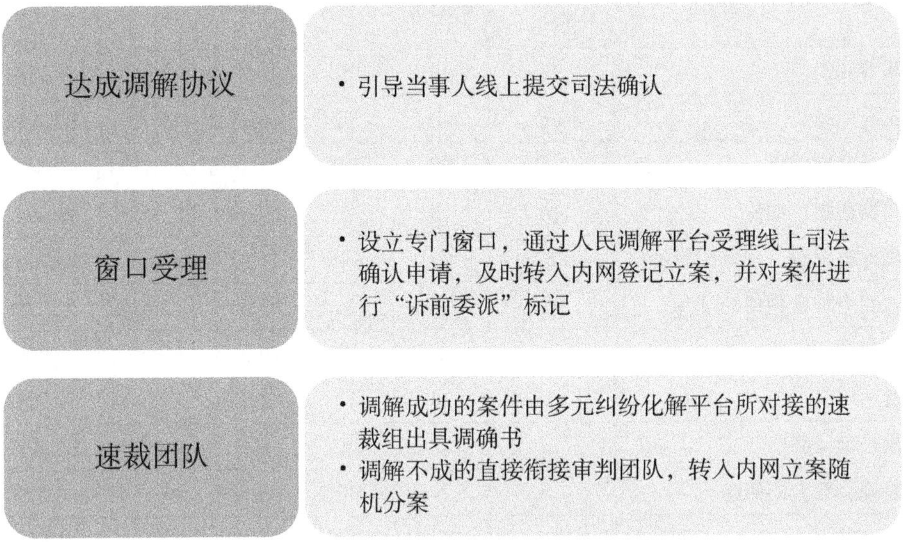

图 3　非诉纠纷解决机制与速裁线上衔接流程

调解结束三日内将案件通过人民调解平台线上途径退回人民法院，移交材料可以通过线下纸质流转，也可以依托区块链技术共享至内网办案系统电子卷宗模块。

进一步明确移交材料的内容：起诉状；当事人、委托代理人身份证明；《送达地址确认书》《要素登记表》《诉前调解申请书》；调解笔录、调解协议；《案件调解情况登记表》及其他相关材料。

附件：

T 市某区人民法院 2020 年度案由调撤情况（1—10 月）

案　　由	审结案件数量	调解数	撤诉数	调解率	撤诉率	调撤率
人格权纠纷	4	1	3	25.00%	75.00%	100.00%
物业服务合同纠纷	351	194	134	55.27%	38.18%	93.45%
委托合同纠纷	75	15	52	20.00%	69.33%	89.33%
侵害作品信息网络传播权纠纷	146	15	115	10.27%	78.77%	89.04%
著作权权属、侵权纠纷	471	49	357	10.40%	75.80%	86.20%

续表

案　　由	审结案件数量	调解数	撤诉数	调解率	撤诉率	调撤率
赡养纠纷	36	26	5	72.22%	13.89%	86.11%
抚养纠纷	66	40	13	60.61%	19.70%	80.30%
服务合同纠纷	280	78	145	27.86%	51.79%	79.64%
离婚后财产纠纷	26	15	5	57.69%	19.23%	76.92%
商标权权属、侵权纠纷	227	27	145	11.89%	63.88%	75.77%
教育培训合同纠纷	95	38	31	40.00%	32.63%	72.63%
侵权责任纠纷	10	1	6	10.00%	60.00%	70.00%
继承纠纷	66	28	18	42.42%	27.27%	69.70%
物权确认纠纷	6	0	4	0.00%	66.67%	66.67%
装饰装修合同纠纷	27	5	13	18.52%	48.15%	66.67%
劳动争议	871	274	290	31.46%	33.30%	64.75%
相邻关系纠纷	14	8	1	57.14%	7.14%	64.29%
物权保护纠纷	8	1	4	12.50%	50.00%	62.50%
财产损害赔偿纠纷	50	16	15	32.00%	30.00%	62.00%
民间借贷合同纠纷	490	142	156	28.98%	31.84%	60.82%
居间合同纠纷	19	10	1	52.63%	5.26%	57.89%
排除妨害纠纷	23	3	10	13.04%	43.48%	56.52%
租赁合同纠纷	396	111	110	28.03%	27.78%	55.81%
恢复原状纠纷	11	3	3	27.27%	27.27%	54.55%
健康权纠纷	88	24	24	27.27%	27.27%	54.55%
离婚纠纷	195	78	28	40.00%	14.36%	54.36%
建设工程合同纠纷	26	8	6	30.77%	23.08%	53.85%
医疗损害责任纠纷	41	13	9	31.71%	21.95%	53.66%
借款合同纠纷	112	17	41	15.18%	36.61%	51.79%
不当得利纠纷	33	3	14	9.09%	42.42%	51.52%
生命权纠纷	4	2	0	50.00%	0.00%	50.00%
被继承人债务清偿纠纷	2	0	1	0.00%	50.00%	50.00%
共有纠纷	2	1	0	50.00%	0.00%	50.00%
赠与合同纠纷	4	0	2	0.00%	50.00%	50.00%

续表

案　　由	审结案件数量	调解数	撤诉数	调解率	撤诉率	调撤率
不正当竞争纠纷	4	0	2	0.00%	50.00%	50.00%
追偿权纠纷	107	23	27	21.50%	25.23%	46.73%
买卖合同纠纷	313	64	79	20.45%	25.24%	45.69%
返还原物纠纷	82	7	30	8.54%	36.59%	45.12%
机动车交通事故责任纠纷	242	54	55	22.31%	22.73%	45.04%
劳务合同纠纷	29	8	5	27.59%	17.24%	44.83%
特许经营合同纠纷	55	10	14	18.18%	25.45%	43.64%
确认合同效力纠纷	11	2	2	18.18%	18.18%	36.36%
信用卡纠纷	942	119	220	12.63%	23.35%	35.99%
金融借款合同纠纷	740	90	142	12.16%	19.19%	31.35%
股东资格确认纠纷	63	0	6	0.00%	9.52%	9.52%
合计	6863	1623	2343	23.65%	34.14%	57.79%

（**作者简介**：樊迪，天津市和平区人民法院立案庭四级法官助理；易士琦，天津市和平区人民法院立案庭法官助理；刘欣，天津市和平区人民法院立案庭法官助理）

让非诉挺在前：人民调解协议司法确认程序的完善路径

——以调解前置和区分形式审查与实质审查为切入点

李军波　聂振华　胡　桐

一、现状：人民调解协议司法确认的运行偏差

（一）前端：人民调解未能有效挺在前面

从《人民调解法》施行十年来的情况看，人民调解的发展态势较为平稳，制度吸引力和纠纷解决力并未像预计那样显著提高。通过数据搜集和分析，人民调解未能有效挺在前面的表现主要有以下几个方面。

第一，调解员队伍与矛盾化解数量比例失衡。笔者以 2011 年 1 月 1 日《人民调解法》生效之日为节点，收集整理了自 2011 年至 2019 年共计九年的全国人民调解工作统计数据[①]予以考察分析。具体数据如图 1 所示。

从统计数据来看，截至 2019 年，全国人民调解组织共计 73.5 万个，2019 年，人民调解员 337.78 万人，调解纠纷 931.47 万件。从以上数字来看，全国每年九百多万件纠纷的案件量，展现出的仍是人民调解一幅生气蓬勃的图景，但平均下来每个调解员每年化解的纠纷只有不到 3 件，这是一个工作效率明显低下的组织。

第二，调解协议效力难以保障。该问题严重制约人民调解作用的充分发挥，如当事人达成合意，制作完成调解协议后，在双方自愿的情况下，未经人民调解组织的重新确认，便按照新的合意修改协议，如何认定调解协议的效力，法律仍

① 数据来源：国家数据网站，https://data.stats.gov.cn/easyquery.htm?cn=C01，检索路径为“年度数据→公共管理、社会保障及其他→律师、公证和调解工作基本情况”，2022 年 10 月 19 日访问。

有空白。

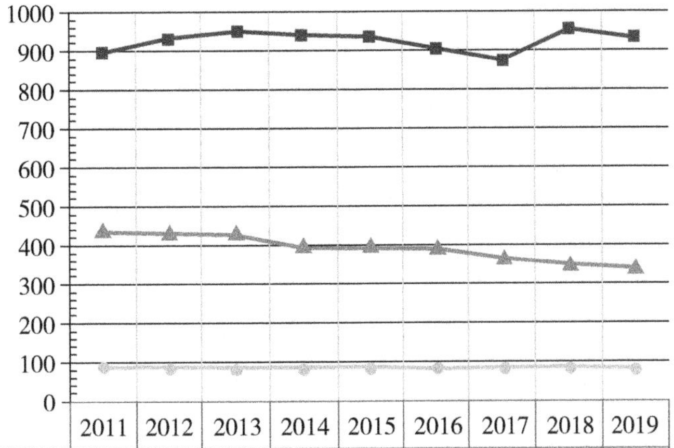

	2011	2012	2013	2014	2015	2016	2017	2018	2019
人民调解委员会（万个）	81.1	81.7	82	80.3	79.8	78.8	75.9	75.2	73.5
调解人员（万人）	433.55	428.1	422.9	394.1	391.1	385.2	362.9	349.71	337.78
调解民间纠纷（万件）	893.53	926.6	943.9	933	933.1	901.9	874.1	953.22	931.47

图 1　2011—2019 年全国人民调解工作数据对比

第三，调解人员知识结构亟待更新。自 2019 年以来，有关民事解纷的相关法律法规和司法解释共公布或修改 20 余次，特别是《民法典》的出台，带来了一大批法律法规和司法解释的修改和订正。但人民调解员集中培训的机会却很少，以笔者所在的 H 省 Z 市为例，2020 年在全市范围内仅组织了 1 次范围在 200 人左右的人民调解员培训。

（二）中端：司法确认制度发展缓慢

自 2012 年司法确认程序创设至今，全国法院系统近十年来所受理的该类案件占比较低，未能充分发挥诉讼对非诉讼解纷方式的保障作用。针对司法确认制度的运行偏差，笔者认为主要表现在以下几个方面。

第一，司法确认案件增速慢于诉讼案件增速。在诉讼大爆炸的背景下，司法确认作为一项被寄予厚望的程序创新，其案件数理应快速增长，但现实情况却并非如此。2013 年至 2017 年，全国法院每年受理的司法确认案件总数均仅十余万件，2018 年和 2019 年两年虽增速较大，但也仅为 25 万余件和 34 万余件。2016 年至 2020 年，全国共受理司法确认案件 165.9 万件，在 2016 年至 2020 年的全国一审民事案件受理总数中的比重仅为2.7%[①]。平均到各基层法院，按照最高院2011年统计的全国基层法院数量3115家计算，则每个基层法院在上述五年间的年均司法确认受理数仅为107.7件（见图2）。

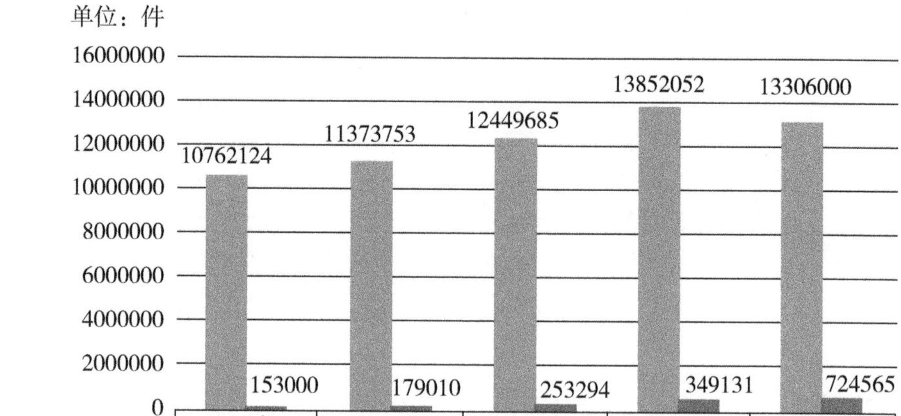

	2016年	2017年	2018年	2019年	2020年
一审民事案件	10762124	11373753	12449685	13852052	13306000
司法确认案件	153000	179010	253294	349131	724565

■一审民事案件 ■司法确认案件

图2　2016—2020年全国法院一审民事案件与司法确认案件对比

第二，案件处理结果单一。实践中对于司法确认案件的处理，普遍采用的是全盘肯定或否定的观点和做法。即法院对于人民调解协议，要么完全肯定其效力，赋予其对应的强制执行力；要么完全否定其效力，除不赋予其强制执行力外，还在一定程度上实质性否定了待确认调解协议的效力。毕竟从当事人的角度来看，无执行力保障的调解协议所形成的调解约束力微乎其微。虽后续仍可对调解协议进行修改或重新签订调解协议后再次申请司法确认，对裁定驳回的结果予以补救，但面对重新进行的调解，很难保证双方当事人的心态与初次调解时能够完全一致。

（三）末端：诉讼与非诉讼解纷方式沟通匮乏

在我国当下立法模式中，与诉讼所对应的是《民事诉讼法》，与非诉讼模式所对应的是《人民调解法》，两者相连接的是《民事诉讼法》中针对人民调解协

① 数据来源：2016—2019年全国法院司法统计公报、2016—2020年《中国法律年鉴》《中国法院的多元化纠纷解决机制改革报告（2015—2020）》等。

议的司法确认特别程序，对接了“诉讼”“非诉讼”这两个纠纷解决机制。但受限于司法确认程序的运行偏差，人民调解这一法理上的非诉讼纠纷解决机制与法院系统的联动沟通不畅，大批量纠纷如洪水般灌入诉讼模式中。该现象迫使作为诉讼解纷主体的法院不得不采取所谓“速裁”、多元解纷、繁简分流，甚至特邀调解、诉前调解等制度加入到非诉讼纠纷解决机制中。与之对应，除人民调解组织外，独立于法院、政府之外的其他各类第三方解纷组织应运而生，如受人民法院和政府邀请成立的特邀调解组织、行业和协会调解组织、商会调解组织等。这些非诉讼纠纷解决机制的创新又进一步加剧了人民调解与法院之间沟通匮乏的现状。

二、反思：人民调解协议司法确认现状原因探究

深入研究后发现，人民调解协议司法确认制度之所以在实践中存在偏差，归结起来主要是宏观上我国社会关系和矛盾的变化以及微观上不同主体和解纷方式彼此互动失衡等原因造成的。

（一）宏观视角：我国新时代社会关系和利益矛盾的变化使然

紧密的社会关系网络是人民调解发挥作用的一个重要因素。我国传统“熟人社会”，民调员大都由民间精英和基层领导等担任，具有较强的权威性，容易赢得群众信任，人民调解在解纷中融合情理法的做法，也符合社会对于“和谐”理念的要求，因而应用广泛。然而随着我国城市化和工业化进程的加快，人与人彼此联系的纽带由传统乡土社会血缘、地缘和宗族关系逐步向社会业缘关系转变。日益多元化的生活观和价值观，导致旧有的社会关系和身份在大变革中逐渐淡化，进而形成新的社会身份和利益群体。

同样，利益矛盾也不再仅产生于人与人之间，还可能产生在个人与团体和不同利益团体之间。由于法治理念的广泛推行，国家对依法治国的强调和民众对法治的需求，导致了观念中一个完美的法院模式的出现。[①] 诉讼被多数民众作为解纷方式的首选并被标榜为更加适当和理性的选择。而人民调解则面临质疑，

① 参见韦大志、马伟：《人民法院参与多元化纠纷解决机制相关问题研究——以诉与非诉解纷衔接机制的理性建构为视角》，载《法律与生活》2017 年第 10 期。

其在解纷中讲情理的手段甚至被认为是在“和稀泥”，社会对人民调解的偏好明显降低。

（二）微观视角：具体解纷主体和解纷方式彼此互动的失衡使然

1. 司法确认各主体未能实现有效互动

从司法确认参与主体来看，主要涉及人民法院、人民调解组织和当事人三方。从制度设计层面来说，三方应然呈现出彼此促进的良性循环形式（见图 3）。

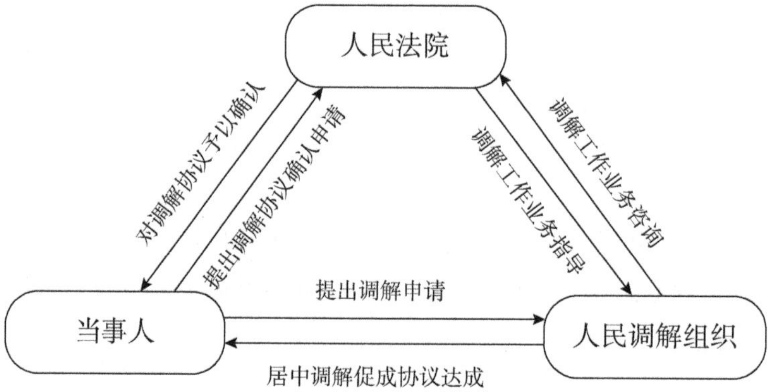

图 3　三方主体良性循环形式

然而，法院和当事人之间却产生了一道信息屏障。统计资料[①]显示：将自动履行人民调解协议和申请司法确认的当事人分为 A、B 两组，调查显示，A 组 90.9% 的人完全不知晓司法确认，8.4% 的人仅听说过但不了解该制度，仅 0.7% 的人对此较为了解；B 组 84.8% 的人通过民调员获悉，6.2% 的人通过媒体知悉，5.4% 的人由他人告知，3.6% 的人知晓并较为了解该制度。通过以上数据，当事人了解和接触司法确认制度的主要来源乃挺在前面的人民调解组织等对于该制度的宣传而非后端法院进行的司法确认。另外，笔者向所在辖区人民调解组织和民调员发放调查问卷 500 份，共收回有效问卷 468 份，在“调解成功后，你是否会告知当事人申请调解协议司法确认”问题中，27.6% 的民调员答“会告知”，68.8% 的民调员答“看情况”，3.6% 的民调员答“不告知”（见图 4）。

① 资料来源为湖北省宜昌市中级人民法院课题组、郭娟、车志平：《人民调解协议司法确认制度的运行偏差与本位回归——基于对 H 省 Y 市各基层法院司法确认制度运行状态的考察分析》，载《第八届中部崛起法治论坛论文集》。

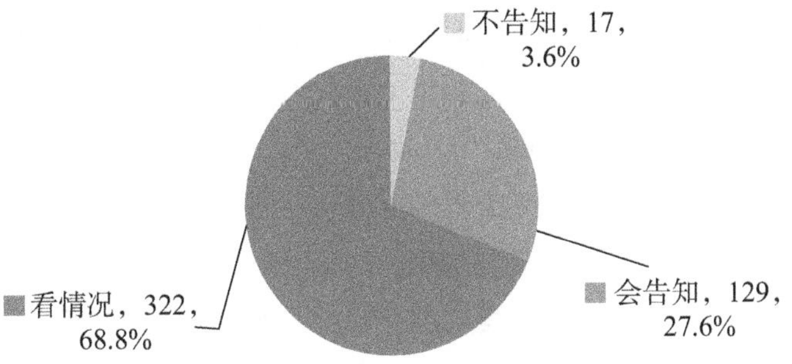

图 4　人民调解组织司法确认告知意愿分布

而当面对“在帮助当事人申请调解协议司法确认，有什么顾虑”时，得到的答案按降序排列依次为“担心调解协议瑕疵多，容易被驳回”“审查和程序要求严，补充材料或二次调解复杂难度大”“当事人易反感并反悔，前功尽弃”。综上，当事人与法院之间的信息屏障，主要源于民调员群体对于司法确认制度复杂的看法和态度：一方面，希望司法确认能够促成调解达成；另一方面，又因司法程序严格的审查而不愿自造困境。故而，本应是三方彼此促进的良性循环形式，实践中却因人力、经费和试错等成本的考量，演变成三方各自为政的现实（见图 5）。

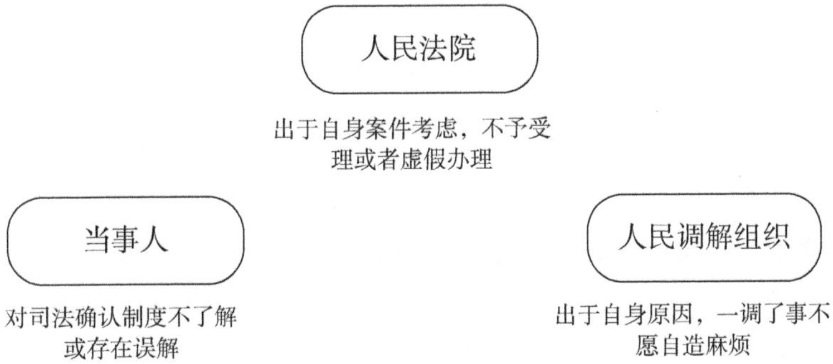

图 5　三方各自为政局面

2. 诉讼与非诉讼解纷方式系统性失衡

近十年来，我国无论是诉讼还是非诉讼解纷方式均发生了巨大变化。以法院为例，最高人民法院于 2019 年提出一站式多元解纷机制建设，这实则是人民法院在诉讼框架内对接非诉讼纠纷解决机制的一种尝试。根据要求，全国各地法院两年来均建立起了一站式多元解纷机制，但因《民事诉讼法》尚未建立起诉讼与非诉讼解纷机制对接的具体规则，以致旧有的人民调解—司法确认对接机制作用无法充分发挥。

从域外立法例看，两者大体类似于金字塔形状，非诉讼纠纷化解数量及解纷方式位于塔基，远多于诉讼数量。从整个矛盾化解体系看，诉讼与非诉讼解纷方式应形成良性的沟通与互动，诉讼作为最后一道屏障应向非诉提供法律强制力保障，非诉作为普遍化解纷方式则为诉讼提供一手证据及解纷建议，如此方能使纠纷顺利解决。自多元化纠纷解决机制建设启动以来，非诉讼解纷机制的范围和影响不断扩大和增强，但分流、分层解决纠纷的效果并不明显。作为维护公平正义的最后一道防线，诉讼在解纷时往往被首先利用，导致诉讼面临的压力有增无已，各种非诉讼纠纷化解方式的对照优势未能有效发挥。① 有人大代表在全国“两会”期间指出多元解纷效果不明显的主要诱因是尚未在立法层面建立调解前置程序，导致诉前调解缺乏强力的法律和完备的程序做后盾。②

三、重构：人民调解协议司法确认程序的优化路径

在最高人民法院开展的试点中，司法确认的优化是以拓宽程序适用范围为抓手，将经过法院特邀调解达成的调解协议纳入司法确认的受理范围。笔者在最高人民法院试点内容的基础上，从其他角度入手提出一些重构司法确认程序的优化路径。

（一）前端：探索建立调解前置程序，开展诉前先行调解

随着时代发展，我国熟人社会纠纷逐渐萎缩，以社区为新型单元的社会纠纷逐渐增多。未来，针对部分民事纠纷通过立法建立调解前置程序实属必要。同时需要明确的是，本文所述的调解前置中的调解方式应为以人民调解为代表的第三方解纷组织参与矛盾双方的居中调停，而非传统意义上案件进入法院诉讼程序中由法官或法院工作人员进行的诉中调解。若仅是作出诉讼案件“诉中调解前置”的规定，那其实际解纷的效果从现行离婚纠纷案件的诉讼中强制调解的运行现状便可见一斑。笔者认为，以下民事纠纷开展诉前先行调解工作实属必要。

（1）物业纠纷。近十年来物业纠纷大量增加，实质上，该纠纷的本质并非单个业主同物业服务企业之间的纠纷，所表现出来的往往是群体业主同物业服务企业的纠纷，双方矛盾复杂程度远超其他民事诉讼个案，但在物业服务企业针对业

---

① 参见刘加良：《非诉调解前置主义的反思与走向》，载《政法论丛》2020 年第 5 期。

② 参见《“两会”议调解》，载《人民调解》2018 年第 4 期。

主提起诉讼时，却往往表现为其同各业主之间的对抗，多数法院忽略了物业服务合同所具有的集体合同属性，解纷时并不将该类纠纷同他类单个纠纷区分，仅考虑单个业主与物业服务企业之间的权利义务关系，最终大多径行判决业主支付所欠缴的物业费，而对业主提出的物业服务企业服务质量不合格则无能为力。另外，受立案登记制、回避、审限等诸多诉讼规则限制，物业服务企业循环往复的诉讼导致双方矛盾越积越深，诉讼出现"失灵"现象。反倒是以社区为基础的人民调解组织无论是从时间、空间、群众基础，还是解纷灵活性方面都更加接近纠纷。将该类纠纷前置于人民调解当中既便于将纠纷化解在萌芽状态，又利于体现"挺在前面"之原则要求，同时，解纷过程中亦可发挥政府对成立业主大会、业主委员会的法定监督职责，整体解决类案纠纷。

（2）离婚纠纷。法律明确规定离婚纠纷应先行调解，司法实践中，受制于案件数量，由法官主持的调解往往流于形式，甚至仅做一个调解笔录了之，不利于该类纠纷的化解。人民调解作为法律规定的专业调解组织对于解决该类纠纷亦具有天然优势。以《民法典》所规定的离婚冷静期制度为例，若在冷静期内规定由法官将调解工作委托给相应的人民调解组织，则更有利于发挥离婚冷静期制度的功能，否则若在冷静期内任由夫妻双方以"等待"的方式度过，则无疑对进一步解决纠纷更加不利。

（3）商品房买卖合同纠纷。该类纠纷发生在业主和开发商之间，往往具有涉众性、群体性，该类纠纷的争议焦点往往具有高度一致性（如逾期交房、房屋质量等），政府领导下的人民调解配合行政调解等更容易将此类纠纷化解作为社会稳定的一环而集中化解。

（4）以人员聚集性为特点的其他批量案件纠纷。以近年来多发的健身服务合同纠纷为例，接受健身服务的一方大多居住在健身场所附近，人民调解制度的运用往往能够及早发现引发群体性纠纷的苗头，尽早介入，尽早化解，或前期固定证据以便于诉讼解纷。

（二）中端：区分形式审查和实质审查

1. 将人民调解协议的形式审查权置于执行程序中

按照司法确认程序的制度设计理念，向法院提起司法确认的案件双方当事人在此刻对于司法确认案涉事由是不存在争议的，双方的争议已经在人民调解的过程中通过达成调解协议予以解决，双方尤其是提起方据以提起司法确认的目的主要是赋予人民调解协议强制执行力。但回归当事人视角，既然对争议处理结果设定可执行的保障仍需进入法院的处理程序，为何不在争议起始便选择法院的诉争解决手段。

因此，建议赋予人民调解协议强制执行的效力，同时，将司法确认案件中对人民调解协议的形式审查权和实质审查权予以拆分。从调解协议内容的性质来看，调解协议更像是矛盾双方针对争议事实基于统一的意思表示而达成的类似合同性质的文件，双方在调解中交换调解意见也与合同签订过程中的要约与承诺行为高度类似，并且在调解协议中一般也不体现具体的解纷组织，其公信力难以保障。因此，笔者建议参考公证债权文书的处理，对于需要申请强制执行的人民调解协议，由人民调解组织根据调解协议的内容制作人民调解书，当事人可持该文书向法院申请执行立案。

在执行过程中，由法院执行法官对该人民调解书和调解协议是否符合法律规定、是否具备可执行性予以形式审查。鉴于形式审查通过后进入的执行程序的严肃性，同时人民调解组织出具人民调解书这一行为本身便已包含对人民调解协议文义做进一步斟酌之意，因此，建议对于形式审查的尺度适当从严。经审查，人民调解书符合法律规定的予以执行；不符合法律规定、无可执行内容或执行内容不明确存在争议歧义的，裁定驳回申请。

为验证该设想之可行性，笔者从 Z 市法院自试点启动至 2020 年 12 月 31 日近一年受理的司法确认案件[①]中随机抽取 10% 的案件（共 935 件）进行统计分析。从结案方式来看，935 件司法确认案件中共 3 件以裁定驳回申请方式结案，原因均为涉案标的物为共同共有，申请人单独达成的调解协议未征得其他所有人同意，故申请人请求确认其调解协议，不符合法律规定；1 件以裁定不予受理方式结案，原因为不属于司法确认受案范围；3 件以准许申请人撤回申请结案；剩余 928 件均以裁定确认调解协议方式结案。裁定确认的比例为 99.25%，裁定驳回的比例为 0.32%。从审理期间来看，随机抽样的 935 件司法确认案件中，平均审理天数为 6.82 天，审理天数在 10 天及以下的案件共 758 件，占比 81.07%。笔者另从该 935 件抽样案件中按照 5% 的比例随机抽取了 47 件案件查阅电子卷宗，其中平均卷宗页数为 48.9 页，证据的平均页数为 24.38 页，询问笔录的平均页数为 3.19 页，最多的 9 页，最少的 2 页，询问笔录页数在 3 页及以下的占比为 76.19%，平均询问

---

① 2020 年 1 月 15 日至 2020 年 12 月 31 日，郑州市 14 家基层法院共受理司法确认案件 9345 件。

1.26 次后即作出了司法确认裁定，询问次数最多的为 3 次。从以上数据可以看出，司法确认案件进入审判的意义并不大，将司法确认程序的形式审查权拆分并置于执行程序中是可行的。

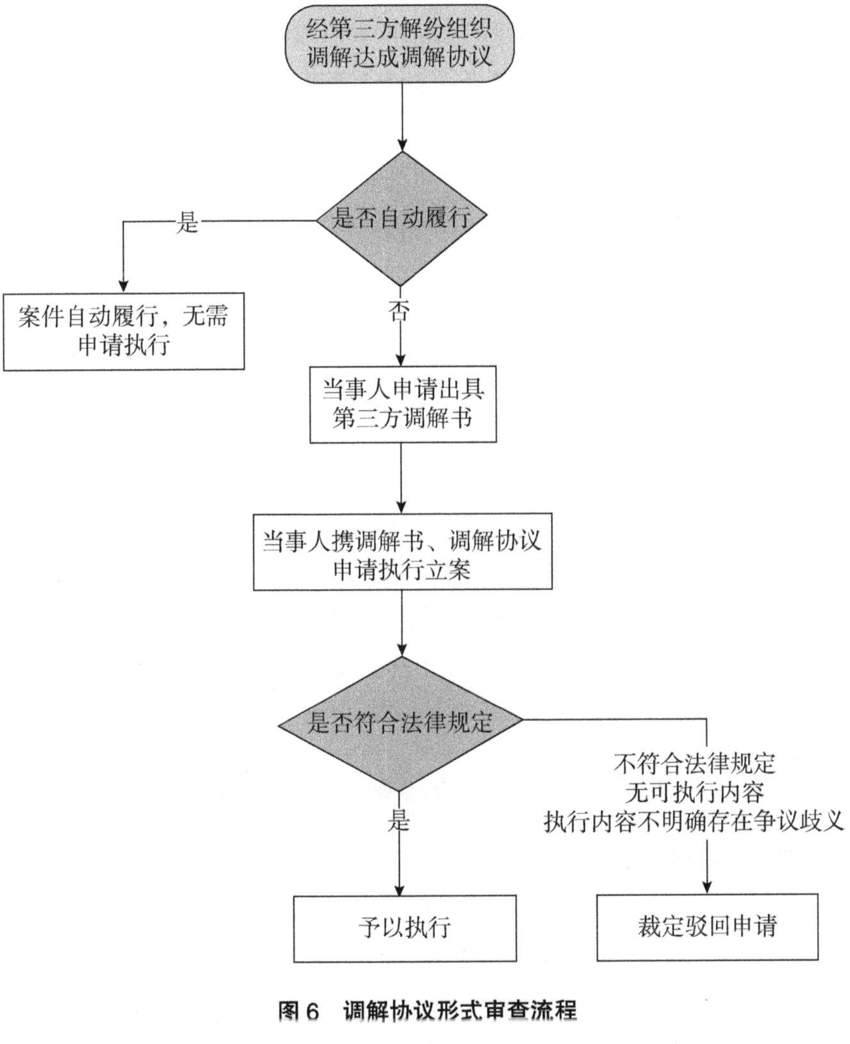

图 6　调解协议形式审查流程

相对应地，鉴于赋予人民调解协议强制执行力，有必要提高人民调解员的准入门槛，从而在人员配置上保障人民调解的规范性和公正力。实践中，上海、苏州、成都等地已开始探索民调员的职业准入，并取得了初步成效。其普遍采用的由“资格审核—笔试 / 面试考核—任前培训—持证上岗”等一系列环节构成的准入制度对人民调解面向的广大群众而言，是一个有公信力背书的信用机制，有助于公众对人民调解生成“基于制度的信任”[①]。

2. 将人民调解协议的实质审查权置于特别程序

在对司法确认的形式审查权和实质审查权予以拆分后，将对被驳回人民调解书和调解协议的实质审查权置于司法确认这一特别程序之中，在执行阶段被驳回申请的当事人不服驳回裁定的，可向法院申请司法确认。法院受理后应当向被申请人送达申请书、权利义务告知书、司法确认通知书等，并对当事人间的民事法律关系予以审查。审查内容主要是针对双方当事人的行为能力、双方民事法律关系是否真实存在、调解协议的签署是否系双方真实意思表示、调解协议内容究竟是否违反法律法规的强制性规定、是否有损国家利益、是否损害社会公共利益和他人利益等事项，当事人应就所主张的事项提供证据证明。

3. 完善瑕疵裁定救济方式

对于经过形式审查进入执行程序的案件，可以选择执行异议—执行异议之诉的形式通过对执行行为予以救济来挽回损失。而对于经过实质审查予以司法确认的案件，在现行试点中，对于法院发现司法确认裁定存在错误但当事人或利害关系人未提出异议的，部分法院参照《民事诉讼法》适用审判监督程序予以更正救济。但根据《民事诉讼法》的规定，通过审判监督程序进入再审的案件所适用的程序为第一审或第二审程序，二者均系诉讼程序，然司法确认程序属特别程序，对其的救济不宜同比诉讼程序。故对于上述情况，建议由审监部门审查后，直接作出撤销原裁定的新裁定。

（三）末端：建立诉调对接互动配套制度

1. 事实及争点固定制度

人民调解组织调解纠纷时应当严格依法询问当事人并审核证据，书面总结当事人间的无争议事实及争议焦点，经当事人签字确认后留卷备查。调解不成的，一方当事人提起诉讼后，该组织应当向法院提交前期调解材料，前期调解中所固定的无争议事实及争议焦点经法院询问后，可作为诉讼中认定事实的依据。

2. 委托调解制度

诉讼过程中，经双方当事人同意，法院可将纠纷委托至人民调解组织调解，调解期间不计入诉讼期间。对于经调解达成协议的，诉讼案件可以双方达成和解

---

① 张维迎:《信息、信任与法律》，生活·读书·新知三联书店2003年版，第10页。

为由裁定准许原告撤诉。双方未按照调解协议约定内容履行的，另一方可向法院申请强制执行。对于经过人民调解未达成调解协议的，则参照本文上述的事实及争点固定制度，对委托调解中经过调解形成的调解材料中所固定的无争议事实及争议焦点经询问后，作为诉讼中认定事实的依据。

3. 调解司法约束制度

一是规定合理的调解期限和申请调解的次数，避免部分当事人“以调拖讼”，造成对方当事人时间和成本的浪费。二是赋予法院在认为案件不适合调解或当事人选择调解目的不正当时，终止调解的权力。这些不正当的目的包括但不限于：掩饰隐藏重要证据、故意拖延或增加不必要的费用支出等。三是制定具体的罚则。可以借鉴日本的做法[①]，当事人接受调解后，无正当理由未按时参加的，可给予司法惩戒并补偿对方由此产生的交通损失。

4. 确认情况通报制度

法院可以将调解协议不予确认的情况定期或不定期通报同级司法行政机关和相关人民调解组织。相关情况可作为考核民调员和人民调解组织的依据。

5. 惩罚性诉讼收费制度

经法院司法确认后，一方当事人怠于履行，对方当事人向法院申请强制执行的，怠于履行一方应按调解协议标的额补交相应的诉讼费用，不补交的，由法院一并执行。

四、结语

司法确认制度的产生与发展，是以解决人民调解协议缺乏强制力、满足现实的司法解纷替代需求为首要动因的。司法确认制度通过司法保障赋予了人民调解协议强制效力，使得一度被边缘化的“东方经验”燃起了新的生机。诚然，目前的司法确认制度尚未完全达到其制度创设时设想的效用，但该项制度的诞生，本身亦是为我国非诉纠纷解决机制的多元化发展埋下了伏笔。通过繁简分流试点，司法确认制度看似迎来了大放异彩的时机。在本次繁简分流试点结束后，《民事诉讼法》的修改势在必行，笔者在此通过实证分析和理论研究，提出自己重构司法

①《日本民事调停法》第 34 条规定，受到召唤的调解（调停）案件当事人如果没有正当理由却拒不接受调解（调停），法院可处以 5 万日元以下的罚款。

确认制度的建议，以期为日后《民事诉讼法》修改提供帮助，为更好地服务司法实践尽一份绵薄之力。

［**作者简介：**李军波，郑州市中原区人民法院审委会委员、审判管理办公室（研究室）主任、一级法官；聂振华，河南法官进修学院科研处处长；胡桐，郑州市中原区人民法院法官助理］

反思与重构：金融债权司法确认制度初探

——基于对传统诉讼程序和非对抗式程序的实证考察

顾　权　金　璐

随着金融开放化、自由化的日益扩张以及一审案件管辖权改革的深入推进，基层法院受理的金融案件迅速增长且居高不下。与此同时，金融案件逐渐呈现出批量化、送达难、缺席率高的特点，“审限长”“程序繁”的对抗式诉讼程序在应对之时难免心余力绌。加之我国现有的非对抗式程序对金融纠纷的诉讼分流作用尚未达到理想状态，导致大量事实清楚、争议不大的金融纠纷又重新拥堵到传统诉讼程序的单车道上，挤占了已经颇为紧张的诉讼资源，法院的审判压力与日俱增。因此，我们亟需探索一条帮助金融债权人快捷、高效、准确实现权利的路径——金融债权司法确认制度，以破解案件“消化不良”与大量纠纷“流不出去”之困境，进而持续优化营商环境，促进金融市场健康发展。

一、金融债权的特征初析

“债”被界定为特定的当事人之间得以请求为特定行为的法律关系。金融债权作为债的一种，系政策性银行、商业银行、信用合作社和信托、基金证券公司等经营贷款或金融业务的金融机构按照合同约定支付给债务人货币而形成的权利[①]。

（一）金融债权主体的特殊性

金融案件的债权人通常为专业的金融机构且类型广泛，国内国外经济成分不同、规模不一的主体皆有所涉及，商业贷款、融资租赁、保险理财、证券基金等领域全

---

① 赵展、王萍：《试论金融债权的风险和保全》，载《西安金融》2002 年第 4 期。

面渗透，所牵涉的债权债务纠纷自然体量大且种类多样。并且，这些债权主体中不乏信誉卓著、资金实力雄厚的国有企业和民营机构，相较于自然人偿还能力的不确定性，金融债权人充分且稳定的经济实力更能够承担执行回转情形下的纠错风险。

（二）金融债权客体的规范性

区别于民间借贷形式的灵活性和随意性，金融机构对于内部管理、风险控制等具有较为完备的规制，大量的金融纠纷案件事实较为清楚、法律关系较为明确，双方当事人对于自身所享有的权利及应当承担的义务实际上也较为明晰，通常呈现出批量化、采格式合同、有约定送达条款、争议不大等特点。

（三）金融债权与国民经济风险的关联性

如果说金融业是国民经济运行的“轴心”，金融债权则是“齿轮”，是金融业发展状况的外化。由于银行系统、融资租赁公司等金融机构在现有经济金融体制框架内的显赫地位以及对企业资本结构、融资行为模式的支配性作用，不良金融债权已经不单单是金融体系自身的问题，而易泛化为社会性、普遍性的国民经济风险。

（四）金融债权救济的局限性

民间借贷行为“嵌入”社会结构和社会生活之中，具有明显的人格化交易特征，故以“人情”为纽带，常以私力救济为“修复工具”。相比之下，金融债权催收则较为程序化和规范化，几乎没有感情色彩，故不存在通过诉讼方式解决纠纷会破坏情谊关系之顾虑；此外，金融债权人因为审计、税收、监管等各种原因，大多只能通过诉讼等公权力行为进行催收，因此以公力救济为实现债权的主要途径。

二、实践检视：“两造对抗”传统诉讼程序与金融纠纷化解的“矛盾”

（一）案多人少：金融债权人的司法需求无法完全得到满足

当前，我国经济正处于“增长速度换挡期、结构调整阵痛期、前期刺激政策消化期”叠加的特殊时期，经济发展方式的转变与经济发展速度的降频挤压了落后产能的生存空间，银行系统供给侧结构性改革的持续深入引发信贷供给的结构性变化，“以新贷续旧贷”的企业授信行为明显减少，导致大量以债权实现为主要请求的金融纠纷涌入法院，金融案件的数量呈现逐年攀升的趋势[①]。以S市P区的金融案件处理情况为例，2014年的金融案件收案数仅为16617件，截至2021年10月已激增至38951件，增幅高达1.34倍（见图1）。这一显著变化与S市P区鼎力建设金融中心核心承载区、金融开放自贸区、现代化引领区的特殊定位息息相关。在金融案件呈井喷式增长的大背景下，金融审判庭理应争取更充沛的司法资源，不断扩充实质化解纠纷的能力，然而现实中法官人数、基础设施等相关资源却无明显增加，法官工作量已然呈现“超饱和”状态。迄今为止，“两造对抗”传统诉讼模式仍是处理金融纠纷的典型样态，其注重为原被告双方提供制度化的对抗空间，以正当程序维护司法公正，但这种冗长而缜密的诉讼程序自带的“审限长”“程序繁”的特性与金融案件的激增趋势必然出现摩擦，“案多人少”带来的司法供求关系不平衡的矛盾越发凸显，债权人日益增长的司法需求远不能得到满足。

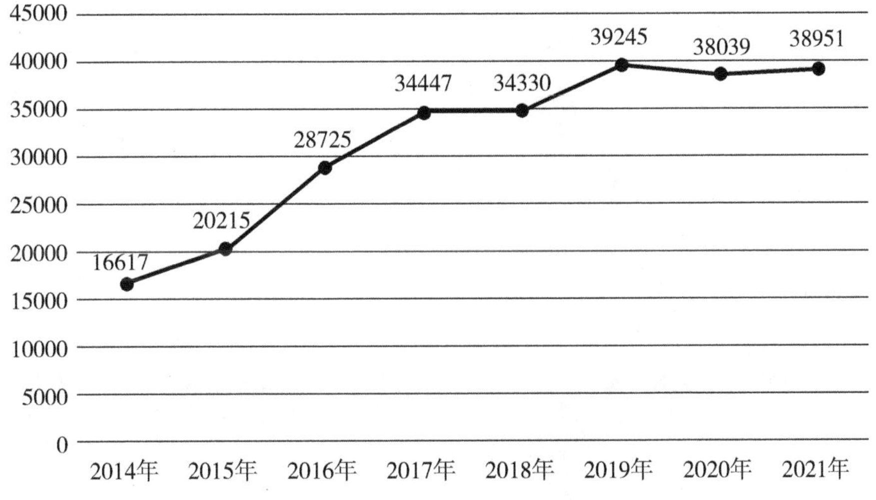

图1　2014—2021年S市P区的金融案件收案数

（二）审理周期长：司法效率的理念内涵难以实现

送达作为“两造对抗”传统诉讼程序中不可或缺的一环，是被告得以参加诉讼并行使抗辩权的前提。金融借款合同纠纷、融资租赁合同纠纷、信用卡纠纷几

① 王锐：《金融司法制度的建构：正当性、路径与功能》，载《经贸法律评论》2020年第2期。

乎占据了金融案件的"大半江山"（见图 2），此类案件的被告通常涉及借款人、抵押人、保证人等多个主体且住所地覆盖多个省市，再加上随着城镇化进程的持续推进，我国向流动、漂浮的社会形态急速转变，人户分离、居无定所等现象日趋普遍[①]，因此在司法实践中往往遭遇送达不能、送而不达的难题。公告送达则成为"其他送达方式不能时的妥协结果"且其应用数量不容小觑（见表 1）。

古谚有云，"迟到的正义为非正义"，正是将司法效率的理念内涵融入到正义的价值体系中的体现。一旦适用公告程序，也就意味着当事人需要耗费远高于以简易程序审理案件的经济成本和时间成本。更重要的是，法院并不能保证受送达人真正知悉公告的内容并及时做出反应，司法效率所要求的便捷性和实效性皆难以得到保障。

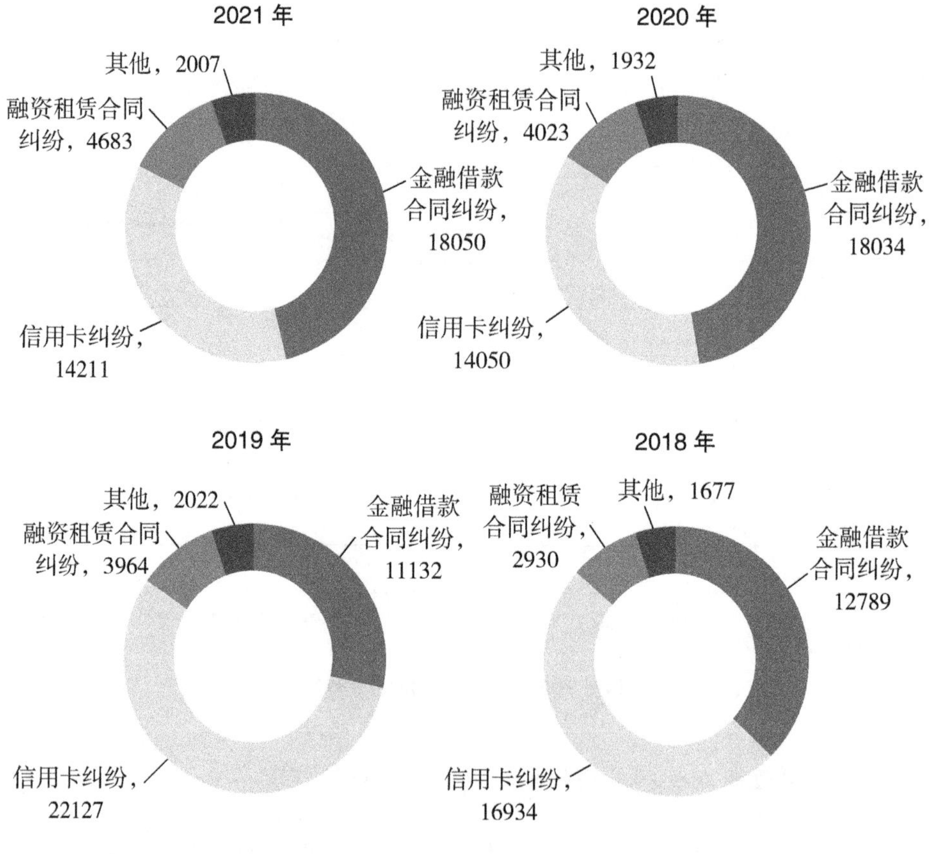

图 2　2018—2021 年 S 市 P 区受理金融案件的类型分布

① 陈杭平：《"职权主义"与"当事人主义"再考察：以"送达难"为中心》，载《中国法学》2014 年第 4 期。

表 1　2016—2020 年 S 市 P 区金融借款合同纠纷的公告送达数

年份	2016	2017	2018	2019	2020
公告送达数	347	521	384	362	1197

（三）被告缺席："两造对抗"的程序价值功能亦受限

"现代裁判因'正当程序'这一宪法上的要求而日益走向精致化，以至于可以和精巧的手工艺品相媲美。"[①]基于传统的程序正义理论，司法过程中的对抗性机制要求对席的争议双方需以"平等对抗"的形式逐步完成质证辩论等一系列法定程序，实现可控性攻守，再由法官根据不同观点之间的有效交锋居中裁决出最接近客观真实、合乎法理的权威性结果，从而使得"两造对抗"保障实质正义的程序价值得以实现。同时，诉讼中的对抗要素能够吸引多元主体加入沟通之中，扩大裁决影响的辐射力，并强化同质性的价值判断[②]。

然而，送达难以及当事人的刻意逃避致使超过 90% 的金融案件以缺席裁判的结局收尾。其中，金融借款合同纠纷最为典型，据统计，2018 年至 2020 年 S 市 P 区的金融借款合同纠纷的缺席审判率在 95% 上下浮动（见图 3）。诉讼庭审原应具

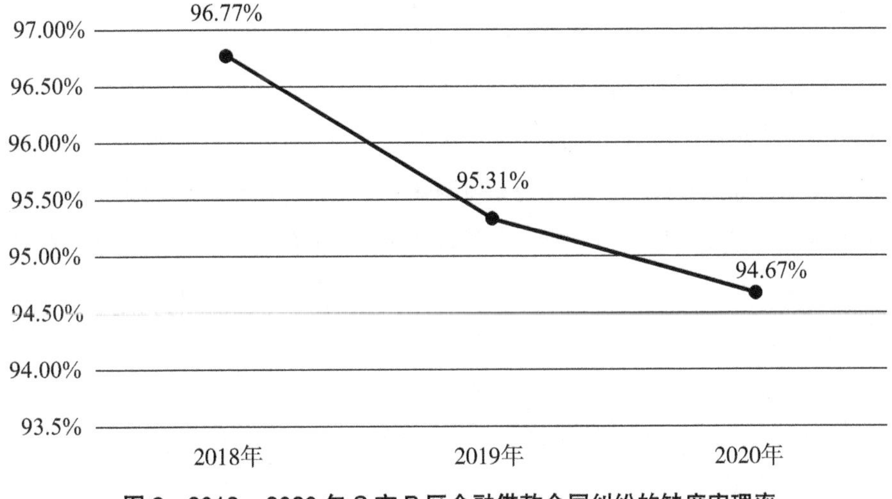

图 3　2018—2020 年 S 市 P 区金融借款合同纠纷的缺席审理率

① 陈刚主编：《比较民事诉讼法》，中国人民大学出版社 2002 年版，第 83—88 页。

② 林群丰：《司法过程中对抗性机制的意义及其完善》，载《华北电力大学学报（社会科学版）》2014 年第 5 期。

备的被告答辩、质证、辩论环节已然形同虚设，等腰三角形的诉讼构造相对失衡。原告“独角戏”式的庭审不仅无法彰显“两造对抗”程序设计的初衷，反而徒增当事人诉累，极大地浪费了司法资源。

三、路径依赖：现有非对抗式程序尚难以破解金融纠纷剧增难题

既然“两造对抗”传统诉讼模式与金融纠纷的化解确有“矛盾”，那么，我国现有的非对抗式程序在金融案件纠纷的分流上又扮演何种角色呢？司法实践中，诉讼分流的方法多样，但大体可以划分为两类：一类是依靠社会力量处理民事纠纷的机制[①]，如诉前调解等；另一类则是在法院内部自行设置化解纠纷的机制，非讼程序则在此之列。所谓“讼”即争辩、辩驳，“非讼”即没有民事权益争议，因而有“控”无辩[②]。我国现行的民事诉讼法虽然没有明确的非讼程序概念，但是在第十五章“特别程序”以及第十七章“督促程序”中规定了几类审理非讼案件的模式。

（一）法院外：多元纠纷化解机制

相较于对抗式机制的程式化行为，诉讼外的多元纠纷化解机制往往借助民间组织和行政机构等外力，使双方当事人能够化“冲突”为“交流”，以温暖且平和的方式将小摩擦、小纠纷扼杀在萌芽状态。目前，S市P区法院在实践中已经与相关金融监管机构、政府职能部门等合作引入了银行业纠纷调解中心、金融消费纠纷调解中心等专业解纷主体开展专项调解，但是由于解纷主体仍然有限且各个解纷主体之间案件分流不畅，加上大多数金融纠纷的被告通常难以联系或者仍存在逃债的躲避心理，诉前调解的功能大为受限，其分流效果对于成千上万的金融纠纷来说只能是杯水车薪（见图4）。另外，“司法最后防线论”以及胜诉退费制度在内的诉讼经济成本低廉加剧了人们对诉讼程序的迷信和依赖，泛化了司法审判在纠纷化解中的适用，导致纠纷化解系统“营养不良”“头重脚轻”[③]，理想的“金字塔”式结构尚无法形成。

---

① 江伟：《民事诉讼法》，北京大学出版社2000年版，第2页。

② 刘海渤：《民事非讼审判程序初探》，载《中国法学》2004年第3期。

③ 江苏省泰州市中级人民法院课题组、徐军：《矛盾纠纷多元化解机制的实践困境与路径探析》，载《中国应用法学》2017年第3期。

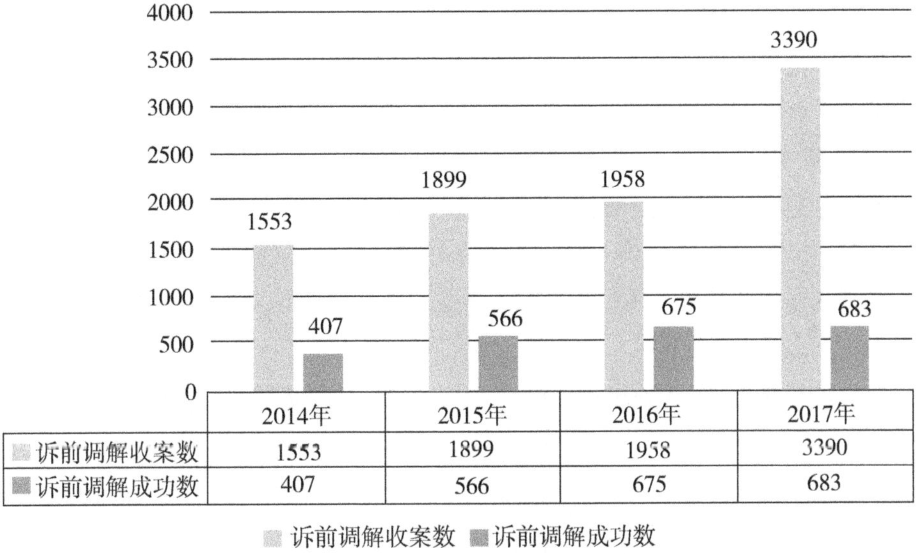

图 4　2014—2017 年 S 市 P 区诉前调解收案数与成功数

（二）法院内：非讼程序

1. 督促程序

督促程序依靠其效率优势和程序优势原本可以成为快速化解金融纠纷的有利渠道，但现实情况却是督促程序近乎处于“休眠”状态，俨然沦为“夕阳程序”。2012 年《民事诉讼法》中增加了法院对支付令异议的审查的内容，进一步完善了督促程序的框架。但是这一举措并未扭转督促程序被“冷待”的局面。自 2013 年以来近十年间债权人主动申请支付令审查的案件少之又少（见表 2），且案件类型多为民间借贷纠纷，直接适用督促程序解决金融纠纷的案例屈指可数。督促程序渐露的疲态，一方面源于其要求“支付令能够送达债务人”的高标准，这一标准直接将债务人不在我国领域以及公告送达的情形划出适用范围，展露出督促程序与金融案件中被告“送达难”窘境的不相适应之处；另一方面，债务人滥用异议权致使支付令流产、与诉前保全程序对接困难等缺失更是让督促程序适用率不高。

表 2　2013—2021 年 S 市 P 区申请支付令审查的案件数量

年份	2013	2014	2015	2016	2017	2018	2019	2020	2021
支付令审查	0	0	0	50	4	12	12	18	16

2. 实现担保物权

2012 年修正的《民事诉讼法》第 196 条和第 197 条对实现担保物权案件的受理和审查作了原则性规定，但是因为过于笼统模糊而削弱了立法的价值。直到 2015 年《民事诉讼法司法解释》对该制度制定了详尽的规则后，各地基层法院才普遍受理此类案件，终使该制度落地，但是实际运行状况却可谓乏善可陈。以 S 市 P 区基层法院为例，其在 2016 年才实现了对该程序适用的“零突破”，之后至今每年也仅有几十件案件的处理量，其中金融案件的数量寥寥可数（见表 3）。

作为特别程序的实现担保物权制度有其固有的缺陷，该制度不论是针对的主体还是财产均有一定的限制，只能将担保物权人（抵押人、质押人）列为被申请人，借款人、保证人则不在能规制的范围之内，更不能处理抵押物、质押物之外的其他财产。此外，实现担保物权制度尚有不少缺漏亟需填补，被理论界和实务界诟病的便是被申请人异议及其救济立法规定不足的缺陷。值得注意的是，根据传统民事诉讼审判程序的“二元分离适用论”原理，诉讼程序与非讼程序应泾渭分明，因此司法实践中实现担保物权制度与诉讼程序衔接断层十分明显。在实现担保物权制度中被裁定驳回申请的案件，并不能直接转为诉讼程序，而是必须通过另行起诉的方式，程序转换的僵化对实现担保物权制度程序效能的发挥尚存有诸多掣肘之处。

表 3　2016—2021 年 S 市 P 区实现担保物权案件情况

（单位：件）

年份	2016	2017	2018	2019	2020	2021
实现担保物权	5	6	38	20	18	18

3. 公证债权文书

公证债权文书起源自中世纪意大利债务人执行承诺约束制度，其本质是公法对于债权人与债务人自愿达成的事前私法合意的确认[①]。实际上，1982 年《公证暂行条例》规定了公证债权文书具有强制执行效力，《公证法》及《民事诉讼法》则逐步强化了公证债权文书强制执行效力的法律地位。公证债权文书依托于公证制度生存和发展，然而公证机构的审查（如未严格审查主体资格、对违反法定违约

① 吴剑飞:《强制执行公证若干问题的探讨》，载《中国司法》2009 年第 3 期。

金和利息的公证债权文书出具执行证书）和程序（如未向被执行人送达执行证书）问题频出，有损公证活动的公信力，以至于不胜枚举的公证债权文书在执行阶段开始之前就被法院拒之门外。据统计，S 市 P 区近五年间每年执行的公证债权文书不超过两百件，其中还囊括了对执行提出异议的情形（见图 5）。由此可见，公证债权文书的适用率远未达到预期，预防纠纷、疏减诉源的制度设计初衷并未有效实现。

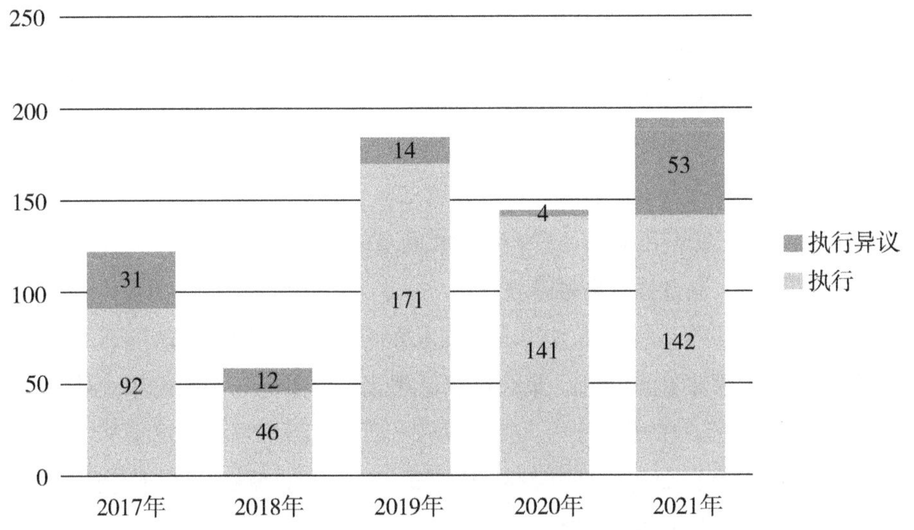

图 5　2017—2021 年 S 市 P 区公证债权文书的执行数量

（三）小结：现有非对抗式程序尚难以破解金融纠纷剧增难题

在案件高需求和诉讼低效能的矛盾日益尖锐之际，为了缓解司法资源的紧张局面，快捷、高效、简便等价值因素逐渐被融入纠纷化解机制中，游离于诉讼之外的多元纠纷化解机制开始备受关注。与此同时，随着诉讼程序非讼化的进程不断深入，督促程序、实现担保物权、公证债权文书等制度应运而生。令人遗憾的是，这些制度现存的弊病使其无法应对基数大、送达难、关系繁的金融纠纷案件，突出体现在适用范围的狭隘、救济途径的粗疏、异议审查的模糊、程序衔接的断层等方面。低适用率、高异议率极大减损了这些非对抗式程序的预期价值，其司法分流与减负的制度功能随之被弱化。

四、制度重构：金融债权司法确认制度初探

（一）金融债权司法确认制度的框架

理想的法律程序应该是在实现高效率、低成本价值目标的前提下，最大限度地兼顾结果的准确与公正。金融债权司法确认制度设计构想就是如此。既要突出“快”，以简易的“适度审查＋债权确认”替代繁冗的“开庭审理＋民事裁判”，以期为广大债权人搭建迅速、高效实现金融债权确认的“绿色通道”；又要讲究“质”，即最大限度地保证对金融债权的确认是准确且合理的。由于金融债权司法确认制度司法监督的力度有所限制，“绿色通道”的规范运行更多的是依靠债权人内心的自觉遵守和行为上的自我约束。换言之，债权人需事先承诺其所述皆为真、所诉皆有据，此乃法院准确、合理确认债权的基础。

1. 价值目标：高效确认金融债权

金融债权司法确认程序其实是以债权人申请为开端，通过法院的适度审查完成对债权债务关系的初步判断，最终形成可视化的成果——金融债权确认书——并交予执行的过程。在此过程中，法官不再受到传统诉讼程序辩论主义以及严格证明的束缚，而是依职权主动进行事实探知，以程序的弹性和便捷度缩短审限，发挥简便高效确认金融债权，缓解司法供求不平衡的程序效益。

2. 前置基础：债权人承诺

以诚立身、以行践诺历来被中国人奉为立命之本，系根植于中华优秀文化传统的处事哲思和行为准则。我国古代即有“歃血为盟”“立木取信”的典故以及仵作检案甘结、具结制度，现今亦在积极探索证人保证书制度、司法鉴定人郑重陈述承诺制度，这些都反映了承诺制度在维护诉讼诚信、净化司法程序方面仍发挥着不可替代的作用。因此，笔者认为不妨合理引入债权人承诺制度，要求债权人或其代理人在立案时亲笔签署承诺书，保证其对承诺书的内容知悉，并知晓拒绝签署承诺书的不利后果以及不兑现承诺所应受到的法律制裁，并将承诺书的签署作为适用金融债权确认制度的前置程序。

（二）金融债权司法确认制度的具体设计

1. 金融债权人的申请

金融债权人在提出申请时需确认其申请符合法定的受案范围、有具体且明确

的债权主张以及一定的事实根据（包括能够证明符合申请条件的初步证据，如生效的金融借款合同、申请人借款的转账凭证等）。

法院应当明确受案范围以供债权人参考，主要包括：第一，主体适格。一方当事人需为专业的金融机构且有明确的被申请人。第二，案件类型。主要为金融借款合同纠纷、信用卡纠纷、融资租赁纠纷等金融类案，此类案件通常呈现出批量化、有约定送达条款、被告缺席率高、债权债务关系明晰等共性。第三，对案件复杂程度的限制。由于金融债权司法确认制度采用适度审查标准，其程序保障能力同“两造对抗”的传统诉讼程序相较定然有一定的局限性，因此只适合处理事实较为清楚、法律关系较为简单、双方当事人的权利义务实质上较为明晰的案件，否则有违程序比例原则的内在要求。

2. 法院的审查程序

（1）渐进式：类案集约式审理。渐进式金融债权司法确认制度是结合金融类案的特殊性和集中审理的必要性对传统诉讼程序进行的一种优化，也是法院目前应对剧增的金融纠纷、高效确认金融债权的既有方式。对于同一原告、不同被告，案件事实大体一致，案由相同的类型化案件，如信用卡纠纷、金融借款合同纠纷、融资租赁纠纷等，要求遵循“难案精审、简案快审、专业分审”的原则，以精简化的诉讼程序对事实清楚、关系明确、争议不大的系列类案进行集中快速的开庭审理，批量完成债权确认。

（2）重构式：形式审查。渐进式的金融债权确认制度是为司法实践中高效化解金融纠纷提供的可推广、可复制的成功经验，但类案集约式审理并未完全破除传统诉讼庭审秩序和全面审查标准的桎梏。因此，我们希望以破旧立新的态势重构一个全新的金融债权司法确认制度，秉承注重权利迅速实现和保护的基本理念，无需当事人进行言词辩论和法官自由心证的介入，仅采用形式上的法定基准[①]，并依据客观存在的形式证据对债权人的申请进行审查。

在传统的两造对抗的诉讼体系中，从证据本身和事实认定层面进行全面审查乃其必然要求，法院不仅要对当事人提交的证据材料进行形式上的审查，还要对实现金融债权所涉及的实体权利义务、涉案双方的意思表示等进行实质上的探究，从而达到“相信事实确实如此”的心证程度。但是，完全照搬传统诉讼模式的实

① 李林启：《我国实现担保物权非讼程序及适用——兼评新〈民事诉讼法〉第196、197条之规定》，载《湘潭大学学报（哲学社会科学版）》2014年第38卷第4期。

质审查标准并不合乎金融债权确认制度便捷、高效化解纠纷的内在要求，有悖于迅速实现和保护申请人合法债权的设计理念。因此，从当事人之间利益衡平的司法正义观出发，笔者认为，审判业务庭应当从真实性和合法性两个方面对债权债务关系进行形式审查。只要债权人提供的事实和证据能够使人民法院从形式和逻辑上确认金融债权、担保物权真实存在且其申请未违反法律的强制性规定即可。具体而言：一是要立足于证据本身，审查证据复印件与原件的一致性和真实性，尤其是对电子合同的核查，需辅以数字签名验证报告予以佐证；二是要着眼于案件事实，审查关键事实的客观性，如债权合同是否生效、抵押权是否有效成立、保证期间是否经过、宣布提前到期的通知有无送达等；三是要重点核查申请人诉讼请求的合法性和合理性，对于违约金超过债权合同约定标准以及其他不符合有关规定的主张应当依法予以调整。

在实际的操作过程中，重构式的金融债权司法确认程序要求法官在十五日内依据申请人所主张的事实，完成对材料和证据的书面审查。如果对某些证据或者事实确有疑惑，必要时法官有权以听证的形式对当事人或者有利害关系的案外人进行询问，而不受法庭调查、法庭辩论等庭审环节的限制，从而简化法律程序，达到缩短审理周期，提高审判质效的目的。

3. 金融债权的确认与执行

渐进式的金融债权司法确认制度本质上是诉讼程序的“简约版”，故其债权最终仍以判决的形式确认。而重构式的金融债权司法确认制度是以债权确认书为载体的，主要确认金融债权的存在以及债务人的履行期限，如果涉及担保，还要在债权确认书中明确具体的担保信息及责任承担的形式。由于金融债权确认制度实行一审终审，故如果在文书送达之后十日内涉案当事人对确认书均无异议，该确认书即生效。生效的金融债权确认书与确定判决应具有同等的法律效力，即既判力和执行力，如此便阻断了债权人又以同一事实和理由另行起诉，获得一个新的具有执行力的判决的可能性，系禁止当事人再行争执的应有之义。

（三）利益平衡视角下程序保障机制

应当看到的是，虽然金融债权确认制度是一种简便、快捷、高效的纠纷解决程序，但是相较于传统诉讼程序，其程序保障却不甚完备。因此，在最大限度发挥金融债权确认制度优势的同时，还应充分关注对其程序内在缺陷的补救，避免因保障性制度失灵而造成当事人诉讼权利虚化。“无救济则无权利、有侵害就有救济”，完善而科学的民事程序权利救济机制系诉讼权利从应然面走向实然面的重要条件，在程序保障构建体系中占有至关重要的位置。在渐进式的金融债权确认制度中，如果债务人对案件事实或者法律关系提出异议，债权人需立即撤诉，另行立案进入传统诉讼程序，以此给予债务人充分的救济权利。而在重构式的金融债权确认制度中，建构完善而科学的民事程序权利救济机制则需要有效平衡以下几组关系。

首先，应当有效平衡当事人程序救济权与法院审判权之间的关系。诚然，赋予当事人救济权利系程序公正的内在要求，但这种过渡性的倾斜保护不得妨碍法院诉讼指挥权、程序推进权和法定裁量权的依法顺利行使①。

其次，应当有效平衡双方当事人之间的合法权益，确保债权人和债务人享有同等的或对应的救济权，如赋予债权人对确认书的复议权，相对应地就要给予债务人对债权申请提出异议的机会，避免因为程序救济的失衡侵犯平等原则的基本要求。

最后，应当有效平衡公正与效率价值之间的关系，避免救济过分阻碍程序或制度的高效运行。如果法院对债务人的异议申请来者不拒，只要一经提出即裁定转为传统诉讼程序，那么金融债权确认制度“短而快捷”的程序定位极易被动摇，因此有必要为债务人的异议权设置适当的“门槛”以防止异议泛滥。

1. 金融债务人的异议权

（1）审理阶段：异议申请的提出。对于立案阶段满足适用金融债权确认程序的案件，承办法官在收到案卷并初步审查后，应当在三个工作日内完成传票、应诉通知书、起诉状、证据副本、异议申请及风险告知书的送达工作。异议申请及风险告知书中需要明确知会债务人其将拥有自送达之日起十日的异议期，在此期间内其如有异议，必须向法院提交书面的异议申请并附上理由、联系方式等信息，否则视为其自愿放弃抗辩的权利。一旦债务人在法定异议期内向法院提交符合条件的申请书，在法院收到异议申请之日起即转为传统的诉讼程序，债务人即由确认债权程序中的被申请人转化为诉讼程序中的被告。与此同时，要不断优化程序衔接的分层机制。如果当事人同时提出反诉或者鉴定、评估、审计等申请，承办法官应当根据案件的复杂程度和法律适用难度，决定是转为简易程序抑或普通程序审理。

（2）执行阶段：有异议且确有证据。金融纠纷案件的被告通常并不能有效送达，因此大多数的债务人在金融债权确认申请的审查阶段对于自身被诉的事实并不

---

① 潘剑锋:《论建构民事程序权利救济机制的基本原则》，载《中国法学》2015年第2期。

知晓，或者即便知晓但是出于“厌讼”或者“逃避”的侥幸心理而不愿意应诉，直到强制执行阶段才开始寻求救济途径。由于审理阶段被申请人的缺席以及适度审查的局限性，确有可能存在债务人已经或者部分偿还债款、融资租赁的车辆被申请人收回、保证人的保证期间已经经过等触发异议的情形。因此，执行阶段应当赋予债务人提出合理异议的权利，但是相较于审理阶段较为宽松的“提出即认可”的标准，执行阶段的债务人必须能够提供真实且初步的证据证明金融债权确认书中载明的事实或者申请人提供的证据是存疑的。空口无凭的异议一旦被认可，不仅容易滋长债务人恶意拖延执行的卑劣行径，亦轻率否定了金融债权确认程序的审理成果，不免有浪费司法资源之嫌。

至于债务人异议申请的处理，以执行和解的方式定分止争不失为最佳选择，但若实难在二者之间促成一致，从审执分立的角度出发，笔者认为应当由法院的审判庭而非执行庭负责对债务人异议之诉的审查，并且需限定在十日内审查完毕。对于异议理由明显不成立的，应立即予以驳回，转交由执行法官继续执行；如若异议确能成立，则从执行程序回溯到案件审理阶段，由法官视案情复杂之情况裁定转为传统诉讼模式下的简易程序或者普通程序。

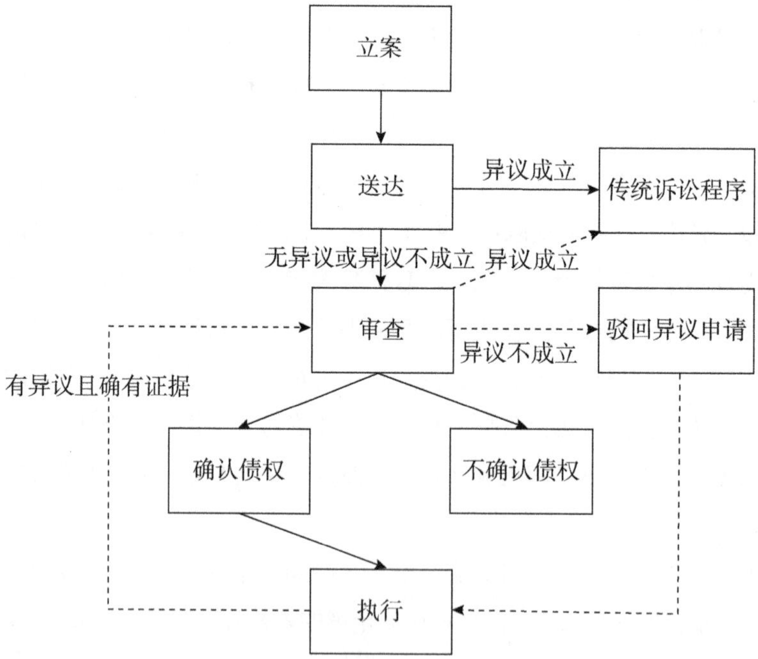

图 6　金融债务人的异议权

2. 金融债权人的复议权

重构式的金融债权确认制度本质上应归属于非讼程序，以确认某种法律事实是否存在或确认某种功能权利的实际状况为核心功能，法院裁定的拘束力受到缓和[①]。故而其民事程序权利的救济模式与诉讼程序并不相同。由于该制度以帮助债权人简便、快捷、高效实现权利为核心意旨，因此在配置救济机制时更加注重对债权实现利益的维护。而复议制度的立法本意是快捷、有效地解决对程序性事项的裁决的不满，从而提升诉讼程序的效率、避免程序过分迟延[②]，复议期间并不影响执行，这恰好与金融债权确认制度的预设功能和特有优势相契合。假如债权人对法院出具的金融债权确认书有异议，有权在法定期限内向原审法院提出书面的复议申请，人民法院需在收到异议之日起十五日内完成审查，理由成立的，裁定改正；理由不成立的，则裁定驳回。

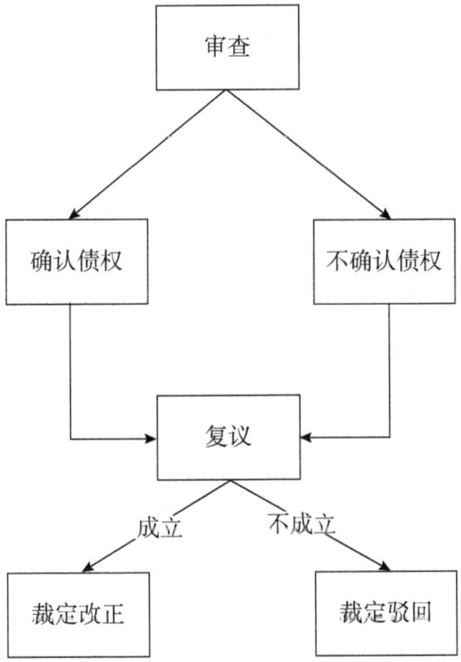

图 7　金融债权人的复议权

① 江伟主编：《民事诉讼法学》，北京大学出版社 2012 年版，第 301—302 页。

② 黄良友：《试论民事诉讼复议制度》，载《现代法学》1995 年第 6 期。

3. 金融债权人的惩戒制度

债权人的惩戒制度作为债权人承诺制度的延伸和保障，二者相辅相成、此呼彼应。如前文所述，债权人的如实陈述及客观举证是保证金融债权得以准确、高效确认的先决条件，故而设置债权人承诺制度，冀以签署承诺书的形式向申请人释明风险，立威慑于前。但是，纸面的背信风险需要辅以具体的惩戒措施充当发挥实际功效的“抓手”，债权人一旦被审查出存在虚假陈述、作伪证等行为，法院可以参照妨害民事诉讼的强制措施的相关规定，根据主观恶意和实际损害的具体程度，对债权人实施警示训诫、经济制裁（罚款、损害赔偿）、信用联合惩戒（纳入诚信档案并与征信系统挂钩）等强制措施。

五、结语

对于一个社会，重要的不是如何消灭或压制纠纷，而是如何建立一套有效的机制去化解纠纷[①]。在当前金融纠纷多发与司法资源有限的背景下，“两造对抗”传统诉讼程序与金融纠纷化解之间矛盾凸显，而非对抗式程序现存的制度缺失又极大弱化了其司法分流与减负的制度功能，金融债权人的确权需求日益高涨。实体法上的权利义务要在社会经济生活中得到实现，就需要高效快捷的相应程序机制的支持和保障，否则实体权利只能是“镜中花、水中月”[②]。因此，我国亟需探索一条帮助债权人快捷、高效、准确实现权利的路径——金融债权司法确认制度，合理优化既有的“渐进式”制度，并以立法的形式明确“重构式”金融债权司法确认制度的具体要求，逐步实现“渐进式”到“重构式”制度的顺利过渡。

（**作者简介：**顾权，上海市浦东新区人民法院金融审判庭庭长；金璐，上海市浦东新区人民法院金融审判庭法官助理）

---

① 何兵：《现代社会的纠纷解决》，法律出版社2003年版，第5页。

② 王俊杰：《法的正义价值理论与民事再审程序构建》，人民法院出版社2007年版，第102页。

基层法院民商事一审案件繁简分流架构研究

——以分调裁审及专业化审判为视角

冯文鹏

一、基层法院案件繁简分流的由来

（一）国家政策性因素

2015 年 5 月 1 日起中国正式实施立案登记制改革，对一审民商事案件、行政案件和刑事自诉案件施行立案登记制，对当事人的起诉，一律接收诉状。立案登记制改革在便利当事人起诉的同时，使得基层法院案件量呈现爆炸式增长，基层法院案件年增长率普遍维持在两位数，至今该趋势仍未改变。

法官员额制改革的完成使得中国法官的数量不足原审判员的二分之一，虽然法官助理、书记员等司法辅助人员的数量进一步增加，但法官面临日益增长的案件和繁重的开庭以及书写裁判文书等任务时仍显得力不从心。

（二）民众的赖诉心理及非诉解纷机制有效性的缺乏

随着法治社会建设的进一步深入，民众的学法用法思想逐渐养成，但由于某些错误法治宣传的引导，民众选择性地忽视守法与诚信，将法治狭隘地理解成诉讼，理解成通过诉讼来维护自身的合法及不合法的权益，以至于赖诉成风，基层法院受理案件量不断增加。造成赖诉的原因笔者认为有两种：一是由于认识的有限性以及法律的专业性，民众对非诉解纷方式的种类、作用、效力知之甚少且缺乏信任，加上对诉讼纠纷解决方式的盲目追崇，民间纠纷向法院集聚。二是多元化纠纷解决机制尚未成熟，我国并不缺少非诉解纷的种类，但这与人民群众希望的省时省力有效的解纷方式相去甚远，人民群众选择了非诉的解决方式解决纠纷而纠纷不能得到终局性解决，最后还要通过具有强制执行力的诉讼才能维护自身的权益，这使得人民群众在考虑解纷的时间及金钱成本之后直接选择具有国家强制力做后盾的诉讼作为纠纷解决方式。

（三）市场化的社会环境阻碍了多元化纠纷解决机制的健全

随着社会主义市场经济的发展，一方面，人民群众的交易活动日益增加，产生的纠纷呈上涨趋势；另一方面，人口的快速流动使得我国由传统的熟人社会逐步向邻里不相识的生人社会转变，因而人情关系的冷淡、人际关系的市场化使得纠纷双方的对抗性增加，致使以协商和相互理解为基础的调解等非诉讼纠纷解决机制的发展受阻。[①] 另外，新时期民众的权利意识觉醒，民众不会再将打官司看成一件不光彩的事，反而将其作为积极行使公民权利、体现自身法律意识的一种表现，这为法院的息诉止争带来一定的挑战。这就使得大量简单民事纠纷流向法院。

二、我国现阶段民事案件繁简分流的实践模式

以时间为标准可以将案件分流划分为诉前案件分流和诉中案件分流。诉前案件分流包括法院主导的多元化解决纠纷方式，法院法官的诉前调解；诉中案件分流包括“案由 + 标的额”为基础的分流模式，“案由 + 要素”为基础的分流模式，“分调裁一体化”的分流模式，专业化审判分流模式等。

（一）诉前案件分流

1. 多元化解决纠纷方式

2019 年 7 月 31 日，最高人民法院发布《关于建设一站式多元解纷机制一站式诉讼服务中心的意见》，意见强调法院应加强与调解、仲裁、公证、行政复议的程序衔接，健全完善行政裁决救济程序衔接机制。促进建立调解前置机制，发挥人民调解、行政调解、律师调解、行业调解、专业调解、商会调解等诉前解纷作用。鉴于此，部分法院探索公证参与司法辅助事务试点工作，与医疗调解委员会合作成立医疗纠纷联合调解工作室、与一带一路国际商事调解中心合作成立专业的调解室、与律师协会合作成立律师调解室等。专业化调解室等多元化诉前纠纷解决方式对于事实清楚、矛盾争议较小的案件起到了良好的作用——防止简单

---

① 赵倩:《民事案件繁简分流机制的探讨》，载《实事求是》2020 年第 4 期。

案件直接进入诉讼程序，节约了司法资源。但是，一方面，某些已经成立的调解室实行坐班制度，不仅牵扯法官办案精力，而且长期处于休眠状态，很少有前来咨询以及申请调解的当事人；另一方面，专业性调解室受资金支付的影响，出现生存困难的状况，调解流于形式，没有真正解决民间纠纷，反而增加了当事人的诉累。多元化纠纷解决机制的完善需要从转变国家治理体系的视角强化纠纷资源系统性整合的顶层设计，也应从具体的制度和程序入手，根据纠纷的类型建立专门性的制度和程序。①

2. 法院诉前调解

"诉前调解"是指对诉至法院的纠纷在正式进入诉讼程序前按照一定标准进行分流后，在不动用正式审判资源的前提下通过非司法手段使得其尽可能得以成功调解。② 我国在 2012 年修正的《民事诉讼法》中确立了先行调解制度，但是先行调解制度具体的实施方案却始终没有出台，这一方面给学者留下了巨大的研究空间，另一方面也使得某些法院在先行调解机制下开展了有益的探索。在"将非诉讼纠纷解决机制挺在前面"的新时代"枫桥经验"的引导下，各地法院诉前调解呈现出两极分化的境地。某些法院依靠诉前调解机制使得法院的收案量在近几年快速增长的背景下出现了下降的拐点，某些法院虽然也实行了诉前调解机制，但仍未能阻挡案件量持续增加的趋势。有学者通过数据分析得出某些诉前调解之所以可以减少法院的收案量是因为其具有以下三个特质：一是将诉前调解作为普遍性、强制化制度，除特别程序、督促程序等不能进行诉前调解的案件外，其他民商事案件一律强制进行 15 天至 30 天的诉前调解，此种机制是否违反立案登记制及调解的自愿性原则还有待进一步探讨；二是法院主导多元社会化主体参与调解，建立律师调解室、行业协会调解室、公证协会服务中心等相关调解机构，当然调解室的建立可能增加法院驻场的费用支出；三是做好配套保障机制，开发专门的调解案号，优化案件系统的登记、委派、转立管理。③

（二）诉中案件分流

案件进入司法程序后，立案庭会根据案件的特点将其分给各业务庭，快速、

① 参见张润：《论法院"案多人少"与民事案件管理改革》，载《司法改革评论》2018 年第 1 期。

② 左卫民：《通过诉前调解控制"诉讼爆炸"——区域经验的实证研究》，载《清华法学》2020 年第 4 期。

③ 参见左卫民：《通过诉前调解控制"诉讼爆炸"——区域经验的实证研究》，载《清华法学》2020 年第 4 期。

合理的分案是实现依法快速审理简单案件、严格规范审理复杂案件，实现简案速裁、繁案精审的前提条件。在案件繁简分流改革过程中遇到的最核心最棘手的问题就是如何确定繁简分流之标准。对此，我国尚没有全国性的法律法规对此作出规定，全国法院也没有形成统一的意见，主要有以下几种分流模式。

1.“案由＋标的额”的分流模式

浦东新区法院在繁简分流探索中采用“案由＋标的额”的分流模式，简单来讲就是依据案由将案件分为简、普、繁三种，同时设定相应的封顶标的额，如果案件超过设定的标的额就会将案件分入较高一级的程序进行审理，如此形成将简案交由速裁法庭审理，将普案交由派出法庭审理，将繁案交由专业审判庭审理的诉讼格局。在此种格局的构架下，浦东法院逐渐形成诉前调解分流，诉中调解、速裁程序、简易程序、普通程序、易执行案件分流的繁简分流模式。这也是目前，绝大多数法院采取的案件繁简分流模式，此模式最大的好处就在于标准明确，可操作性强，使得法官在分案时便捷、高效，节约了分案所投入的司法资源。但是以“案由＋标的额”来区分繁简案也存在不足之处，主要表现为忽视了案件法律关系的复杂程度、证据取证情况、双方当事人的争议所带来的个案差异对案件繁简的影响。

2.“案由＋要素”的分流模式

该分流模式在强调案由对案件繁简程度影响的基础上加入若干个其他考量因素来更准确地分析案件的繁简程度。该分流模式在实践中运行最成功的是深圳中院。深圳中院制定了《简单案件立案识别分流标准（试行）》与《复杂疑难案件立案识别分流标准（试行）》，并依靠信息技术形成智能识别模式。其中，简单案件的识别要素主要包括八种，分别为：该类案件的证据及事实特点；该类案件法律关系、法律适用的特点；诉讼请求的特点及数量；当事人身份情况；争议性质及标的大小；矛盾冲突程度；案件社会影响；审级与裁判标准。① 同时深圳中院针对一二审法院审理案件的侧重点不同确立了不同的简单案件标准，也即一二审简案所对应的案由及要素是不同的。“案由＋要素”的分流模式相较于“案由＋标的额”考虑到了更多的影响案件繁简的因素，因此提高了初次分案的准确率，但考虑因素过多可能会影响分案的效率，鉴于此，深圳中院借力信息技术，对于一审案件依据案由及相关要素由系统自动识别、分案，经过不断完善，一审案件自动识别准确率超过 70%，二审案件超过 90%，辅助以必要的人工甄选，确保了案件的准

① 详见深圳中院出台的《简单案件立案识别分流标准（试行）》。

确分流。同时增进改革配套协同，开发了速裁案件管理系统，对分案、开庭、审限、结案等关键环节从点到面、全流程动态监控，确保案件审理依法依规进行。

“案由 + 要素”的分流模式相较于“案由 + 标的额”模式体现个性差异、识别率更高，分流更精准。但如此大量的信息处理需要借助大数据及智能信息平台对案由及要素进行过滤匹配，这需要强有力的法院信息化、智能化建设为基础，短期内无法在全国法院推广适用。

3.“分调裁一体化”的分流模式

2020 年 6 月 10 日最高人民法院下发《关于人民法院深化“分调裁审”机制改革的意见》，推动建设分层递进、繁简结合、衔接配套的一站式多元解纷机制，提高矛盾纠纷化解质效，深化“分流、调解、速裁、快审”机制改革。部分法院改革设立分调裁审团队，负责法院的案件分流，调解、速裁及快审。具体来讲，法院成立分调裁审团队，由一个法官一个法官助理一个书记员组成小团队，当案件诉前调解无效正式立案后，分调裁审团队的法官助理会对立案进行初步的审核，对自认为简单的案件进行截留，由自己团队审理，将自认为复杂的案件分配给各业务庭审理。分调裁审团队这种分案方式的特点之一就在于弱化了繁简案的划分标准，由法官助理在分案的过程中将自认为适合自己团队审理的案件进行截留，并适用速裁程序审理。这对法官助理的业务能力提出了较高的要求，需要其在案件进入实体审理前判断案件的繁简程度，需要配备业务知识娴熟的司法辅助人员。这种分案方式的好处在于法官助理分案时较为谨慎，能够结合本团队擅长审理的案件进行自主截留，保证了速裁团队案件的审理质量。而缺点在于将分案的职能内置于速裁团队，其过多地分散了法官助理的精力，使其不能专心辅助法官参与案件的调解、速裁、快审，这严重影响了速裁团队的职能发挥，使得分案不细、速裁不快、繁案不精的情况时有发生。

4. 专业化审判的分流模式

专业化审判的分流模式以专业化审判庭室的建立为前提，这种模式常见于专业化审判集中度较高且未设立速裁团队的法院。这种模式的运作机制主要包括以下三个方面：一是实行诉前调解机制，引导当事人以调解的方式化解纠纷，将案件挡在立案的大门之外；二是实行立案阶段的繁简分流，立案庭根据现行法律规定以及司法实践中形成的共识分流案件；[①]三是以案由为基础实行类型化分流，将

---

① 张海燕、李忠林:《我国民事案件繁简分流机制研究》，载《山东法官培训学院学报》2020 年第 2 期。

案件转入各专业化审判庭，使得案件无论繁简都进入相对固定的审判团队。

三、基层法院民商事一审案件繁简分流机制的有效构架

民事案件的繁简分流具体可以分为三个层次：第一个层次指诉讼程序的繁简分流，不同案件分别适用不同审理程序，实现简案快审、繁案精审；第二个层次指纠纷解决方式的繁简分流，既包括诉内的不同程序，又包括诉外的多元化解；第三个层次指整个司法系统的繁简分流，不仅包括诉内诉外的繁简分流，还包括司法资源的优化分配。① 相应的民商事一审案件繁简分流制度的架构也应当从这三个层次考虑，但限于篇幅的考虑，以下主要从前两个层次来论述。

（一）“分调裁审”机制在基层法院的构建

首先要正确理解“分调裁审”，其是指“分流、调解、速裁、快审”，有些基层法院简单地将分流理解为分案，但这里分流的含义更加广泛一些，指诉讼与非诉讼解纷方式的分流、调解与速裁的分流、简案与繁案的分流。

1. 完善调裁分流对接机制，建立专门的“调解员”库

完善调裁分流首先是要分下去，其次是要接起来。对于起诉到基层法院的民事纠纷，除根据案件性质不宜进行调解外，应当向当事人发放是否同意调解确认书，对于同意诉前调解的，进行委派调解，对于不同意调解的，依法登记立案，立案后同意调解的开展委托调解或由法院专职调解员进行庭前调解。对于诉前调解，法院应当聘请专门的具有法律基础知识的人员担任调解员，调解员的调解室应当设立在诉服中心里面，便于当事人进行法律咨询以及接受调解。诉前调解制度的推广需要当事人认可这项制度，多数当事人起诉到法院是希望快速直接地解决纠纷，诉前调解因为延长了问题解决的时间，往往被当事人看作一种诉累。要解决这种诉累笔者认为需要从两个方面着手。

一是完善“一站式”诉服体系。在基层法院办案平台中嵌入“诉前调”字号序列，确立“调解案件承办人制度”，谁调解谁负责。对于调解成功的案件，当事人申请司法确认的，由调解员直接以诉前调案号向速裁团队法官申请司法确认，

---

① 参见李少平主编：《〈最高人民法院关于进一步推进案件繁简分流优化司法资源配置的若干意见〉读本》，人民法院出版社2016年版，第412页。

使得诉前调解协议具有判决的效力，可以申请强制执行。

二是不断完善诉前调解与诉讼的材料衔接与程序对接机制。对于调解不成功的案件应当及时转立案程序，此时案件调解员应当收集当事人的送达地址确认书、起诉状、在调解过程中当事人出示过的相关证据、调解的相关意向等材料，并告知材料的用途及相关法律后果，经当事人同意后直接将案件及附随材料转入诉讼程序。

2. 明确案件繁简分流标准

一个案件被划分为简案可能是案由、诉讼主体、诉讼请求、争议标的、法律关系、诉讼程序、证据多寡等多种因素决定的。不同地域法院案件受理种类的差异以及案件本身千差万别使得繁简分流标准难以在全国范围内统一固定。结合基层法院的实际，就几种要素进行分析，以期为地方基层法院繁简分流工作提供参考。

（1）案件标的额。在划分繁简案件的标准上，多数学者及法院的实践倾向将案件标的额因素考虑在其中，这多数是因为级别管辖的确定因素中涉及案件的标的额。另外，标的额记载在诉讼请求中，是案件最外部的表象，是案件繁简最直接、最便捷的识别标准。但笔者想要强调的是，级别管辖考虑更多的是案件的重要性，标的额大了涉及的利益自然就多了，案件就显得重要了。繁简分流更多应考虑案件的难易程度，而案件的繁简程度与案件的标的额没有直接关系，并不是标的额小的案件就允许有错案的发生，既然基层法院所审理案件的标的额已经被级别管辖限制在一定范围之内，没有必要在案件繁简分流中进一步考虑标的额因素。同时，我们注意到，最高人民法院下发的《关于建设一站式多元解纷机制 一站式诉讼服务中心意见》中也提到根据案由、诉讼主体、诉讼请求、法律关系、诉讼程序等要素，确定简案范围。其中并未将标的额作为确定简案的要素，这应是从侧面反映最高人民法院也不支持将标的额作为区分案件繁简的考虑要素。

（2）民事案由。繁简分流理论的实践落脚点在于民事案件的类型化处理。[①] 案由是划分民事案件类型最直接有效的方式，因而将案由作为民商事案件繁简分流的第一要素具有理论上的正当性。我国《民事诉讼法》将“事实清楚、权利义务关系明确、争议不大”作为简案的标准，而该标准显然具有浓厚的实体审查要求，在庭

① 张海燕：《法院“案多人少”的应对困境及其出路——以民事案件为中心的分析》，载《山东大学学报（哲学社会科学版）》2018 年第 2 期。

审结束前很难确定其是否属于简案，而案件的繁简分流又必须发生在案件的实体审理之前，因此《民事诉讼法》的该规定对繁简分流工作的开展参考性不大。而案由反映的是案件法律关系的性质，案件法律关系的复杂程度是影响案件繁简程度的重要因素。可以通过案由将法律关系简单的案件摘出来交由速裁快审团队集中审理，以提高案件的审理效率。

（3）诉讼主体。诉讼主体是指参加诉讼的当事人，相关情况具体包括案件当事人数量、有无第三人参加诉讼、当事人的民事行为能力状况、当事人的社会影响力、是否涉及弱势群体及敏感人群。这些因素虽然不能从根本上决定案件繁简程度，但其影响了案件审理的烦琐程度，可以将其作为案件繁简分流标准的参考性因素。

（4）诉讼请求。影响案件繁简的诉讼请求因素包括：诉讼请求的数量及种类、单一案由还是复杂案由、有无反诉、有无关联案件等。诉讼请求是诉状的主要内容，容易识别和区分，适宜将其作为区分繁简案件的参考因素。

（5）证据。案件的证据情况影响案件的繁简程度，当事人举证的数量、证据保全申请、调查取证申请、鉴定、评估、审计、勘验申请、申请证人出庭作证等与证据有关的因素都会影响案件的审理进程，证据复杂的案件不宜适用简易程序交由速裁团队审理。

（6）诉讼程序。督促程序案件、公示催告程序案件、小额诉讼程序案件、申请确认变更监护人的案件、认定或撤销无民事行为能力或限制民事行为能力案件、确认调解协议案件等程序性案件应当作为简案，直接交由速裁团队审理，避免这些程序性案件进入审判庭。

3. 设立程序分流员、快速推进案件调裁分流和繁简分流

部分基层法院在推进“分调裁审”机制时将分案的任务内置于速裁快审团队中，由团队的法官助理进行分案选案，这种增加快审团队负担的设置违背了快审团队的“快”字原则，影响了简案的审理效率，没有达到简案快审、繁案精审的目的。建议将分案的权限从快审团队中分离出来，由集中培训后的程序分流员专门负责全院案件的分流。集中分流既能提高调裁分流、繁简分流的效率，也便于快审团队集中精力审理简案。

4. 速裁团队的架构

关于速裁组织的问题，目前学术界有两种观点，一种观点是设立专门的速裁庭或者在立案庭下设立专门的速裁团队，另一种观点是在立案庭设立小的速裁团队审理适用小额程序、特别程序的案件及相关固定案由的简单案件，各专业化审判庭设立快审小组审理本庭室的简案。

设立专门的速裁庭或者速裁团队是当下基层法院比较流行的做法，其优点在于操作简单，依据设定的简单案件的数量配备相应的审判人员，实现简案的快速处理；另外，专门的速裁组织由统一的组织领导，便于开展简单案件审理的数据统计，便于快审工作的集中推进。但在实际操作过程中我们也发现了一些问题，如设立专门的速裁团队审理全院的简单案件，因为每个法官都不是全科的审判员，对于自己不熟悉的案件审理效率就会降低很多。

另一种模式是在立案庭设立小的速裁团队，主要审理督促程序案件，公示催告程序案件，开庭审理的特别程序案件，诉前保全案件，申请确认变更监护人的案件，确认调解协议案件，确定适用小额诉讼程序审理的案件，物业服务纠纷案件，供用电、水、气、热力合同纠纷案件以及其他直接依据案由确定的简单民事案件。同时在各专业化的审判庭设立专业的快审组，集中审理本庭室的简单案件。这种模式的好处在于：一是立案庭小的速裁团队将一些特别程序案件及可以直接依据案由确定为简案的案件进行截留，避免这些案件进入专业化业务审判庭，减少了审判庭的案件压力。二是同类型的案件在事实认定、法律适用方面具有很多的共同点，在专业化审判团队内设立快审小组可以快速集中地解决问题，便于形成格式化裁判文书，提高裁判效率，同时也有利于做到简案裁判尺度统一，实现同案同判。① 三是专业化审判庭法官审理案件的案由相同或相近，在简单案件审理过程中遇到问题时便于向庭室内的资深法官请教，避免了简案过于随意地向繁案程序进行转换。相比于建立专门的速裁庭及速裁团队，笔者认为第二种模式更适合已经建成专业化审判庭室的法院，当然，对于没有划分为专业化审判的一般民事案由，因为其专业化水平较低，由审判庭快审组审理也并不会影响案件的审理质量。

对于速裁快审人员的选任，应当坚持年富力强的原则。首先对于员额法官，应当充分考虑其办案能力、知识结构、年龄精力等因素。应当优先选任年龄在四十周岁以下，入额满两年的法官从事速裁快审工作，因为该年龄段的员额法官大多是法学科班出身，法律基础知识扎实，同时精力充沛、反应敏捷，五年的法官助理历练以及两年的审判经历使其积累了一定的审判经验，这使其足以应对高

① 参见张海燕、李忠林：《我国民事案件繁简分流机制研究》，载《山东法官培训学院学报》2020 年第 2 期。

强度快节奏的速裁审判工作。对于司法辅助人员，应当优先选用年轻、责任心强、吃苦耐劳的法官助理及书记员配合法官开展工作。

（二）建立专业化审判组织

专业化审判是在充分考虑法官办案能力、经验及特长等因素的基础上，根据案件的不同类型确定审理类型化案件的专业审判主体，由专门法院、专业化法院、专业审判庭、专业合议庭、专业法官等主体，相对集中审理特定类型案件的审判模式。[①]现今社会生活的复杂性使得纠纷日益新颖化、繁杂化，解纷所涉及的内容以及解决纠纷所用到的知识日益专业化。社会分工的精细化及法律知识的系统化对审判模式的革新提出了新的要求，传统全科式、粗放型的审判模式已经不能适应时代的发展。同时案多人少矛盾的突出也使得组建专业审判庭，提高案件审判效率成为各地法院的改革措施。专业化审判庭室的设立以地方法院案件类型的集中度以及多寡为前提，要处理好其与审判需求的关系，根据案件类型、数量、复杂程度等综合考虑，科学设置审判主体，选定审判主题，同时要不间断地对案件进行监控，根据类型、数量、疑难复杂程度变化情况，及时对主体、主题进行调整。[②]正因如此，不同法院不同时段其专业化审判庭室的设置不尽相同，如湖南省某法院设置家事审判庭、知识产权法庭、土地房屋征收综合审判庭、交通事故法庭等专业化审判庭室，天津市某法院则结合自身实际设立了环境资源法庭、知识产权法庭、金融法庭、融资租赁法庭、交通事故法庭、劳动争议与人事争议法庭、涉房地产纠纷法庭。

建立专业化审判庭一方面可以提高案件的审判效率，另一方面专业法官审理特定案件有利于提高案件审判的准确率，而案件繁简分流目的就是实现简案快审、繁案精审、提高案件的审判效率。专业化审判庭下构建案件的繁简分流体系可以进一步提高案件的审判效率，同时专业法官审理专业案件，保证了案件的审理质量。

（**作者简介：**冯文鹏，男，1992 年 10 月生，毕业于河北大学，民事诉讼法学专业，天津市滨海新区人民法院法官助理）

---

① 李兆杰、牛艳：《专业化审判改革的实践检视及优化路径——基于专业化审判典型法院和 103 份调查阅卷的研究》，载《时代法学》2017 年第 4 期。

② 李兆杰、牛艳：《专业化审判改革的实践检验及优化路径——基于专业化审判典型法院和 103 份调查阅卷的研究》，载《时代法学》2017 年第 4 期。

对金融案件多元化解机制的现状分析及路径探讨

——以T区法院金融审判实践为视角

郑 岩 石鑫润

当前我国正处于经济体制和社会利益格局的深入调整期，随着社会经济的深入发展，大量矛盾纠纷涌入法院，其中涉及金融类的纠纷大幅增长。而法院的办案法官在司法员额制改革的背景下人员相对减少，案多人少的矛盾凸显。面对这种情况，人民法院就金融案件如何搭建多元化纠纷解决平台，以更好地回应人民群众多元化解纠纷的需求，从源头上减少诉讼增量，无疑是当前需要深入探讨的课题。

一、现状分析：T区法院金融案件多元化解机制的实证考察

（一）金融审判法庭2020年审判情况介绍

1. 法庭基本情况

2020年1月，T区法院设立金融审判法庭，负责集中审理T区范围内证券、信用证、银行卡、信托、票据、理财、典当等纠纷案件，当事人一方或双方为金融机构的金融商事案件，互联网金融案件。2020年金融法庭共有员额法官5名，法官助理3名，聘用制书记员5名。2020年员额法官的人均结案数量为472.2件，法庭审判任务相对繁重。

2. 审判呈现特点

（1）判决方式结案比例较高，调解和撤诉比例相对较低。金融法庭2020年共受理金融商事案件2430件，审结2361件，审结率97.16%。判决结案1610件，占比68.19%；调解结案188件，占比7.96%；撤诉结案485件，占比20.54%；按撤诉处理39件，占比1.65%；裁定驳回起诉22件，占比0.93%；裁定移送17件，占比0.72%。

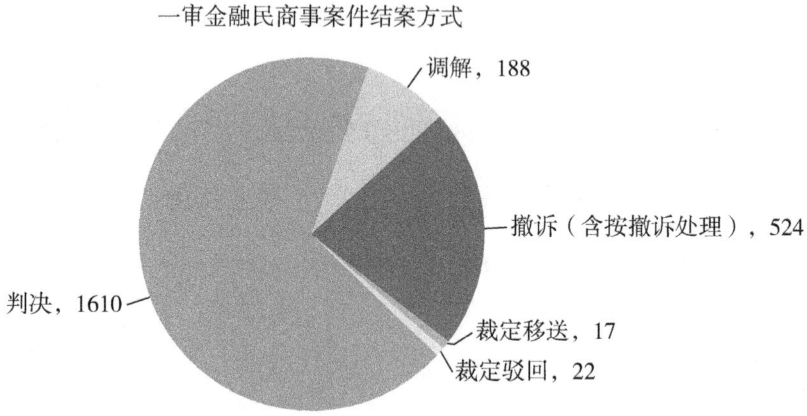

图 1　一审金融民商事案件结案方式

（2）被告不到庭，缺席审理比例较大。2020 年所受理的案件中，95% 以上都是因被告缺席审理而作出的缺席判决。金融纠纷案件中，找不到被告的情形非常普遍，被告住所地分散，地域跨度大，加上在贷款时所留地址不详或者贷款后迁移地址，甚至外出躲贷，致使无法送达导致缺席审判成为常态。

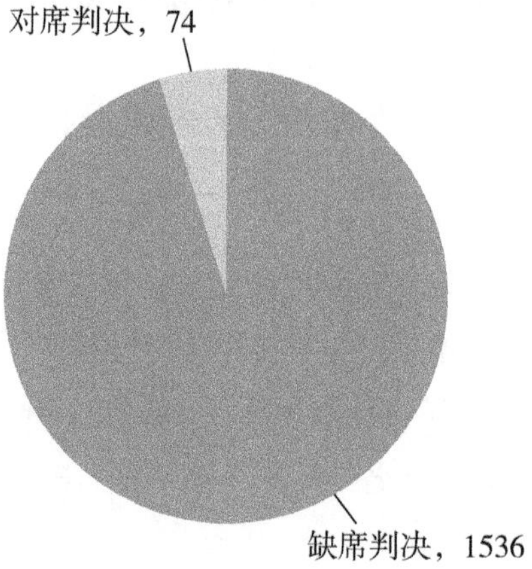

图 2　缺席判决和对席判决的数量对比

（3）诉前化解纠纷比例不高。金融法庭于 2020 年在人民调解平台共受理金融纠纷案件 565 件，化解纠纷 86 件；未化解纠纷 479 件，其中 90% 以上均是被告无法联系。此外，通过诉前调解平台化解纠纷当事人选择的调解员均为金融法庭员额法官，无选择其他调解组织或调解员情形。当事人在诉前调解中选择线下调解的数量也非常少，几乎没有。

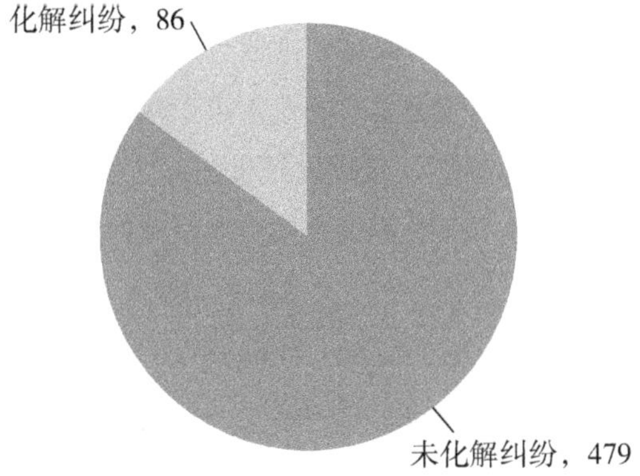

图 3　诉前化解和未化解纠纷的数量对比

（二）T 区法院金融法庭在多元化解纠纷上的主要做法

1. 最大限度地开展化解纠纷工作

法庭目前已经初步构建了以繁简分流机制为核心的新型金融审判机制：一是诉前分流。立案前，通过多元化纠纷解决平台实现案件的第一次分流。二是立案分流。建立互联网金融案件、传统银行类案件“双车道”案件甄别、分流机制及规范标准。三是全面推进“分流＋快审”机制。组建互联网金融案件速裁团队，破解批量互联网金融案件诉讼难题。四是庭审分流。进入审理阶段后，消费金融案件、汽车金融案件由快审团队审理，传统银行类案件、委托理财类案件交由专业化团队审理，实现案件的第三次分流。试行案件繁简分流后，一个月内，结案率由 46.44% 提高至 79.13%。破解了诉讼维权成本高、周期长等问题，满足当事人多元、高效、便捷的司法需求。

2. 有针对性地指导基层调解组织化解矛盾

目前，T 区法院已经与市金融消费纠纷调解中心签订《金融消费纠纷多元化解机制建设合作框架协议书》，该协议书初步建立了符合金融消费纠纷特点的多元化纠纷解决机制的框架和相应的实施方案，有助于避免和减少纠纷的发生，促使纠纷止于萌芽，减少了纠纷进入诉讼的案件数量，促进纠纷向诉讼外其他解决方式有效和顺畅地分流。为此，邀请金融纠纷调解组织和调解员进驻人民法院调解平台，与银保监分局、金融局对接座谈，推动建成金融纠纷多元化解平台，构建开放多元的解纷生态体系。

3. 积极引导当事人解决纠纷

根据《最高人民法院中国人民银行中国银行保险监督管理委员会关于全面推进金融纠纷多元化解机制建设的意见》和《天津市高级人民法院关于全面推进金融纠纷多元化解工作的实施意见》，金融法庭通过为当事人提供更多可供选择的金融纠纷解决方式，促使非诉讼纠纷解决方式更加便捷高效，如结合在线纠纷解决方式探索金融催收新模式。传统催收方式成本高、权利最终实现的不确定性较高，进而影响金融机构，特别是互联网金融企业的催收积极性，间接促使借款人无所顾忌地违约，加剧催收难度，形成恶性循环。

表 1　传统催收方式时间节点表

时　　间	传统催收方式
逾期 90 天内	选择短信和电话等方式催收
超过 90 天不履行还款义务	要求借款人提前偿还全部贷款并支付逾期期间的罚息
逾期 180 天以上	对拒不还款的借款人提起诉讼，对抵押物进行处置，所得价款用于偿还本金、利息及罚息
催收周期少则 6 个月，多则 1—2 年	

针对此难点，引导金融机构在催收过程中选择人民法院调解平台解决金融纠纷，金融机构可在借款人逾期 30 天内登录人民法院调解平台申请调解，争取用最快的速度将纠纷及时化解。

（三）T 区法院金融法庭在多元化解纠纷上的效果考量

1. 多元化解纠纷模式相对单一，法院调解依然占据主导地位

根据《最高人民法院中国人民银行中国银行保险监督管理委员会关于全面推进金融纠纷多元化解机制建设的意见》和《天津市高级人民法院关于全面推进金融纠纷多元化解工作的实施意见》，多元化解金融纠纷的调解种类包括委托调解、委派调解和邀请调解，但从 2020 年法庭金融纠纷调解案件的数量来看，法院主持下的调解纠纷数量在多元化解纠纷中占了绝大多数，多元化解纠纷模式相对单一，且尚未进入佳境，法院调解占据主导地位的情况尚未改变。

2. 诉调机制衔接不畅通，法院从解决纠纷的最后一道防线直接进入第一道防线

前面的数据显示，大部分金融案件在未穷尽社会调解组织力量的基础上，就直接进入司法调解程序。而金融法庭在当前案多人少的情况下，能抽调出来专门负责调解前置工作的力量不足。相当一部分案件都是在审判过程中进行调解的，这无疑加剧了法院案多人少的矛盾。由于矛盾纠纷并未化解在萌芽或是初始阶段，法院从解决纠纷的最后一道防线变成了第一道防线。

3. 调解平台已经初步设立，但平台调解成效不甚理想

虽然T区法院已经成立法院调解平台，金融纠纷当事人可以通过登录人民法院调解平台化解纠纷，但用户自主申请的案件数量为565件，通过该平台化解纠纷的案件数量为86件，进入平台申请的案件数量不到全院受理金融纠纷数量（2430件）的四分之一，化解纠纷的数量不到全院审结金融纠纷数量（2361件）的4%。一方面用户自主申请数量不多，另一方面多数案件在无法调解后还是进入法院立案程序，通过网络平台调解的成效并不理想。而且，目前调解平台存在的最大的技术障碍就是，对于已经达成调解意向并申请进行司法确认的外地当事人，无法通过远程方式进行司法确认。

4. 金融纠纷的诉前调解队伍略显松散，专业特质尚未凸显

当前就金融纠纷进行多元化解的调解员主要来自调解名册，这些调解员在金融领域方面并不具备相应的专业知识，熟悉金融业务、工作能力强的专业人才尚未列入法院调解名册。同时，基层第三方金融纠纷调解机构缺失，进而增加了当事人化解纠纷的时间和资金成本。

综上所述，T区法院金融法庭虽然已经初步建立了多元纠纷化解机制，并在多元化解机制上做了一定探索，工作效率有所提高，但无论是诉前还是诉后化解的纠纷，基本上还是在法官主导下完成的，纠纷解决依然面临法院和法官单打独斗的局面，多元化解的效果不甚理想。

二、障碍分析：T区法院金融案件多元化解机制的深度解析

（一）理念障碍

在传统思维模式下，老百姓依然认为法院的审判是最具有权威性的解决纠纷方式，同时，对于多元纠纷化解模式，当事人缺乏一定了解，认知度和认同感都不高。金融纠纷的欠款当事人一旦与金融机构发生纠纷，对于非法院、法官的调解组织、调解员难以产生足够的信任心理，对这些调解组织、调解员展开的调解工作甚

至会产生抵制心理，这都在一定程度上限制了多元解决纠纷工作的深入开展。

（二）制度障碍

虽然已经与市金融消费纠纷调解中心签订了《金融消费纠纷多元化解机制建设合作框架协议书》，与商事调解组织、行业调解组织实现了初步对接，但目前尚无具体实施细则和操作流程。当事人出现纠纷后，起诉到法院，在法院立案之前如何开展委托调解，如何进行司法确认，在立案后如何进行委派调解和特邀调解，均处于摸着石头过河的状态，这直接影响了多元纠纷化解机制广泛深入的探索和推进。

（三）调解意愿障碍

调解需要遵循自愿原则，所有当事人自愿接受调解且到场（或线上参与）方能进行。但金融纠纷涉及的当事人通常较多，以金融债权纠纷为例，当事人除借贷双方外，还包括抵押人、担保人等，所有当事人均能参加调解难以实现，如果有一方当事人无法联系，调解就难以顺利进行。从前面的统计数字来看，金融纠纷中因无法联系到被告而不能到庭的案件占全部案件的 95% 以上。而当事人缺席的原因主要为：第一，借款人、抵押人、担保人等留存信息不准确，贷款机构发送贷款后，贷后管理不及时、不到位，无法及时与相关人员取得联系；第二，个别当事人主观上不愿意接受调解。

（四）保障和配套机制障碍

多元化解机制的正常有效运行需要相应的人员保障、经费保障、技术保障、场所保障等。目前，虽然已经与市金融消费纠纷调解中心对接，但该调解中心涵盖的是市法院所有涉及金融消费的纠纷，如果这些纠纷全部交给该调解中心调解，很可能会超过该调解中心所能承受的范围。此外，该调解中心的调解员是否均是金融领域的专家，其组织机构模式是相对松散还是相对稳定，其经费如何保障均尚在探讨中。毕竟，多元化解纠纷的所有工作都需要人力去完成，而所有的人力又都需要经费来保障，所有的人员都需要组织去领导。如果一个调解组织，缺乏有效的管理机构，缺乏足够的经费保障，缺乏专业的调解人员，那么相应的纠纷化解效果显然也会大打折扣。此外，法院调解平台的一些技术性问题尚需要引起关注，如远程司法确认问题，远程调解和司法确认在当前疫情防控的形势下显得尤为重要，这也是未来的发展趋势。这个问题如果长时间不能解决，显然也会影响多元纠纷化解的效果。

三、路径探讨

（一）理念转变

1. 纠纷解决由法院主导调解变为法院指导调解

在社会走向法治化的进程中，法院的地位与作用日益提高。毋庸置疑，法院在审判中要充分发挥调解职能，最大限度地化解纠纷。但法院在多元纠纷化解中并非起主导作用，起主导作用的应当是各级调解中心、调解组织等，法院担负的工作更多是对调解的指导。让调解员在调解纠纷时越来越有底气，越来越规范，成功率越来越高，越来越被群众信赖，都需要在法院的指导下才能实现。

2. 法院从纠纷解决第一道防线回归为最后一道防线

目前，在社会公众的心里，在纠纷解决的选择中似乎形成了一种倾向，即把向法院提起诉讼作为解决纠纷、实现权利的唯一路径，甚至还把这种选择作为自身法律意识提高的标志。但司法资源毕竟是有限的，当诉讼不是被作为纠纷解决的最终途径，而是被普遍作为第一选择时，无数的纠纷就会涌向法院，一些可以在基层一线化解的简单矛盾也随之而至，极大地浪费了司法资源，法院将面临前所未有的压力和考验，这显然与多元纠纷化解机制相悖。而只有充分发挥基层调解组织的力量，让其成为调解纠纷的中坚力量，法院也才能有更多的精力处理进入诉讼程序的案件，成为纠纷解决的最后一道防线。

3. 纠纷化解由法院单打独斗变为全民共建共享

多元化解机制呼唤的是全面共建共享的社会治理格局而非法院单打独斗下的黔驴技穷。共建共享强调整合各类社会资源，充分调动各类主体的积极性，进而实现国家、社会、个人共同参与、共同协作、共同治理。共建共享的理念充分契合了新时期对社会纠纷解决的现实需要，通过充分吸收法院以外的各种社会力量，共同参与社会矛盾纠纷的化解，不仅有效整合了各类纠纷解决资源，同时也有助于实现纠纷的合理分流，缓解法院的诉讼压力。

（二）具体制度构建

1. 建立专业化金融纠纷调解平台——法院之外的制度设想

为了汇集纠纷解决资源，避免职能交叉与重叠，提高纠纷解决效率，针对金融纠纷专业性强的特点，应当建立专业化金融纠纷调解平台，进一步完善金融纠纷调解模式，为公众提供多途径、多层次、多种类的金融纠纷解决渠道。平台的特点是：第一，多元联动打破行业壁垒。平台参与者包括地方政府、法院、金融管理部门、社会组织和市场共同主体。平台的管理和责任主体为行政部门（地方金融局），平台解决纠纷的主体包括三个层面，第一个层面为社区自治组织，社区自治组织对当地居民的居住情况非常了解，其作为化解矛盾的第一道防线，能够有效解决金融案件送达难的问题。第二个层面为金融纠纷调解中心等调解组织，调解中心可以积极开展立案前或者立案后的案件调解工作，属于化解矛盾的第二道防线。法院作为最后一道防线，可以及时化解无法通过前两道防线化解的纠纷。第二，全民共建共享提高专业性。调解平台下属的调解组织除了有金融消费纠纷调解中心之外，还要建立金融纠纷调解专家库，组织辖区具有独立诉讼权限的商业银行甄选熟悉金融业务、工作能力强的专业人才，以及优秀律师、政法系统退休人员，成立金融纠纷调解专家库，保证调解人员的专业性，提高调解效率和质量。同时，为金融防控风险提供精准司法服务，促进金融不良债权率低位运行。第三，保障到位考核有序。调解平台不全是网络虚拟，平台在现实中有具体的办案场所，调解平台的办公设施、办公设备和工作经费由地方金融局提供，在保障调解员基本补贴的基础上，通过按件计算的方式形成“多调多得，多自动履行多得”的长效奖惩机制，保障调解质效，促进当场履行、自动履行。对调解平台的监督由地方司法局负责，同时亦要定期对调解平台的工作进行考核，可以将金融纠纷调解结案率纳入金融机构考核评价体系。法院负责对平台调解工作的指导，通过专题培训、跟班观摩、案例研讨等形式，提高调解员的业务知识和调解技能，同时及时对调解平台上达成的调解协议给予司法确认。

2. 建立一站式金融纠纷诉调对接中心和金融巡回法庭——法院之内的制度规划

为了从源头防范和化解金融纠纷，可以在法院内部建立覆盖面广、权威专业、高效便民的一站式金融纠纷诉调对接中心，实现涉金融矛盾纠纷“一站式受理、一条龙服务、一揽子解决”。金融纠纷诉调对接中心可以设在法院，也可以设在当地金融机构密集的场所，一站式满足群众司法需求，让金融纠纷解决更加省时省力、省心省钱。对于金融纠纷数量激增的法院，可以设立金融巡回法庭，选派法官轮流驻点办公，实时指导调解，并及时进行司法确认，形成社区找人、调解员诉前调解、法官全程指导、调解＋速裁并行的全流程无缝对接工作模式，一站式受理调处金融纠纷，实现地区金融案件归口办理。金融巡回法庭审理涉及金融的民、刑、商等案件，采取“全案要素式 + 类案集中审 + 简案当庭判”的审理模式，做到简案快审、繁案精审、类案并审，不仅能高效快速化解大量民商事纠纷，也有助于打击破坏金融安全犯罪、提升地区金融诚信指标、促进地方金融服务和发展。金融巡回法庭应在审理中突出以集约化、专业化、信息化、标准化、流程化的工作标准，充分利用大数据、云计算、人工智能等技术，尝试建立电子证据诉讼平台、类案批量智审系统，结合在线纠纷多元化解平台、互联网开庭平台，为金融纠纷当事人提供更加便捷、高效、现代化的信息诉讼渠道，争取做到让当事人足不出户就能在线解决纠纷。

3. 理顺金融纠纷诉调对接机制，重塑金融催收格局

督促金融机构建立起不良资产的评估模型。对逾期用户画像，以代替传统不良资产的分类过程，将逾期借款人的分类从按逾期天数、金额的简单划分，改为按还款能力、还款意愿进行细分，在进行风险评级之后，对不同客户在不同时间，用不同手段，推行不同的催收策略，这样不仅能让首次催收工作更有针对性，也节约了大量的人工成本，提高催收进件到分类处理的效率和回款率。借款人一旦出现逾期，金融机构可在借款人逾期 30 日内直接登录金融纠纷调解平台进行调解，对于达成调解协议的，人民法院对调解协议进行在线司法确认，借款人未按还款协议履行还款义务的即可直接进入强制执行阶段，真正实现在线委托、在线调解、在线司法确认的“全流程”在线诉调对接，不产生诉讼费、律师费、公告费，有效降低催收成本，大大缩短金融机构的核销周期。

4. 建立金融信息交流平台，加强法院与金融机构等组织沟通联系

法院及时将金融案件的审判动态提供给金融监管部门，定期归纳市场行为中可能引发金融风险的突出问题，帮助金融机构查堵漏洞，防范风险，增强双方工作的良性互动。定期组织召开金融司法联合会议，对案件审理过程中发现的金融机构经营存在的问题提出司法建议，积极促进金融机构市场的规范，预防和减少金融风险。比如，针对如何提高债务人调解意愿问题。金融机构一是要做好贷前身份信息核实工作，贷前做好详细的调查工作，加强对借款人、抵押人及担保人的身份信息审查，完善借款合同文本，详细记录并认真核实借款人、抵押人、担保人等的户籍地址、经常居住地地址、从业地点及联系方式等信息，并定期回访更新，与其约定送达地址并由其签字盖章，以便出现纠纷后及时联系。二是要做好调解沟通工作，银行机构要加强与借款人、抵押人、担保人等连带责任人的沟通，向其详细说明通过调解化解金融纠纷的优势，提升公众对金融纠纷调解的认知度和信任度，引导当事人主动选择诉前调解方式。金融机构可以尝试完善金融借款协议中的先行调解条款，明确符合先行调解机制的纠纷应通过金融行业专业调解组织调解，调解不成的再行诉讼。

5. 建立金融诚信惩戒组织，提前预防介入

金融借款纠纷中，判决生效后，能够自动履行生效文书的被告少之又少，原告基本都需要通过执行程序实现权益。这无疑浪费了时间、金钱和社会各种资源。可以在金融局设立诚信惩戒机构，凡金融借款人在借款逾期后超过30日，金融机构就可以向金融诚信惩戒组织报案，该组织即可介入，向借款人发出通知，要求借款人履行还款义务，履行期限为30日，如果借款人未在规定期限履行还款义务，诚信惩戒组织即可以将借款人的信息移送法院执行局，由法院将其纳入失信名单，如果当事人达成调解协议，则可以由调解组织或者法院予以确认调解。

四、结语

党的十九大报告指出，打造共建共治共享的社会治理格局，要加强社会治理制度建设，完善党委领导、政府负责、社会协同、公众参与、法治保障的社会治理体制。T区法院对金融纠纷的专业化诉求予以及时、有效的回应，通过各方联动、法院专业指导的有机衔接方式化解矛盾，发挥多元化解机制的能量，将这些矛盾化解在萌芽状态，有效防控金融风险，服务于金融业的稳定健康发展，将会是我们继续努力和前进的方向。

（**作者简介：**郑岩，男，1974年1月生，毕业于中国政法大学，天津市滨海新区人民法院泰达金融中心法庭负责人；石鑫润，女，1977年6月生，毕业于中国政法大学，天津市滨海新区人民法院员额法官）

二、
诉讼程序效率化改革

民事二审简易程序设定探析

——以民事二审不开庭审理实践异化为逻辑起点

王　辉　于　帆

引　言

当前，群众司法需求扩展性与司法资源有限性的矛盾日益突出，使得如何平衡公正与效率成为司法审判亟待解决的问题，多层次诉讼程序的设置是重要的途径和方法。根据我国《民事诉讼法》的规定，基层人民法院审理一审民事案件可以根据案件标的额、性质、复杂程度等，区分适用普通程序、简易程序等不同类型程序，优化司法资源配置，实现案件分流。与之相比，民事二审适用程序唯有普通程序，审判效率的提高主要通过不开庭审理的适用。波斯纳曾指出，“我们决不能无视诉讼制度运行的成本”。① 无论审判能够怎样完美地实现正义，如果付出的代价过于昂贵，则人们往往只能放弃通过审判来实现正义的希望。② 程序供给失衡，过度与不足都是程序非正当的表现。并非所有的民事二审案件都具有复杂、疑难的特性，不加区别地适用普通程序显然不够合理。不开庭审理能否有效实现二审案件繁简分流，能否满足二审程序多元和程序保障的需要，民事二审设置简易程序（仅指中级法院层级）是否具有正当性，值得研究。

一、逻辑起点：民事二审不开庭审理情况的现实分析

为真实反映实践中民事二审不开庭审理的运行状况，笔者以 H 省 P 市中级人民法院 2016 年至 2020 年民事二审案件为样本，同时采取访谈、问卷调查等多种方法，进行考察分析。

---

①[美]理查德·波斯纳:《法律的经济分析》，蒋兆康译，法律出版社 2012 年版，第 593 页。

②[日]棚濑孝雄:《纠纷的解决与审判制度》，王亚新译，中国政法大学出版社 2004 年版，第 267 页。

（一）透视：民事二审不开庭审理实践异化的表征

1. 不开庭审理适用泛化

整体来看，2016 年至 2020 年，P 市中级人民法院民事二审案件的开庭率与不开庭率实际差距不大，各占“半壁江山”。虽然开庭率逐年递增，不开庭率逐年递减，呈现此长彼消的趋势，但是递增与递减的速率较慢。以“以开庭审理为原则，以不开庭审理为例外”的民事诉讼法规定为衡量标准，不开庭审理的适用明显过度，角色错位。

表 1　P 市中级人民法院 2016 年至 2020 年民事二审案件不开庭情况

年度	民事二审结案数（件）	开庭案件数（件）	不开庭案件（件）	不开庭率（%）
2016	3284	1603	1681	51.19
2017	3320	1693	1627	49.01
2018	4273	2193	2080	48.68
2019	4615	2487	2128	46.11
2020	5790	3246	2544	43.94

“泛化”主要体现在对两类案件的扩张适用：其一，上诉时提出新事实、证据或理由的案件。数据显示，不开庭审理案件中有 30% 左右的案件提出有新事实、证据或理由。其二，事实不清的案件。如图 1 所示，不开庭审理案件中有 3% 左右的案件被以事实不清为由发回重审、改判。

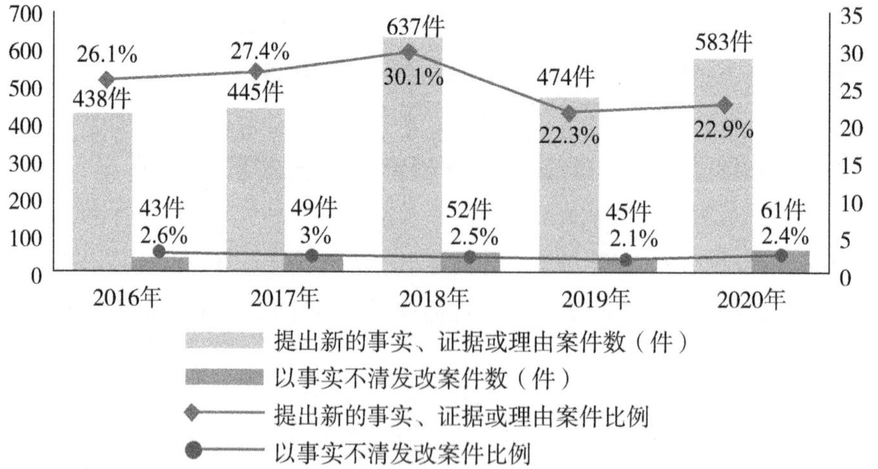

图 1　不开庭审理案件中提出新的事实、证据或理由以及发改案件情况

2. 不开庭审理操作无序

阅卷、调查和询问是法定的不开庭审理流程步骤。除《民事诉讼法司法解释》第 333 条对四种可以不开庭审理的情形予以规定外，对具体程序如何进行和操作没有明确规定和要求，缺乏程序性约束，导致随意性和无序化。笔者随机选取 200 件不开庭审理案件，对询问审理情况进行考察。

（1）是否告知随意。53% 的案件未在传票中明确记载“询问”，而是以“参加诉讼”“询问、开庭”等意义模糊、表达歧义的词语替代，也未在询问时口头告知；25% 的案件在传票中明确记载“询问”；15% 的案件在询问时口头告知；7% 的案件既在传票中明确记载“询问”，又在询问时口头告知。

（2）谁来询问随意。样本案件中，153 件是承办法官亲自主持询问，占比 76.5%，但是其中 17 件是承办法官自问自记；39 件是法官助理主持询问，占比 19.5%；另外，有 8 件是合议庭其他法官主持询问，占比 4%。除承办法官外，无论谁主持询问，都严重违反“法定法官”原则，可能减损程序正义。

（3）是否对席随意。粗疏的法律规定，为法官自由操作预留了弹性空间，在实践中衍生出对席询问和非对席询问两种形式。样本案件中，26.5% 的案件经过非对席调查询问，即径行作出裁判。对席是民事审判的基本程序要求，单方询问容易造成信息交流不对称，明显程序失当。

3. 不开庭审理功能偏差

民事二审设置不同审理方式的主要目的是对上诉案件进行“繁简分流”，平衡公正与效率。[①] 这意味着，不开庭审理作为与开庭审理平行存在的一种审判方式，本身具有特定的价值和功能，即分流部分简案。而民事二审法官青睐不开庭审理的主要原因是为“独任”披上合法外衣，以“不开庭审理之名”行“开庭审理之实”，已经是实务界“公开”的秘密。在 147 件对席询问案件中，除不是全体合议庭组成人员参与庭审外，40.3% 的案件的询问流程与正式开庭庭审无异，不开庭审理与开庭审理趋向同质化的表现明显。55.1% 的案件具备开庭审理基本要件，只是程序相对有所简化。而普通程序运用又呈现出简易化倾向，使不开庭审理与开庭审理的区别更为淡化。不开庭审理还包含着书面审理。综合来看，不开庭审理已经成为层叠（实质）开庭审理、询问审理（简化程序开庭审理）以及书面审

---

① 李相波：《关于〈民事诉讼法〉司法解释第二审程序修改内容的理解与适用》，载《法律适用》2015 年第 4 期。

理功能为一体的“杂糅性”审理方式，与立法目的和初衷相背离。

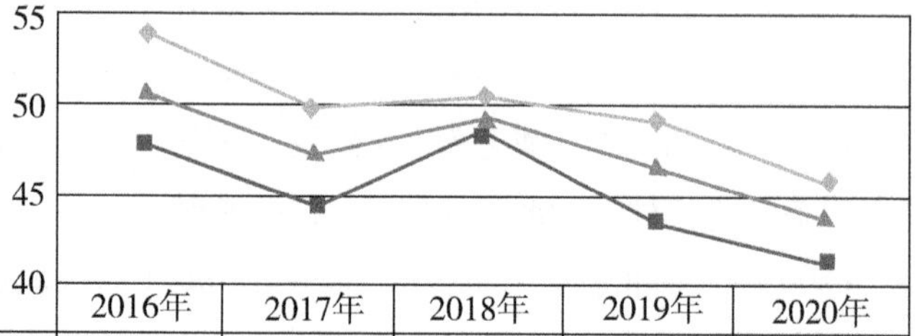

	2016年	2017年	2018年	2019年	2020年
开庭审理平均审理天数	53.9	49.8	50.2	49.1	45.7
不开庭审理平均审理天数	47.7	44.5	48.6	43.4	41.3
总平均审理天数	50.7	47.2	49.4	46.5	43.8

图 2　案件平均审理天数情况

4. 不开庭审理效率弱化

从理论和立法上来讲，不开庭审理偏重的是对审判效率的追求，因为缺少开庭环节，审判效率应当是比较高的，至少要比正式开庭的效率高，但实践中却并非如此。数据显示，开庭审理与不开庭审理的平均审理天数一般不超过 7 天，不开庭审理没有明显的效率优势。可以说，不开庭审理与开庭审理两者同质化是重要原因，同时与审限制度、法官工作习惯等也直接相关。

5. 不开庭审理实质独任

关于民事二审“形合实独”的问题似乎已经不需要作更多的说明和论证。审判实践中，无论是程序性事项，还是实质性案件审理，抑或最终案件如何处理，基本都由承办法官单独完成或者决定，合议庭其他人员只是“形式上的存在”。就不开庭审理而言，在承办法官一个人主持询问、调查的合法表象下，合而不议的问题更加普遍和严重。200 件样本案件中，合议笔录显示，除承办法官外的合议庭成员要求对案件事实细节进行深入了解的仅 21 件，向除承办法官外的合议庭成员展示案件关键证据的仅有 9 件；从合议结果看，仅有 19 件案件的合议庭成员提出与承办法官不同的意见，除承办法官外的合议庭成员对合议发挥的作用并不明显。

（二）探因：立法、制度与实践的三维视角

不开庭审理实践异化的表现多元，诱因亦多元。不仅是法律规定和制度配置的“思虑不周”，也不仅是司法实践的“任性妄为”，而是多种因素交织的结果。

1. 立法维度：规定模糊导致适用的弹性多变

通过分析有关不开庭审理的民事诉讼法及司法解释规定，不难发现，仅有的

两个条款却是弹性有余、刚性不足。以“当事人没有提出新的事实、理由和证据”的适用标准来说，何为新事实、新理由本身内涵不确定，而是取决于法官的主观判断；就“新证据”而言，虽然有明确界定，但是较为严苛的认定标准能否适用到决定开庭与否的审查阶段值得商榷。

2. 制度维度：审判组织设置的制约束缚

我国的审判组织设置与审判适用程序紧密挂钩，普通程序与独任制绝对割裂，与合议制完全对应。也就是说，只能适用普通程序的民事二审，必须采取合议制。反观其他大陆法系国家，划分简易程序与普通程序的标准是法院级别、案件类型和争议标的额，与独任制或合议制无直接关系。[①]“单兵突破”合议制的不开庭询问审，成为民事二审审判规避合议制的现实选择，本该各行其道的开庭审理与不开庭审理发生并轨也就不难理解了。这不仅导致不开庭审理的滥用，而且对其功能发挥产生不利影响。

3. 实践维度：缓解办案压力的现实选择

近年来，受经济社会发展、立案登记制改革、员额制改革等多重因素的影响，法院“人案矛盾”日益突出，不仅是基层法院，中级法院同样面临着较大的办案压力。以笔者所在的P市中级人民法院为例，2016年至2020年民事二审新收案件数量由2916件增至5260件，5年增长80.4%，且逐年递增，而员额法官比例固定，数量基本没增加。

（三）反思：以简易程序替代不开庭审理问题的提出

当法律被创设和适用时，它的内容必定被价值锁定。[②]不开庭审理问题，本质是民事二审案件繁简分流问题。要有效解决不开庭审理实践异化问题，就必须回归到二审案件科学繁简分流实现本身。

民事二审不开庭审理发生实践异化的深层原因是“繁简分流”的法定程序供给与现实分流需求的不匹配。将不开庭审理作为民事二审案件仅有的“繁简分流”渠道，天然具有局限性。立法应当也始终坚持着“以开庭审理为原则，不开庭审理为例外”的基本立场。由“非常态化”的不开庭审理承担二审的全部繁简分流任务，必然无法满足现实需要。

增加程序供给、改造程序结构、提升程序活性是弥合立法与实践冲突的重要

---

① 参见傅郁林：《繁简分流与程序保障》，载《法学研究》2003年第1期。

②［美］罗伯特·S. 萨默斯：《美国实用工具主义法学》，柯华庆译，中国法制出版社2010年版，第28页。

渠道。不开庭审理在实践中大行其道，大多数时候实际扮演着简易程序（独任制＋程序简化）角色，虽有“避法”之嫌疑，但也有合理之处，符合繁简分流要求，只是“名不正言不顺”。基于此，笔者认为可通过设置民事二审简易程序，以简易审（开庭审理＋简易程序）替代不开庭询问审理，为其正名，并完善程序，使其规范有序；同时将不开庭审理限定在书面审理，恢复其“例外”地位。如此，不但能够解决前文所述的不开庭审理实践异化问题，而且能够优化民事二审程序和繁简分流机制，实现司法公正与程序保障的平衡。因此，以不开庭审理实践为基础，设置民事二审简易程序具有重要的现实意义。

二、理性思辨：民事二审设置简易程序的价值分析

民事二审设置简易程序关涉民事诉讼制度和司法制度改革，其价值不只是将实践中的不开庭询问审理纳入法律轨道，使其正当化，而是有更深层的意义。

（一）程序价值：促进诉讼程序体系完备

程序分类、程序多样化是诉讼制度发展的必然趋势。基层法院一审程序设置有相互独立的普通程序和简易程序（小额诉讼程序）两个重要的子程序，以满足多元程序需求，实现案件分流。而民事二审是通过不开庭审理方式进行案件分流。严格来说，不开庭审理并非独立的程序类型，只是一种例外的审理方式。这种设置，既与二审中当事人可期待程序利益多元化特点不匹配，又造成二审与一审整体程序设计的不协调。设置简易程序，顺应诉讼程序分化、细化的发展趋势，使得民事二审程序体系更加完备。

（二）制度价值：彰显程序规范显著优势

尽管简易程序与普通程序在技术层面上并未真正体现和实现不同程序在功能上的明显差异①，广受诟病，但其独立的地位和价值是应当被肯定的。与缺乏程序性规范保障的不开庭审理方式相比，简易程序是普适的、法定的、成熟的程序类型，较为规范、有序，其适用范围、庭审流程、程序转换等都有相关规定，具有

① 傅郁林：《分界·分层·分流·分类——我国民事诉讼制度转型的基本思路》，载《江苏行政学院学报》2007年第1期。

不开庭审理无法比拟的制度优势。

（三）效用价值：提升案件繁简分流效益

各国（地区）诉讼的分流大都沿着对较为重大复杂的案件，按照普通程序或专门程序处理；对简单的案件，采取简易程序处理的路径发展。诉讼程序的设置一般遵循“普通→简易→速裁”的逐级“递简”规律。可见，简易程序对案件繁简分流的效用是得到普遍认可的。为维护上诉审的程序价值，以询问谈话为主要方式的不开庭简审案件范围客观上被限缩。简易程序则不同，其实质是普通程序之简化形态，隶属于程序范畴，无论是开庭审理还是不开庭审理均可适用。与不开庭审理相比，简易程序分流案件的效益明显更高。

（四）现实价值：合理回应司法审判实践

司法实践是法律理论形成和规则生成的重要路径和场域。[①]法律制度的设计和完善有必要且应当对其作出回应。实践中，普通程序简易化和不开庭询问审理与开庭审理同质化双重异化的共同指向就是简易程序（可视为开庭审理与不开庭审理的中间程序，如图 3 所示）。笔者提出以简易程序替代不开庭询问审理，并非凭空臆想，而是对司法实践的合理回应，完全具有可行性。

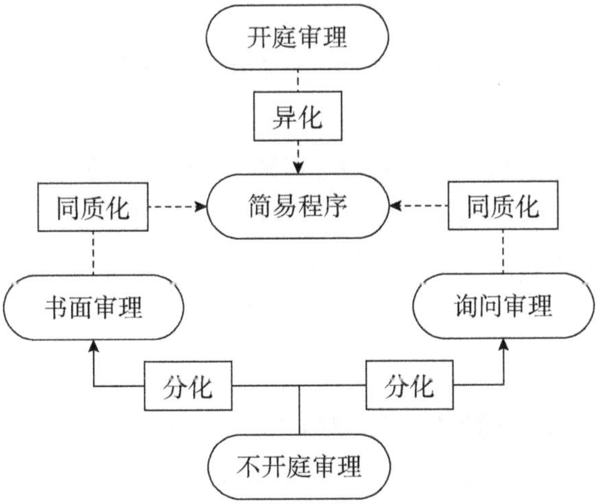

图 3　民事二审程序审判方式实践运行情况

---

① 李承运：《冲突与融合：民事二审审理方式实践运行与规则预设的检视和改造》，载《现代法学》2014 年第 5 期。

为进一步了解民事二审设置简易程序的“民意”，笔者对P市中级人民法院43名民事法官、60名民事司法辅助人员（法官助理+书记员）以及50名律师、100名当事人进行了问卷调查[①]，调查结果显示：在律师和当事人群体中，分别有48.9%和68.4%的人认为简易程序更公正便捷（如图4所示）。

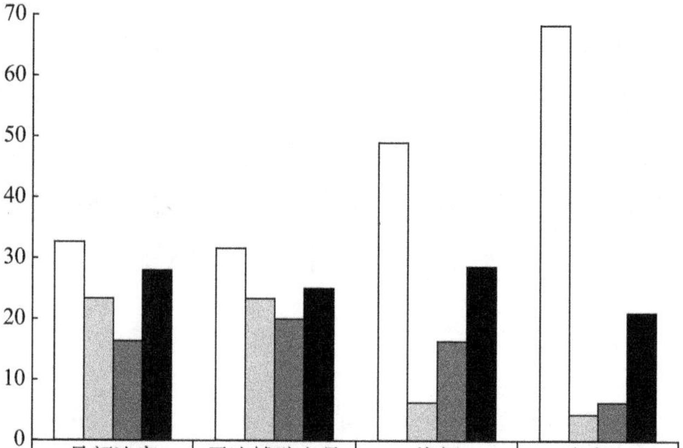

	员额法官	司法辅助人员	律师	当事人
□简易程序开庭审理更公正便捷	32.6%	31.7%	48.9%	68.4%
▨不开庭审理更公正便捷	23.2%	23.3%	6.2%	4.3%
▩两者效果无明显差异	16.3%	20%	16.3%	6.3%
■不确定，取决于法官个人素质	27.9%	25%	28.6%	21%

图4　问卷调查结果

三、寻求超越：繁简分流视域下民事二审设置简易程序的实现进路

基于不开庭审理实践异化的弊端及其案件分流功能的局限性，笔者提出设置简易程序作为替代制度。然而，如何合理设计和适用民事二审简易程序是系统工程，需要在宏观和微观层面进行科学架构，以实现二审案件的有效繁简分流。

（一）基本定位

立足民事二审基本价值和功能，坚持“以开庭审理为原则，以不开庭审理为例外”的基本立场，以简易程序为繁简分流主渠道，构建“开庭审理（普通程序）+开庭审理（简易程序）+不开庭审理（书面审理+简易程序）”的橄榄型民事二审案件繁简分流机制。

---

① 本次调查共发放调查问卷253份，实际收回247份。

（二）基本原则

（1）公正效率兼顾原则。民事二审简易程序的设置，应当贯彻公正效率兼顾原则，不能为效率减损公正。如果简易程序仅以效率为价值取向，那么其应当具备的其他功能和价值就会被效率所覆盖和损害。我国民事二审程序是兼具事实审和法律审的混合审，以程序正义为优先。但司法资源是有限的，"必须在那些寻求或需要正义的人们中公正地分配"①。因此，对不同案件应当适用不同诉讼程序，使案件获得与其性质、复杂程度等合理匹配的法院审理时间和精力，繁简得当，以达到公正与效率的衡平。

（2）最低程序保障原则。简易程序，意味着程序的简化。但是无论如何简化，都必须符合程序正义的最低限度标准，给予当事人最低限度的保障，否则程序就是不正当的。只要判决对当事人权益可能产生实质性影响，就应当赋予其被告知、陈述意见等听审权利。就民事二审简易程序来说，要在相对降低公开、对席、直接言词等基本程序要求的同时，保障当事人被告知、陈述和抗辩的权利。

（3）程序选择权保障原则。程序与选择权的结合是民事诉讼程序正义的生动表现。考察审判实践，可以发现，基层法院一审适用简易程序泛滥，除规避合议制、节约审判力量外，很重要的原因是简易程序启动权缺乏制约，当事人的程序参与度不够。程序的本质特点是过程性和交涉性。②为避免民事二审简易程序出现同样的问题，在制度设计时应当保障当事人的程序选择权，使程序简化和裁判结果因当事人自愿参与、选择而获得正当性。

（三）具体设计："宏观 + 微观"双层设定

1. 宏观设定：民事二审简易程序的基本架构

（1）适用范围。程序的设置应当遵循程序适配性原理，与案件性质、疑难复杂程度等相适应。二审简易程序适用范围的界定应当突出二审特性。一般的、简单的上诉案件都可以适用简易程序，具体来说，可以案件性质为主要标准，以是否符合"经过一审，案情较为简单、事实基本清楚、法律适用无重大分歧、争议

---

① 刘璐、赵江涛：《我国民事二审开庭制度的困境与出路——寻求程序正义与分配正义的契合》，载《求索》2009 年第 2 期。

② 季卫东：《法律程序的意义》，中国法制出版社 2004 年版，第 33 页。

焦点明确”的案件类型化特征、一审是否适用简易程序、是否提出新证据为考量标准作出强制适用或者排除适用决定（如表2所示）。

表2　民事二审程序适用案件类型

审判方式	适用程序	审判组织	适用标准	主要案件类型（参考）
开庭审理	普通程序	合议制	1. 事实认定和法律适用存在困难或具有指导性意义； 2. 提出新证据	1. 新类型案件； 2. 法律适用疑难案件； 3. 社会舆论关注案件； ……
	简易程序	独任制	1. 一审审理后，案情较为简单、事实基本清楚、法律适用无重大分歧、争议焦点明确； 2. 一审适用的是简易程序	1. 无涉财产和抚养权分割的离婚案件； 2. 机动车交通事故案件； 3. 金融借款案件； ……
不开庭审理（书面审理）	简易程序	独任制	1. 就一审程序问题提起上诉； 2. 其他	1. 当事人上诉请求明显不成立案件； 2. 一审就不予受理、驳回起诉和管辖权异议作出裁定案件； 3. 事实清楚，但法律适用错误案件； 4. 一审严重违反法定程序案件

（2）程序选择。有关民事二审案件对简易程序的选择适用问题，可采取“承办法官＋合议庭”与“当事人异议＋意见”博弈的模式。鉴于立案部门只对上诉案件进行形式审查，无法对案件适用简易程序或普通程序进行有效甄别，故程序选择不宜由立案部门进行。具体规则是：分案后，承办法官通过阅卷或庭前准备对适用何种程序作出判断，应当适用简易程序的，告知当事人，当事人提出异议的，由承办法官提交合议庭审查，异议成立的，则由合议庭适用普通程序审理，异议不成立的，则由承办法官适用简易程序独任审理；可以适用简易程序的，由承办法官告知当事人并征求意见，当事人不同意适用简易程序的，则由合议庭适用普通程序审理；应当适用普通程序的，直接由合议庭适用普通程序审理。

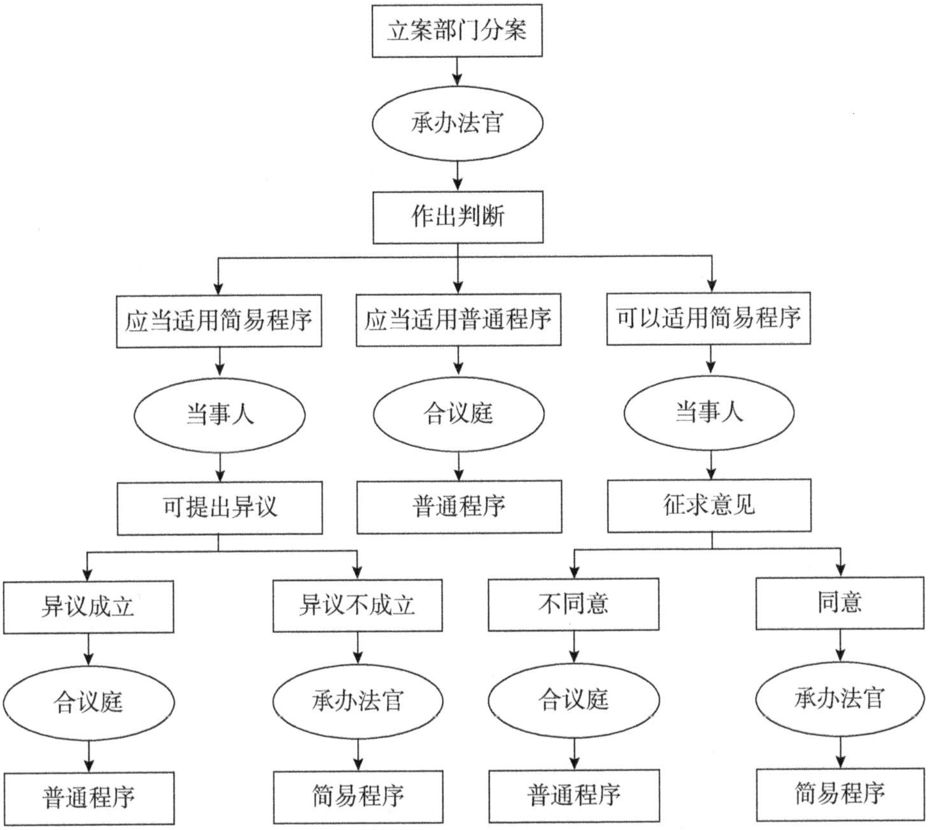

图 5　适用程序选择可视化流程

（3）转换衔接。无论是一审，还是二审，只要存在可转换的多元程序，就必然存在程序衔接的问题。民事二审简易程序与普通程序的转换条件是发现案件较为复杂（见表 2 中的普通程序适用标准），此时独任法官应将案件提交合议庭，由合议庭作出裁定并转入普通程序。需要强调的是：其一，为防止法官肆意转换程序以规避审限，法官应就转换程序的原因向当事人释明，当事人可提出异议，并由合议庭审查裁定；其二，应明确转换为普通程序后，不得再回转。

（4）审理期限。合理的期限设置，能够防止诉讼拖延，有效推进诉讼进程。参照基层法院一审普通程序与简易程序审限的对应关系，可设定民事二审简易程序审理期限为 45 日。审限到期后，具有法律规定的特殊情况的可延长，但累计不得超过三个月。

2. 微观设定：民事二审简易程序主要环节的规制

（1）庭前准备：充分发挥作用。庭前准备程序具有重要价值，能够避免准备性与审理性行为交叉导致的程序混乱[①]。为提高民事二审简易程序庭审效率，庭前准备应以归纳争议焦点为核心，以无争议与有争议事实固定、程序确定为重点，同时完成调解等事项。

（2）开庭庭审：合理简化流程。庭审环节是简易程序开庭审理与不开庭询问的区分关键，简化流程，亦应遵循开庭审理的基本要求。可借鉴审判实践中要素式庭审的经验，对交通事故、劳动争议、民间借贷、商品房预售合同等可适用简易程序的类型化民事二审案件，进行标准化审理要素归纳，围绕争议要素，进行质辩融合庭审。

（3）文书制作：优化浓缩要素。裁判文书繁简分流是案件繁简分流的应有之义。即便是二审程序，适用简易程序的案件文书亦有简化之必要。根据上文简易程序范围界定，适用的案件一般一审即适用简易程序或一审后，案情较为简单、事实基本清楚、法律适用无重大分歧，没有必要展开说理，如机动车交通事故责任纠纷案件主要是根据交警部门出具的道路交通事故认定书、赔偿项目清单进行计算，故可提炼固定案件要素，适用要素式或表格式裁判文书。

（四）现实转化

民事二审设置简易程序向现实的转化，需经过试点与修法两个重要过程。可在全国范围内选取部分中级法院尤其是探索过民事二审速裁机制的中院，就民事二审简易程序进行试点，待时机成熟，修改民事诉讼法，增设二审简易程序，与现行《民事诉讼法》第十三章的“简易程序”合并规定，分为一般规定、基层法院及其派出法庭一审简易程序、中级法院二审简易程序三部分，置于“第二审程序”章之后，形成系统的简易程序体系。

四、结语

民事二审案件的难易程度，是多层次、多结构的，并非仅区分出普通程序与简易程序、开庭审理与不开庭审理就可以解决案件繁简分流问题。从理论上来讲，简易程序可划分出若干层次，甚至可以与独任制解绑，进而演化出更多的程序类

① 常怡主编:《比较民事诉讼法》，中国政法大学出版社 2002 年版，第 319 页。

型。笔者从不开庭审理实践异化问题切入，对民事二审设置简易程序问题进行思考，希望对民事诉讼制度改革有所裨益。

（**作者简介：**王辉，河南省平顶山市中级人民法院党组书记、院长；于帆，河南省平顶山市中级人民法院研究室科员，四级主任科员）

遗产管理人制度与执行程序的衔接适用[①]

——以遗产管理人变更为被执行人为视角

柴　松

一、问题提出：遗产管理人变更为被执行人后如何执行

在我国颁布的《民法典》中，明确规定了遗产管理人制度，为配套适用该制度,《最高人民法院关于民事执行中变更、追加当事人若干问题的规定》作出了相应更正，确定了在作为申请执行人或被执行人的自然人死亡或被宣告死亡的情况下，可以申请变更、追加该自然人的遗产管理人为申请执行人或被执行人。[②] 目前全国已有法院受理并适用上述追加规定，裁定追加遗产管理人为申请执行人或被执行人。具体适用情况如下：

表1　不同法院适用追加遗产管理人规定的情况

法院	案　　情	程序阶段	适用具体情形
徐州市睢宁县人民法院	赵某某申请执行刘某某买卖合同纠纷，执行中申请执行人赵某某死亡	强制执行程序立案后	四位继承人共同推选赵某某长子赵某甲为遗产管理人，法院裁定变更遗产管理人赵某甲为申请执行人[③]

---

① 本文根据2022年施行的《民事诉讼法》作了更新。

②《最高人民法院关于民事执行中变更、追加当事人若干问题的规定》(2020年修正)，第2条规定：作为申请执行人的自然人死亡或被宣告死亡，该自然人的遗产管理人、继承人、受遗赠人或其他因该自然人死亡或被宣告死亡依法承受生效法律文书确定权利的主体，申请变更、追加其为申请执行人的，人民法院应予支持。作为申请执行人的自然人被宣告失踪，该自然人的财产代管人申请变更、追加其为申请执行人的，人民法院应予支持。第10条规定：作为被执行人的自然人死亡或被宣告死亡，申请执行人申请变更、追加该自然人的遗产管理人、继承人、受遗赠人或其他因该自然人死亡或被宣告死亡取得遗产的主体为被执行人，在遗产范围内承担责任的，人民法院应予支持。作为被执行人的自然人被宣告失踪，申请执行人申请变更该自然人的财产代管人为被执行人，在代管的财产范围内承担责任的，人民法院应予支持。

③《首例！申请执行人死亡，徐州睢宁法院裁定变更遗产管理人为申请执行人》，载徐州市中级人民法院微信公众号，2021年1月11日发布。

续表

法院	案　　情	程序阶段	适用具体情形
北京市大兴区人民法院	某银行与张某借款合同纠纷一案，执行中被执行人张某死亡	强制执行程序立案后	被执行人张某没有遗嘱执行人，继承人也没有推选遗产管理人，且共同继承人均明确放弃继承，法院裁定遗产管理人大兴区民政局为被执行人[①]

在上述案例中，法院通过裁定遗产管理人为申请执行人或被执行人解决了司法实践中当事人死亡情况下执行当事人不明的问题。但从执行实施角度而言，现有的法律规范以及法院系统设计未考虑到上述情况，对于遗产管理人被变更为被执行人后，执行人员该如何执行，缺乏法律规范，同时现有办案系统也难以与之匹配。

二、实践困境：进退两难的强制执行

（一）空白：法律规范缺失

《民法典》引入遗产管理人制度，是解决现实继承纠纷的重要举措，但因《民法典》实施时间较短，相关法律规范缺乏细致规定，与程序法衔接方面亦存在不适应的问题。主要为以下几个方面。

1. 实体法与程序法衔接适用规定不明

《民法典》设立了遗产管理人制度，但是民事诉讼法对此尚未予以回应，本次《民事诉讼法》修改意见也未涉及遗产管理人制度的诉讼程序规定。《民法典》对遗产管理人的选任范围、选任方式、职责范围、权利、民事责任承担等内容作出了规定，但《民事诉讼法》对遗产管理人的诉讼资格、诉讼地位、诉讼中的权利义务等未予以明确。民事执行程序中允许将遗产管理人列为被执行人，但没有明确遗产管理人是否能够适用现行诉讼法体系中被执行人的权利义务，导致执行措施的展开无所适从。同时，在判决生效后执行立案前债务人死亡的，遗产管理人是否可以依据现行立案规定直接被列为当事人以及立案阶段遗产管理人身份如何

---

①《京法案讯 | 大兴法院裁定将遗产管理人变更为被执行人》，载京法网事微信公众号，2021 年 6 月 17 日发布。

确定有待明确。

2. 执行程序中对遗产管理如何适用规定不明

《民法典》规定了遗产管理人有清理遗产的职责。在将遗产管理人变更为被执行人后，遗产管理人履行清理遗产的职责与法院执行遗产工作该如何衔接有待明确。例如，遗产管理人是否可以申请执行法院利用执行查控系统查询被继承人名下财产，并据此制作遗产清单，配合执行法院对遗产进行处置以清偿债务。若执行部门无法开展查控，遗产管理人通过其他方式制作遗产清单，执行法院能否将此确认为全部遗产，并以此为限开展相应的财产处置工作。

3. 执行遗产管理人的规则不明确

在执行程序中，虽明确了遗产管理人可以作为被执行人，但一般性的执行规则能否适用并未明确。在寇某义、王某、寇某松、寇某复议案件中，[①] 债务人寇某周死亡，因继承人未推选遗产管理人，其全部继承人寇某义、王某、寇某松、寇某共同担任了遗产管理人。执行中法院对遗产管理人王某名下财产进行查封，并对全部遗产管理人采取限制高消费措施。济南市中级人民法院审查认为在没有证据证明财产为被继承人财产的情况下，不能采取查封措施，同时采取限制高消费措施于法无据，上述措施应当一并撤销。按照济南市中级人民法院的观点，在执行中不能对遗产管理人采取一般性的执行措施。那么将遗产管理人列为被执行人应当如何对待，如何采取执行措施，在其不履行职责时能否予以惩戒都成为执行工作中亟需明确的问题。

（二）滞后：法院技术系统的不相容

在执行规定明确遗产管理人可以被列为被执行人后，现有的法院执行办案系统未能及时更新改造，导致系统落后于规定。在现行的执行办案系统中，对被执行人可以采取执行查控措施，而将遗产管理人列为被执行人后，系统中即可以直接对遗产管理人个人名下财产进行查控并会相应地将被执行信息公布至人民法院执行信息网。如遗产管理人无需以自有财产对被执行的债务负责，那么上述措施可能会令遗产管理人的社会信用降低，并有泄露遗产管理人个人信息之风险（如民政部门、村委会担任遗产管理人）。另外，在对案件采取个别结案方式时（如终结本次执行程序），系统默认需对被执行人进行财产查询并限制高消费后才能选择

---

① 山东省济南市中级人民法院（2020）鲁01执复363号执行裁定书。

此种结案方式。那么在此情形下，执行人员将面临无法结案或错误采取限制高消费措施的两难境地。

（三）矛盾：径行执行抑或等待

《民事诉讼法》第239条规定，作为被执行人的公民死亡的，以其遗产偿还债务。《最高人民法院关于适用〈中华人民共和国民事诉讼法〉的解释》第473条规定，作为被执行人的公民死亡，其遗产继承人没有放弃继承的，人民法院可以裁定变更被执行人，由该继承人在遗产的范围内偿还债务。继承人放弃继承的，人民法院可以直接执行被执行人的遗产。结合《民法典》中遗产管理人的规定，在继承人放弃继承的情况下，也会产生遗产管理人。在此种情形下，因无明确规定，令执行法官产生了困惑：（1）执行程序是否应当先中止，等待遗产管理人的产生，并在遗产管理人变更为被执行人后再对遗产进行处置；（2）如执行程序中止，对于中止期间产生的利息、迟延履行利息等是否应当由被执行人承担；（3）在遗产已经进入处置程序的情况下，被执行人死亡的，处置程序是否应当一并中止。在《民法典》实施前，继承人如放弃继承，人民法院可以直接执行被执行人的遗产，而在《民法典》实施后，能否参照此规定直接执行被执行人的遗产还是中止执行程序，需要予以明确。

三、制度反思：遗产管理人法律地位的明确

上述问题，有待于诉讼法予以明确，但在制定相关规范前，笔者认为首先要明确遗产管理人的法律地位，在此基础上才能够合理制定与之相适应的程序规则。

（一）遗产管理人的法律地位

目前关于遗产管理人的法律地位有多种学说，主要为代理人说、固有权说和信托说。（1）代理人说认为遗产管理人作为代理人实施相应行为，而根据被代理的主体不同，又分为被继承人代理人说、继承人代理人说、遗产代理人说。[①]（2）固有权说又分为机关说、限制物权说和任务说。[②]机关说认为遗产管理人是法律所认可的独立机关或组织；限制物权说认为遗产管理人对遗产享有限制物权；任务说认为遗产

---

① 王葆莳、吴云煐：《〈民法典〉遗产管理人制度适用问题研究》，载《财经法学》2020年第6期。

② 王葆莳、吴云煐：《〈民法典〉遗产管理人制度适用问题研究》，载《财经法学》2020年第6期。

管理人为履行管理职责而享有独立的法律地位，具有相应的处分权利。[①]（3）信托说认为遗产管理人是信托关系中的受委托人。

我国遗产管理人应当采用何种学说需要具体分析。首先，将遗产管理人认定为代理人并不适宜。如认为遗产管理人系被继承人的代理人，则将视为被继承人具有民事权利能力，这与自然人的民事权利能力自死亡时消灭的规定相冲突；在继承人放弃继承的情况下，仍然有遗产管理人的存在，遗产管理人的职权并非来自继承人的授权，故不能将遗产管理人认定为继承人的代理人；遗产代理人说认可了遗产具备法律上独立的人格，这与我国现行法律规定不符。其次，将遗产管理人视为信托关系中的受委托人，需要信托法律关系的支持。目前我国信托法律制度较为薄弱，完全移植国外制度可能会水土不服。在基础理论尚不丰富的情况下，难以对遗产管理人的法律地位予以明确阐释。最后，采纳固有权说中的任务说解释遗产管理人的法律地位较为适宜。作为遗产管理人，其有独立的法律地位，能够独立履行职责，不受继承人的影响，对遗产进行适当的处分，处理与遗产有关的事宜。遗产管理人不同于被继承人本人，其性质与破产管理人类似。

（二）遗产管理人的权利外观认定

对遗产管理人权利外观的认定主要是解决两个方面的问题：一是在进入执行程序前，对遗产管理人的身份如何确认；二是解决遗产管理人与继承人的矛盾冲突。具体而言：（1）执行程序中对变更遗产管理人为被执行人有明确规定，人民法院可根据需要进行调查，法官依据调查结果确认遗产管理人身份并作出相应裁定。但在执行程序开始前即存在遗产管理人的，如何确定遗产管理人的身份缺乏相应规定。在寇某义、王某、寇某松、寇某复议案件中，济南市中级人民法院肯定了在立案程序中直接将遗产管理人列为执行当事人的做法，认为其符合法律规定。[②]虽然对于立案时确定遗产管理人的具体适用未予以明确阐述，但可以肯定的是，无论是执行中还是执行前变更遗产管理人为执行当事人，都需要遗产管理人具备相应的权利外观。（2）《民法典》关于遗产管理人的规定中明确指出，一旦确定了遗产管理人，则其对遗产的处置权利具有了排他性。司法实践中，可能会出现继承人实际占用遗产但是放弃继承的情况。因此，给予遗产管理人明确的身份

---

① 王葆莳、吴云煐：《〈民法典〉遗产管理人制度适用问题研究》，载《财经法学》2020年第6期。

② 山东省济南市中级人民法院（2020）鲁01执复363号执行裁定书。

证明是十分必要的。在具备权利证明的情况下，遗产管理人能够顺利行使诉讼权利，对于法院而言，也能够避免错误赋予继承人权利。

四、回归正轨：执行遗产管理人规则补正

对于遗产管理人制度实施后，执行程序中可能面临的问题，民事诉讼法应当及时地予以回应，并对执行程序规则予以调整。结合民事执行实际，应当从“一原则两层次三阶段”着手对执行遗产管理人规则进行补正。

（一）“一原则”：遗产管理人的过错承担原则

遗产管理人系为执行遗产管理任务而设立，具有独立的法律地位。遗产管理人不同于一般意义上的被执行人，其所处地位与破产管理人类似，职责系对被继承人的遗产进行处分并开展债权债务清理等事宜。被继承人的债务应当以遗产为限承担，遗产管理人不以自有财产对债务负责。在制定对遗产管理人的执行规则时，应当明确遗产管理人对债务遵循过错承担原则，即遗产管理人无需以自有财产清偿被继承人债务，但因故意或重大过失造成遗产价值贬损，损害债权人利益时，应当承担相应责任，并以自有财产负担相应损失。因此在制定对遗产管理人执行规则时，应当秉持此原则，进行相应的补正。

（二）“两层次、三阶段”：程序与技术同步补正

1. 立案启动阶段

（1）立案审查。在立案审查阶段，需要着重对执行依据已经生效，尚未进入执行程序，但债务人或债权人已经死亡的情形进行审查。依据现行规定，当事人可以依据执行异议程序申请变更当事人，而是否准予变更的具体审查（包括对遗产管理人权利外观的认定）由执行机构的审查部门负责。在立案阶段，对上述情况的审查可以根据现行规则，分两个阶段进行渐进设计。目前关于遗产管理人的资格认定，是否制定特别程序予以适用，尚无定论。在遗产管理人的资格认定程序制定前，可按照现行法律规定予以调整，并在有遗产管理人资格认定程序后进行修正。具体而言：

①遗产管理人资格认定程序前

执行规范：对执行依据已经生效，尚未进入执行程序的，当事人申请立案

的，人民法院应当立案，按照原执行依据的当事人身份予以列明。在执行立案后，遗产管理人可以通过执行异议程序变更为执行当事人，理由如下：一是利用现有程序，避免资源浪费。最大限度利用现有程序规则，避免在立案阶段重复设置审查程序。如设置的审查程序过于严格将使立案程序过于烦琐，与便民立案的思路不符；审查过于宽松，可能导致错误认定遗产管理人，为后续程序留下隐患，若再次进入审查程序，将造成资源浪费。二是引导当事人充分利用现有程序。对于继承人与遗产管理人共存的情况，立案阶段法院进行主动审查确认遗产管理人的身份存在较大难度。法院可充分利用当事人的举证，引导遗产管理人通过异议程序变更当事人。三是程序与结果的平衡。从结果而言，列明原当事人只是在客观上将已经死亡的人列为当事人，但通过之后的变更程序可列明真正的权利人。在执行中对已经死亡的人进行财产查询、控制，不损害继承人、债权人的利益，反而有助于将遗产管理人变更为被执行人后对遗产的执行。

系统设置：无需调整现有立案系统。

②设立遗产管理人资格认定程序后

执行规范：对执行依据已经生效，尚未进入执行程序的，当事人申请立案的，人民法院应当立案，按照原执行依据的当事人身份予以列明。遗产管理人申请执行的，应当提供已取得的遗产管理人资格证明；当事人申请遗产管理人为被执行人的，应当提供遗产管理人的相关资格证明。

系统更新：遗产管理人列为被执行人的，应当以备注形式注明其遗产管理人身份。在对外公布执行信息时，应当注明其遗产管理人身份。

（2）执行通知发送。根据现行执行规范，执行案件立案后应当向被执行人发送执行通知。在遗产管理人变更为被执行人后，应当及时向遗产管理人发送执行通知，告知其相关权责。但执行通知的内容应予以调整，应当明确告知遗产管理人配合人民法院对遗产进行处置，如拒不履行职责，藏匿、转移遗产，将承担相应的责任。

执行规范：变更遗产管理人为被执行人的，人民法院应当向变更后的被执行人发送执行通知。

系统更新：办案系统内应当相应制作增加针对遗产管理人的执行通知模板。

2. 强制执行阶段

（1）财产查控的禁止。遗产管理人被列为被执行人后，因遗产管理人对债务不以自有财产负责，仅承担过错责任，故不应当对遗产管理人启动财产查询程序，并对登记在遗产管理人名下的财产进行控制（除有证据证明该财产系被继承人的遗产）。

执行规范：变更遗产管理人为被执行人的，人民法院不得对遗产管理人名下财产进行查询，确有必要的应当经过院长审批后进行。

系统更新：在执行办案系统内，设置权限，对遗产管理人为被执行人的禁止系统或人工发起财产查询、控制程序；确有需要的，需经过审批后进行。

（2）惩戒措施的运用。遗产管理人被列为被执行人的，因遗产管理人的义务系对遗产进行梳理并进行相应处置，故在一般情况下不应当对遗产管理人采取包括限制高消费、纳入失信被执行人名单、罚款、拘留等惩戒措施。如果遗产管理人不履行职责，藏匿、转移遗产，使得执行债权无法实现的，应当根据具体情形对遗产管理人采取相应的惩戒措施。

执行规范：遗产管理人拒不履行管理职责，藏匿、转移或协助藏匿、转移遗产，无法退回的，且债权又不能执行到位的，可以对行为人采取罚款、拘留、纳入失信被执行人、限制高消费等惩戒措施。

系统更新：在执行办案系统内，对纳入限制高消费、失信被执行人、罚款、拘留等惩戒措施的原因进行增加设置，匹配对遗产管理人采取惩戒措施的情况。

（3）遗产的处置分配。对于遗产的处置分配，有两种路径：一是在执行程序中直接予以处理并进行分配；二是参照企业破产制度，由管理人对遗产进行梳理，对债务进行清偿。对此可以采取渐进式的设计思路：目前尚未制定遗产特别程序，应当由执行法院主导对遗产的处理，待遗产处理完毕后，将所得价款用于债务清偿。遗产管理人知道有其他债权人的，遗产管理人应当通知其他债权人对遗产处置所得价款申请参与分配或财产保全。如《民事诉讼法》对遗产处置设定特别程序后，执行法院应当将遗产交由特别程序处理，执行案件应当参照破产管理制度中止执行，由债权人向破产管理人申报债权。现阶段，不宜将遗产交由遗产管理人处理。因缺乏监督制度，执行法院无法对遗产管理人履职情况、遗产的实际范围进行核实，对申请人而言，确定遗产管理人是否已经履行职责，是否未隐瞒财产也有较大难度。

另外，在遗产管理人变更为被执行人后，人民法院可以通过查控系统继续对被继承人的财产进行查控，明确可执行的遗产范围。遗产管理人虽然已变更为被执行人，但因其不对债务承担责任（遗产管理人有过错的除外），人民法院无需查询其名下财产。而目前，在缺乏遗产特别程序的情况下，除执行部门外，审判部门缺乏途径明确遗产范围。故在执行中，为保障债权人利益，应当允许查询被继承人的财产。

执行规范：人民法院裁定变更遗产管理人为被执行人后，可对原被执行人进行财产查询，并采取查封、冻结、扣押措施。人民法院可以对查封、冻结、扣押的原被执行人财产进行处置。其他已取得执行依据的债权人对处置所得款项可以申请参与分配。

系统更新：在遗产管理人变更为被执行人后，可在案件相关人选项中设置原被执行人（或被继承人）模块，并允许针对此类人提前进行财产查询、财产控制。

（4）异议救济。在执行过程中，遗产管理人是否有权利对执行行为提出异议，如提出异议应当适用《民事诉讼法》第 232 条规定的异议程序处理还是第 234 条规定的异议程序处理。对此应当分情况予以分析：第一，对于已变更为被执行人或申请执行人的遗产管理人，其是否享有作为执行案件当事人的全部诉讼权利义务。根据上文对遗产管理人的法律地位分析，其虽然不对被继承人的债务以自有财产负责，但其应当享有作为执行案件当事人的诉讼权利义务。如不能够赋予其作为执行案件当事人的权利义务，则无法保障民法典对遗产管理人设置的职责实现。因此，已变更为执行案件当事人的遗产管理人可以提出执行异议，应当适用《民事诉讼法》第 232 条规定的异议程序处理。第二，对于尚未变更为被执行人或申请执行人的遗产管理人，其如果提出异议，虽其身份为案外人，但《民事诉讼法》第 234 条异议程序针对的是案外人对执行标的享有物权排除执行的情况，而遗产管理人本就对遗产具有处理的职责，系利害关系人，故其适用此程序处理与程序设置的目的不符，适用《民事诉讼法》第 232 条规定的异议程序处理更为适宜。同时人民法院应当向遗产管理人释明其可以变更为执行案件当事人，如其拒不提供证据证明其遗产管理人身份，人民法院可以裁定驳回。

执行规范：已变更为申请执行人或被执行人的遗产管理人提出执行异议的，适用《民事诉讼法》第 232 条进行处理。尚未变更为申请执行人或被执行人的遗产管理人提出执行异议的，人民法院审查其具备遗产管理人资格的，按照《民事诉讼法》第 232 条进行处理。异议人无法提供证据证明其遗产管理人身份的，裁定驳回异议申请。人民法院应当向异议人释明可申请变更为执行案件当事人。

系统更新：因可适用现阶段程序，无需更改。

3. 执行结案阶段

遗产管理人变更为被执行人后，通过执行财产查询系统对被继承人（原被执行人）的遗产范围进行明确并处置后，如债务已清偿完毕，应当按照实际执行完毕结案。但如果在处置了已查明的全部遗产后，仍未能清偿完毕的，人民法院应当采用终结执行方式结案，不宜采用终结本次执行程序方式结案。笔者认为，被继承人死亡后，其名下财产在客观上为固定范围，人民法院采用财产查控系统查明的财产范围具有高度概括性。采用终结执行结案，是对遗产处理的终局处理。若终结案件后，当事人发现有尚未处置的遗产，人民法院可以恢复执行，此为低概率发生的例外情况。同时终结执行后，可视为遗产管理人已经履行完毕职责，身份自动解除。而若采用终结本次执行方式结案，依照现行程序设计，系对财产情况的阶段性查明，遗产处理没有达到终局状态，遗产管理人仍有继续管理遗产的职责，不能自然解除身份。因此，采用终结执行方式结案能够令遗产管理得到一个终局状态，维系财产秩序的稳定。

执行规范：人民法院对已查明的遗产处置后所得价款不足以清偿全部债务的，采用终结执行方式结案。终结执行后，当事人提供未处置遗产的，人民法院核实后应当恢复执行。

系统更新：因可适用现阶段程序，无需更改。

五、结语

目前《民事诉讼法》修改在即，本次修改只涉及部分繁简分流程序，对于执行程序并未涉及。但目前在强制执行的实践中，已经出现了部分程序无法与《民法典》的实体规定相衔接的情况。本文针对强制执行程序与遗产管理人制度衔接适用进行了剖析，同时结合司法实践，对执行规范制定和技术更新提出了建议。希望以本文为契机，在修改程序法的同时，能够关注司法工作人员对技术更新的需求。

（**作者简介**：柴松，男，北京市朝阳区人民法院四级法官助理，硕士研究生学历，本硕毕业于中国政法大学。参与承办了全国首例宠物犬登登拍卖案件）

民事速裁程序构建之法经济学研究

吴浩伟

在有效落实民商事案件繁简分流的今日，速裁程序无疑是促进案件高效审理的新宠。它与简易程序、小额诉讼程序相比更加简化，具有从简从快的特点，但其运作效果并不理想，存在明显问题。继2014年最高人民法院、最高人民检察院以及有关部门发布关于在部分地区开展刑事案件速裁程序试点工作的办法之后，2017年《最高人民法院关于印发〈最高人民法院关于民商事案件繁简分流和调解速裁操作规程（试行）〉的通知》（以下简称《通知》），将繁简分流和调解速裁相结合以减轻当事人的诉累。实际上，关于民事速裁程序制度早在2005年最高人民法院关于印发《人民法院第二个五年改革纲要》中就已被提及，属于中央主导第一轮司法体制改革任务中的一项，但内容寥寥无几，仅提出在民事简易程序的基础上建立速裁程序，至于速裁的流程、受案范围、审理期限等具体规程皆为空白。即便如此，各地方人民法院依旧积极作出响应，设立速裁庭、速裁组以落实民事速裁程序制度。从司法实践来看，民事速裁程序快捷、高效的特点确实在案件审理方面产生不错的成效。2020年，江苏省法院新收民事一审速裁快审案件54.6万件，占全省新收民事一审案件70.4%。[①]2020年北京市17家基层法院运用“多元调解+速裁”机制共结案30万余件，平均审理期限48天，用21.1%的民事员额法官化解了69.5%的民事纠纷。[②]由此来看，民事速裁程序契合了优化司法资源配置之目的，成为解决“案多人少”问题的新渠道。欲全面推行民事速裁程序，顺应繁简分流改革之动向，应当注重速裁程序可能带来的风险，避免其成为众矢之的。

2012年至2013年，民事速裁吸引了法学学者们的格外关注，学者们主要围

---

① 郑卫平：《进入“多车道”实现“加速度”服务“全天候”——江苏法院一站式多元解纷和诉讼服务体系建设工作纪实》，载《人民法院报》2021年3月20日，第1版。

② 徐伟伦：《北京高院通报“多元调解+速裁”工作情况》，载民主与法制网，http://www.mzyfz.com/cms/fayuanpingtai/xinwenzhongxin/fayuanxinwen/html/1071/2021-01-15/content-1457719.html，2021年7月4日访问。

绕民事速裁程序的受案范围、启动方式等不同阶段的制度设计、运作特点、立法模式选择、与简易程序之间的关系等，或者站在比较法考察视角梳理西方速裁程序之理论为我国所借鉴。其中存在的问题是研究过于停留在经验事实方面，未深究其背后的理论问题。有学者曾言，法学学者在学术研究中应为理论创新作贡献，而不是沦为立法的附庸。[①]像“洋为中用”的研究范式，容易使我国陷入西方理论的桎梏，难以突破。从经验事实的角度观察，民事案件适用速裁程序立法空缺，以至于存在程序适用边界模糊、导致不经济性、程序适用不当等实务问题。提升至理论层面，更凸显出诉讼模式之不匹配性、法官释明权之不当行使、公正与效率价值之错误定位。鉴于此，本文拟通过对比民事速裁程序适用效果的应然与实然，对逐渐暴露的与速裁程序建立初衷相矛盾的问题进行分析与反思。

一、民事速裁程序应然价值之实践检验

从历史来看，我国民事诉讼法受苏联民事诉讼法及其理论的影响，诉讼模式职权主义色彩浓重。随着社会发展的需要，我国民事诉讼模式逐步向当事人主义转型。速裁程序和当事人主义诉讼模式皆是我国司法改革阶段的有利成果，但两者在匹配和衔接的司法实践中显露出诸多问题，加上其他因素的负面影响，最终导致民事速裁程序的应然和实然样态之间存在明显落差。

（一）程序适用边界模糊

民事速裁程序本质上并非简易程序，根据诉讼程序的简化程度，它与小额诉讼程序、简易程序、普通程序共同构建了多层次的当事人诉讼救济体系，以优化司法资源配置。由于现行法律缺乏对速裁程序的具体规定，因此法官在实务中易将速裁程序和其他程序混同适用，虽然名义上组成速裁庭依法审理，实则依旧适用简易程序的流程及规定，扼制了速裁程序进阶性提高司法效率之优势。从程序适用的案件类型来看，简易程序适用于基层人民法院和它派出的法庭审理事实清楚、权利义务关系明确、争议不大的简单民事案件。小额诉讼程序则是在满足适用简易程序的前提下还要符合法定的数额标准。根据《最高人民法院关于适用〈中华人民共和国民事诉讼法〉的解释》（以下简称《民事诉讼

---

① 陈瑞华：《论法学研究方法》，法律出版社2017年版，第6页。

法司法解释》）第 274 条的规定，小额诉讼程序原则上适用于金钱给付类案件。结合《通知》第 20 条第 1 款[①]的规定，速裁程序适用的案件更像是简易程序和小额诉讼程序适用案件类型的部分融合，可见大部分可适用简易程序的金钱给付纠纷案件以及适用小额诉讼程序的案件原则上都可以适用速裁程序。鉴于此，用程序适用的案件类型来作为区分程序的条件作用甚微。除此之外，由于速裁程序法律规定的空白，其与简易程序、小额诉讼程序在其他方面也并无可区分的条件。也正是如此，法官对速裁程序的适用难以把握，当事人对速裁程序和其他程序难以区分，以至于在判决书中经常出现“简易速裁程序”“小额速裁程序”的字眼。[②]不能准确区分速裁程序和简易程序、小额诉讼程序，使三者适用存在混淆情况，必然难以发挥多层次诉讼救济体系的价值，从司法实务的实然层面将繁简分流工作落到实处的效果也将被弱化。

（二）民事速裁程序存在不经济性

（1）法官为弥补未能在期限内审结案件导致的不经济性。《通知》第 23 条规定人民法院适用速裁程序的审理期限一般为十日，最长不超过十五日。根据此《通知》以及其他相关文件制定的《山东省高级人民法院关于民事速裁程序的若干规定（试行）》第 13 条规定审理期限为“自立案之日起三十日内”。《宁夏回族自治区高级人民法院关于民事速裁快审案件审理工作的实施办法（试行）》规定一审速裁案件应当在立案之日起十日内审结，最长不超过十五日。因审理期限短，法官可能难以在审理期限内审结案件。而《法官法》明确规定法官实行绩效考核机制，是否完成年度办案任务和是否延长、超过审限皆是重要的考核指标。以《延安中院法官、审判辅助人员绩效考核及奖金分配实施细则（试行）》为例，虽然其中规定了法官考核的多项内容，如办案数量、办案质量、办案效率等，各项考核内容分值总和为法官绩效考核成绩，但是办案数量占总考核成绩的百分之六十，办案质量仅占百分之十。即便法官错误适用速裁程序，也未有法律后果之强制性

---

①《最高人民法院关于民商事案件繁简分流和调解速裁操作规程（试行）》第 20 条第 1 款：“基层人民法院对于离婚后财产纠纷、买卖合同纠纷、商品房预售合同纠纷、金融借款合同纠纷、民间借贷纠纷、银行卡纠纷、租赁合同纠纷等事实清楚、权利义务关系明确、争议不大的金钱给付纠纷，可以采用速裁方式审理。”

② 参见时某红、时某瑞生命权、健康权、身体权纠纷二审民事判决书［（2020）皖 13 民终 392 号］；刘某勇、云南某集团股份有限公司商品房销售合同纠纷二审民事判决书［（2019）云 01 民终 8367 号］。

规定。因此在这种成本收益权衡下，法官自然趋向于选择审理周期更短的速裁程序，尽早审结以完成结案目标任务。但为了避免未能在审理期限审结案件，法官只得将初始适用速裁程序的案件再转入普通程序，减少扣分以求绩效考核总分数尽可能达到最高值。速裁程序价值的发挥受制于利益动机，变相导致司法资源的浪费。不消解法官的利益动机，速裁程序将可能始终被现实置于尴尬境地。

（2）案件被错误分流导致的不经济性。追溯适用速裁程序产生不经济性的源头可以归结于审前案件分流环节。《通知》第 2 条规定由专职或兼职程序分流员负责确定案件应当适用的程序，对于案件事实清楚、权利义务关系明确、争议不大的金钱给付纠纷可以转入速裁程序。通过程序分流员对当事人案件咨询进行调裁分流以及诉前指导能够切实贯彻落实繁简分流改革工作，但是由于案件被转入速裁程序无需征得当事人的同意，案件是否确实应当适用速裁程序以实现效率价值的法律效果，则与程序分流员的专业判断能力密切相关。然而对于程序分流员应当具备何种条件，是由法官助理等司法辅助人员担任还是专职聘用，现行法律规范缺乏具体性规定。

（3）受传统庭审理念限制导致的不经济性。《民事诉讼法》及相关司法解释未明确规定适用速裁程序之规程，不能使受不利裁判结果的一方当事人服判息诉。无法可依之现状也使法官对速裁程序适用、理解难以把握，更甚者有法官对民事速裁程序定位错误，认为其本质是简易程序，以至于即使组成速裁庭依旧宣布本案适用简易程序。① 适用速裁程序本不受法庭调查、法庭辩论等庭审程序之限制，但实践中并未体现速裁程序之“速”的特点。以一起基层人民法院组成速裁庭直播审理的民间借贷纠纷为例，整个庭审过程经历了法庭调查中的原告对诉讼请求及事实和理由的陈述、被告人答辩、原告举证、被告质证、法庭针对案件事实进行询问以及法庭辩论程序，全程 36 分钟左右，除告知当事人申请回避等基本诉讼权利外，法庭调查占用 25 分钟左右，法庭辩论占用 3 分钟左右，且经上述一系列的庭审程序后，结果是庭审结束后再组织双方调解。总体而言，存在以下几个方面的问题：第一，未充分发挥程序分流之机能，也未有效主持诉前调解。经庭审程序再组织当事人庭后调解，假设结果相同，诉前调解比诉后调解更节省法律成本。第二，未发挥庭前会议的作用，案件审理未围绕争议焦点进行。当事人双方存在争议的利息问题在此案中少有提及，且未对此进行充分辩论。第

① 参见蓝某某与俞某某民间借贷纠纷案［（2021）桂 1381 民初 188 号］。

三，庭审流程形式化。原告诉讼代理人既已说明诉讼请求和事实理由与起诉状一致，法官还要求其进行陈述。法官询问的问题几乎变相重复庭前已确认或起诉状中的内容，甚至有些问题与此案无关。法官对速裁程序的错误认知，使民事速裁程序不仅未发挥该程序之价值，反而导致效率低下、司法资源浪费的反向后果。

（三）民事速裁程序适用不当

在我国，原告撰写起诉状时一般较为模糊或笼统，加上程序分流员将案件转入速裁程序无需征得当事人的意见，导致当事人对速裁程序的裁判结果难以信服。为此，多数当事人一方在答辩时或者在二审上诉事由、再审申请事由中提出“本案争议较大，不应适用速裁程序，程序违法”。[①] 对此，二审或再审判决书中多作出“程序并无不当”等表述的简单回应，难免使当事人对程序的合法性以及司法公正产生怀疑。案件转入速裁程序后，民事速裁程序适用不当主要包括两种情形：一是转入速裁程序的案件存在事实不清、权利义务关系复杂、涉及当事人众多等不适宜适用速裁程序的情形。此情形并未被列入应当转为普通程序之列，未有合法救济途径，依旧适用速裁程序，将产生案件事实尚未查明却被草草结案的不良后果，有损司法公信力，也有违速裁程序建立之初衷。二是法院适用速裁程序时操作未形成统一，且参差不齐的操作背后存在适用不当之处。对于《通知》中规定应当转为普通程序的情形出现时，各地方人民法院有的将案件由速裁庭转至其他民商事审判团队，[②] 有的要求原告撤诉重新追加被告起诉，[③] 有的对反诉不予受理并告知被告人另行起诉。例如，东营某新能源有限公司、天津某环境工程有限公司买卖合同纠纷案［（2020）鲁 05 民终 1887 号］，上诉人（原审被告）在上诉事由中说明，“一审法官表示本案为速裁案件，不能受理反诉，建议上诉人另行起诉或待一审判决作出后提起上诉”。二审判决书未对此作出说明，仅针对部分案件事

---

① 参见郭某某等合同纠纷二审民事判决书［（2020）鲁 01 民终 2773 号］；吴某某、朱某某合同纠纷二审民事判决书［（2019）浙 01 民终 10122 号］；杨某与鲁某、于某等追偿权纠纷二审民事判决书［（2019）甘 07 民终 209 号］等。

② 参见山东某农村商业银行股份有限公司与陈某某、张某某金融借款合同纠纷一审民事裁定书［（2020）鲁 1428 民初 700 号之一］；某财产保险股份有限公司德州市分公司与杨某某保险人代位求偿权纠纷一审民事裁定书［（2020）鲁 1428 民初 742 号］。

③ 参见李某与席某某、阜新某旅行社有限公司旅游合同纠纷一审民事判决书［（2020）辽 0902 民初 928 号］。

实予以纠正。此并非特例，像杨某某、王某某房屋租赁合同纠纷案［（2020）甘01民终1372号］，二审判决针对一审法院未处理被告人反诉是否属于程序违法作出这样的说明，“反诉不适用速裁程序，因此一审未受理并无不当，杨某某可另案主张权利”。被告人提出反诉若符合《民事诉讼法司法解释》中合并审理的规定，则前述案件本可转为普通程序将反诉和本案其他诉讼请求合并审理，但上述做法却将其割裂。如此民事速裁程序的不当适用，不仅未实现推动繁简分流的预期效果，反而更激化案多人少的矛盾，成为提升效率的阻碍。除此之外，有的地方法院二审对一审适用速裁程序审结的案件直接进行书面审理，[①] 这种做法是否妥当也值得认真思考。

二、民事速裁程序存在问题之成因

（一）诉讼模式之定位不精准

当事人主义诉讼模式，顾名思义，以当事人为主导推动诉讼活动进行，法官只是处于消极的中立地位。单向分析速裁程序和当事人主义，皆是在各自不同领域发挥独有的作用。但将当事人主义诉讼模式映射于速裁程序中时，两者的运作模式、蕴含价值等存在不能完全兼容的冲突。与其将之描述为冲突不如将两者定性为此消彼长的关系，有一方强势，便有一方弱化，难以两全。速裁程序由法院依职权启动而非当事人选择，因此并非完全依赖于当事人推进诉讼活动。速裁程序既然以效率价值为首位，那么在实务中难免留有职权主义的痕迹，即需通过法院的职权和能动性推动庭审进行，才得以达到“速”的效果，在这一特殊程序中使当事人主义流于形式。与职权主义相比，当事人主义的特点主要体现在贯彻辩论原则和处分原则两个方面。倘若着重实行当事人主义，将大量庭审时间集中于当事人辩论权的行使，又必然影响庭审效率。绝对性的当事人主义既不具有操作性也存在弊端，不利于案件事实的查明与庭审效率的提高，加上多数当事人的诉讼能力不足，其攻击与防御的问题不一定是案件争议焦点或者难以达到定分止争之效果。总之，既要以当事人为首位，合理期待双方能够根据争议焦点进行有效

---

① 参见肖某某、许某某民间借贷纠纷二审民事判决书［（2020）皖07民终376号］；安徽某建设集团有限公司、钟某某工伤保险待遇纠纷二审民事判决书［（2020）皖07民终75号］；胡某某、安徽某环保科技有限公司民间借贷纠纷二审民事判决书［（2019）皖07民终1008号］。

辩论，使法官对案件形成正确心证作出判决，又要实现程序流程极简化以体现速裁程序的效率价值，可谓一种乌托邦理想。鉴于此，在速裁程序中适用当事人主义并不精准，两者如何调和确实难以把握。

（二）法官怠于行使释明权

实务中常存在法官作出突袭性裁判的现象，即法官违反释明义务，从而导致受不利裁判的当事人一方失去就影响法官形成正确心证的事项进行辩论的机会，以至于法官基于此而作出超出当事人合理预期的裁判，有损司法公正。[①]产生该现象的原因主要在于法官受传统庭审理念的拘束，怠于行使释明权。这样的缘由想必也是导致速裁程序从简不足、变相导致司法资源浪费之根源。假定法官适用速裁程序时能够正确理解其建立本意，根据案件具体情况不受普通程序中法庭调查、法庭辩论等流程的限制，法官释明权的行使可谓锦上添花，进一步提升庭审效率。倘若在以当事人为主导的诉讼体制下任由当事人攻击与防御，抛开法官释明权的行使，可能出现当事人辩论机会虽多但质量不高的状况，庭审冗长却未能使法官对双方争议的特定事项形成正确心证。主要原因在于辩论原则更多是建立在当事人有足够诉讼能力的假定前提下，但实践中并非如此。释明权也在近几年越发地受到法学界的关注，它是诉讼程序不断重视当事人辩论权的表现，也是为了缓解辩论原则与裁判理念之间紧张关系应运而生的产物。释明的概念在《民事诉讼法》中也经历了从无到有、从间接规定到直接引用、从少有规定到不断增设的过程。释明权逐渐引起立法者的关注，司法实践也表明释明权的充分行使有利于效率和公正价值的双向保障。目前，法官对释明权的行使理解并不深入且运用生疏，如若在适用速裁程序的同时将现代庭审理论运用其中，想必庭审质量以及效率将有跳跃性的提升。

（三）价值定位存在误区

价值判断一直是法学研究不能舍弃的话题，不论是法律原则本身还是建立在原则之上的程序构建，其背后都蕴含着不同的法的价值判断。正如速裁程序着重强调效率价值，当事人主义侧重于公正价值，绝对化侧重某一方将产生两个极端，一种是过度追求效率价值，不能使受不利裁判结果的当事人一方服判息诉；另一

---

① 章武生主编：《个案全过程新论——以集中审理为中心》，复旦大学出版社 2020 年版，第 21 页。

种是过度实行当事人主义，虽充分保障当事人的辩论权，但使速裁程序的价值被架空。如何衡量效率和公正受到法学学者的广泛关注，有学者认为在速裁程序中应当寻找平衡公正与效率之路径。但笔者认为该学者的观点有将事实和价值割裂之嫌，其认为公正和效率应当衡平，是将价值中立的应然标准与客观的实然标准混淆分析，为此得出速裁机制中公正与效率之间存在失衡问题。这种研究思路是以理论为标准，研究经验事实与理论不一致的问题并提出对策加以解决。但在笔者看来，某一司法实务领域存在积病，并不一定源于司法制度、立法设计层面，应当树立反向推导的逻辑理念，反向研究作为根基的理论基础，正确认识不同事实中理论适用之定位。研究价值不能仅着眼于本身，应当将其与事实相结合，正如某位学者所言，倘若将事实和价值割裂，价值将缺乏现实基础或到法理学和法学也只不过剩下纯粹的技术。[①] 鉴于此，当民事速裁程序与辩护原则之间发生价值上的碰撞时，如何追求速裁程序中效率和公正的最佳结合以实现最优状态应当予以思考。

三、适用速裁程序之理念转变

（一）诉讼模式之精准定位——协同性当事人主义

针对速裁程序与当事人主义之间的不相容，有学者欲探索另一条路径，选择其他更为适宜的诉讼模式与速裁程序对接，如合作主义诉讼模式等。笔者认为这条路径并非最好的选择也存在阻碍。一则我国当事人主义尚未完全转型成功，在此背景下，寻找其他模式供我国借鉴实则不妥，像这种跳跃在西方不同诉讼模式之间的举措易使司法环境动荡且影响现行诉讼模式的稳固。二则合作主义诉讼模式等更强调职权主义，[②] 这就使我国民事诉讼体制转型又发生逆转更不妥当。为落实和推进民事司法改革，彰显以人民为中心的法治思想，我国的民事诉讼体制应当继续坚持减少法院干预的模式。当事人主义本就显露出贯彻辩论原则的特性，恰恰弥补了速裁程序中公正价值之弱化。鉴于此，欲缓解速裁程序和当事人主义之间的张力，可考虑从这两者本身入手。通过采取构建速裁程序相关制度的措施，只能从浅层面解决司法实务问题，不如动诉讼体制之根本，向现有当事人主义加

---

①［德］伯恩·魏德士：《法理学》，丁晓春、吴越译，法律出版社 2003 年版，第 6 页。

② 杨严炎：《论民事诉讼中的协同主义》，载《中国法学》2020 年第 5 期。

入协同因素，即实行协同性当事人主义，契合速裁程序的特性。所谓协同性当事人主义，是指依然坚持当事人在诉讼中的主导地位，但强调当事人和法官之间的协作和配合，尤其是调整法官原始地位的消极中立，利用法官的法学专业能力引导当事人提交证据、针对争议焦点进行辩论。简单来说，协同性当事人主义的本质是在适用当事人主义的基础上，要求法官树立积极的中立地位，通过法官实施行使释明权、心证公开等引导方式推动诉讼活动，着重强调法院的程序控制权。三角形结构最具有稳定性，实行协同性当事人主义意在使法官、原告和被告之间形成三角协调关系，而非强对立状态，同时有利于提升效率。

当事人的胜诉率受法官释明义务履行的程度和当事人是否有机会就影响法官心证的特定事项进行辩论两个因素的影响，且这两个相关联的量成正比关系。以法官释明权的行使为核心变量用以代表法官的能动性，通过卡尔多—希克斯效率标准，检视协同性当事人主义受法官释明影响的效率变化，由此得出在当事人主义诉讼模式中适当强调法官能动性是有效率的卡尔多—希克斯改进。假设 P_1 是原告对自己胜诉率的判断，D 代表原被告预想的原告胜诉可获得的金额，P_2 则表示被告对原告胜诉率的判断，C_1 表示原告的诉讼成本，C_2 表示被告的诉讼成本。如此一来，原告预期收益为 P_1D-C_1，被告受到的损失为 P_2D+C_2。加入法官行使释明义务的因素，令 N% 为释明程度可使原告胜诉率增加的变量。原告预期收益则变为 $P_1(1+N\%)D-C_1$，被告受到的损失变为 $P_2(1+N\%)D+C_2$。根据卡尔多—希克斯改进，如果变动后的结果使一些人得利一些人受损，若得利者所获大于受损者的损失，则此变动有效率。[①]这也就意味着原告收益要大于被告所受的损失。如果符合这一标准，那么：

$$P_1(1+N\%)D-C_1>P2(1+N\%)D+C_2,$$

即 $(P_1-P_2)(1+N\%)D>C_2+C_1$，$C_2+C_1>0$，值得一提的是，这一公式的前提条件是诉讼预期收益大于诉讼成本，合乎理性的原告选择进入诉讼程序，这就使 $P_1>P_2$。诉讼费用一般占诉讼成本的绝大比例，根据《诉讼费用缴纳办法》计算诉讼费用，其远比原告胜诉可获得金额低。根据该公式可看出，N 值越高，效率值越高。N 值存在上限，不可能无限增长，因为法官行使释明权的范围受法律规制。鉴于此，适用速裁程序应当适当弱化当事人主义，融入协同性因素，使当事人对特定事项进行辩论，以求在司法资源有效配置下，发挥法律规制的最大作用。站在法经济学视角观察，“利之所存，法之所在”，当事人追求的利益不同，原告急

① 冯玉军：《新编法经济学：原理 · 图解 · 案例》，法律出版社 2018 年版，第 84 页。

于解决纠纷获得救济，大多期望法院对案件迅速裁决，而被告不愿承担责任并不急于庭审裁决，即使是法官也有利益动机，如减少司法资源浪费、避免判决有失公正及服判息诉率低等。协同性当事人主义可以均衡各方利益，不仅可以利用原被告之间的对抗关系使案件事实逐渐明晰，也可利用法官诉讼地位和能力牵制当事人，促使其满足需求的同时推动诉讼活动进程以实现司法效率。

（二）强化现代庭审理论运用——重点强调法官释明权行使

当事人主义的强度和法官地位强化经过历史演进实则存在客观规律，但也受主观司法实践状态的影响。以德国民事诉讼法的发展为例，从日耳曼部族法时期实行的当事人进行主义到法兰克王国时期诉讼程序对法官地位的强化，再到教会法时期法官在简易程序中对诉讼控制权的进一步增强，进而到普通程序形成和改革时期法官职权再次得到强化，取消当事人进行主义。[①]德国民事诉讼法统一时期，1877 年《德意志帝国民事诉讼法》赋予当事人对诉讼程序的绝对控制权。[②]这一规定也使法官处于过分消极的地位导致诉讼拖延问题严重，民事诉讼理念开始于 1898 年改革时期转变，不再对当事人放任自流。1909 年修订中，初级法院正式废除当事人进行主义，随后 1924 年以及 1938 年改革着重强调职权主义，2001 年改革包括增强法官指挥职能等内容。从上述德国民事诉讼法的发展历程和改革来看，当事人对程序的控制权和法官职权的强度随着时间的推移皆呈现波形波动，两者交互，并存在此涨彼伏之关系。同时也能够看出，法官职权强化达到特定值时，民事诉讼理念发生转变，转向强调当事人在诉讼中的主导地位。当事人主导强度达到一定限度时，又开始强调法官的诉讼地位。且根据司法实践显示，强化法官职权的同时伴随司法效率的提升。根据此趋势，可以大胆假设，在推崇当事人主义以及法官存在巨大积案压力的当下，当事人主导地位的强度已然接近特定值，按照客观规律，有意识地强调法官能动性是形势所趋也是必然结果。

（三）明确速裁程序价值定位——效率优先

速裁程序的建立并非犬儒主义哲学下盲目将其合理化的“存在即合理”，它是

---

① 廖中洪主编：《民事速裁程序比较研究》，厦门大学出版社 2013 年版，第 30—32 页。

② 陈国庆、王佳编著：《外国诉讼程序》，江苏人民出版社 2015 年版，第 85 页。

在民事诉讼案件爆炸式增长背景下，为提高司法效率有意简化诉讼程序之不断进化的结果，符合社会公众对司法维权路径日益增长的需求。保障司法公正也是衡量司法效率的重要标准，鉴于此，笔者认为在速裁程序中兼顾效率和公正并进以达到最优的状态应为：在速裁程序中不失司法公正地保障当事人的辩论权、处分权。首先，应当理解其限定条件即所谓的不失司法公正为何意。不失司法公正从正面分析是要保障当事人申请回避、上诉等基本诉讼权利，但从反面切入意味着当事人的一些法定权利将受到限制。有学者可能做出这样的等量关系，即提升司法效率意味着庭审时长和周期缩短，这将影响法庭辩论环节的时长，导致当事人行使辩论权的机会减少，以至于影响司法公正。这种单向式的逻辑推导实则是对保障司法公正以及不同因素间的关系认识存在误区。虽然当事人能否充分行使辩论权这一变量会影响司法公正，但其不是唯一的决定性因素，且辩论机会的多少、时间的长短不能等同评价辩论权是否行使充分，因此当事人行使辩论权机会减少并不必然导致司法公正落空。其次，在此理解基础上，应当正确认知效率价值在速裁程序中占首要地位，不是将其与公正对立，更不是牺牲程序正义价值，只是在以民事速裁程序为主导的事实下，程序正义的实现有限度。速裁程序中强调效率价值符合建立速裁程序的目的，且效率是衡量司法体制改革成效的关键变量。不能过分执着于个案的公正，否则将造成其他案件因庭审拖延等产生更多的司法不公。

利用帕累托最优理论，可以验证速裁程序以效率价值为首位的效用。设横轴和纵轴分别表示司法审判的公正和效率价值程度。根据效率和公正两个变量形成图中 AD 线，表示可能性结案量。PB 和 PC 分别表示效率和公正不同比例下结合的案件结案的产出量，如图 1 所示。

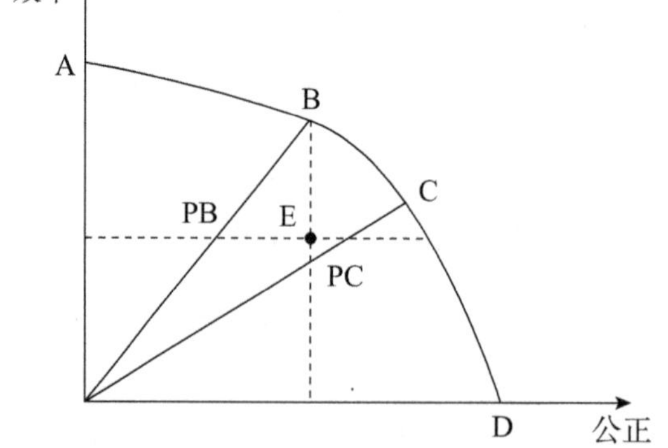

图 1　伴随效率和公正比值变化的可能性案件结案量

假设案件审理实然的效率和公正价值结合比例由图中点 E 表示，观察其所处的位置可发现，案件审理中效率与公正间的比重不可能绝对平等。从效率视角来看，AD 线上的任意一点都比点 E 状态更好。例如点 E 向点 B 或点 C 移动，效率和公正价值都有所提升，这种移动都属于帕累托改进。图中显示案件结案的产出量 PB>PC，说明同一时间段庭审中效率占比大总比公正占比大的案件结案量高。速裁程序中效率价值优先，具有经济合理性。稀缺性法律资源已无法满足群众对纠纷解决日益增长的需求，但速裁程序的建立恰恰能够缓解这种法律资源供给不足的问题。

四、经验事实基础上民事速裁程序问题之应对

（一）精准区分速裁和其他诉讼程序——突出区分条件

从现行立法角度观察，并没有可以作为精确区分速裁程序和小额诉讼程序、简易程序的标准。这一标准的欠缺导致本具有层次性的诉讼体系边界模糊，常被法官同化适用，埋没了速裁程序从简从速的价值。为缩短繁简分流工作应然与实然状态的差距，应当设定明确的区分标准，以便精确地将不同案件转入适当的程序，提高民事诉讼庭审的效率。小额诉讼程序属于简易诉讼，两者之间至少有数额标准作为区分条件，速裁程序和其他程序之间的区分则可以从程序适用案件之相关规定着手。《民事诉讼法司法解释》第 256 条对所谓事实清楚、权利义务明确、争议不大作出了解释。在此基础上，速裁程序适用条件应当严格理解，围绕案件事实设置可区分的条件。一是案件主要事实没有争议。以民间借贷纠纷为例，双方当事人对本案涉及的本金数额没有异议，而被告对原告提出关于利息数额有异议的案件可以适用速裁程序。倘若被告对本金数额这种主要事实存有争议，则应适用小额诉讼程序或者简易程序。二是当事人对事实的争议不是存在与不存在的问题，而是金额计算方式等存在争议导致数额差。以离婚后财产纠纷案件为例，双方当事人对案件标的，如房屋为夫妻共同财产这一性质并无异议，但对财产分割比例存在争议，可以适用速裁程序。若当事人对该房产性质存有争议，一方当事人认为双方离婚时对方已经将该房屋赠与自己，另一方当事人持有异议，认为房屋贷款尚未还清，房屋产权也未作变更，因此主张该房产并未实际赠与，应当作为夫妻共同财产依法进行分割，这种案情下不应当适用速裁程序。通过这两个

区分条件判断是否适用速裁程序，也能够实现帕累托改进[①]。

（二）遏制不经济性——以司法实务问题为导向

前述针对适用速裁程序的案件进行类型化分析，总结出司法实务中的不经济现象。借鉴域外经验容易，但法律制定的成本及实施成本可能限制立法选择的空间，以至于速裁程序未能发挥最大价值，甚至产生消极的运作反应。目前，关于速裁程序的法律供给尚不能满足社会需求，短期内因司法环境稳定，法律的边际成本[②]会因法律制定和实施的量增加而减少直至达到特定值，反之亦然。为此面对法律稀缺环境应当对速裁程序明确规定，以减少法律边际成本。此外，根据适用速裁程序的案件判决所显示出的实务问题也应当提出对策。

（1）从法官绩效考核机制入手。民事速裁程序的法律空白使法官适用速裁程序时不用受当事人监督，也使法院对此拥有显著的自由裁量空间。这就难免使速裁程序价值发生异化，法官一味追求效率而创设性拓展速裁程序的受案范围，使这一程序变相成为解决案件积压问题的合法渠道。鉴于此，应从影响法官裁量选择的利益动机——绩效考核机制入手。通过平衡考核内容之间分值的相互牵制，遏制存在促使法官偏向性选择的可能。被列入考核内容的办案质量和办案效率应当占同样比例，办案数量分值所占比例不得超过总考核的50%。对于错误适用速裁程序，可能影响案件正确判决的，扣分力度应当增加，且不限于其所属考核内容的总分值。这种方式正如从法经济学视角分析，经济性犯罪适用罚金刑更有效率是同一逻辑。针对考核机制导致速裁程序滥用采取的措施应当考虑成本效益问题，力求以最小的支出实现最大限度的遏制效果。

（2）由法官助理兼职程序分流员，具有经济合理性。审前将案件繁简分流转入相应程序是设置程序分流员的主要职能，也是为提升司法效率而采取的具体举措之一。根据起诉状直接作出初步判断难免出现错误程序分流，将争议较大或案情复杂的案件转入速裁程序，站在经济理性的视角，只有在产生的收益大于管理成本时，审前案件程序分流机制的存在才具有合理性。此处产生的收益是指程序

---

① 帕累托改进是指如果资源配置情况发生变动后，至少可使一个人的好处增加，且他人不会受到损失，则此变动具有效率。参见冯玉军:《新编法经济学：原理、图解、案例》，法律出版社 2018 年版，第 83 页。

② 法律的边际成本，是指制定、实施某种法律权利和规范而支出的额外或增加的费用。参见李珂、叶竹梅:《法经济学基础理论研究》，中国政法大学出版社 2013 年版，第 104 页。

分流正确促使效率提高和节省司法成本产生的法律收益，管理成本主要包括上诉的成本、错误判决造成的社会损失等。要使程序分流产生的收益大于管理成本，由法官助理担任程序分流员较为妥当。法官助理不仅具备专业能力，事务处理能力也在任职期间不断提升，一职承担多项职责也是司法资源优化的表现。鉴于此，更可合理地假设其分流案件的正确率极高，且正确率会随长期经验积累呈递增趋势，这就使收益远大于成本。如果专聘人员负责，不仅会增加法律运行成本，还要承担前期正确率低使成本大于收益的风险。

（3）突破程序限制，使庭审全流程简化。法官应当转变传统庭审理念，突破法庭调查、法庭辩论等程序的局限。实际上，我国法庭调查和法庭辩论的划分本就存在不合理性，法院进行调查时离不开当事人之间的辩论，当事人质证实则也是辩论的一种形式，如此明确划分本就没有必要，法官不应机械地理解和运作。关于这一点《通知》第 21 条就已提及，法院应当贯彻落实。当事人口头或书面表示不需要举证期、答辩期时，法院可以径直召开庭前会议。去除形式化流程，在庭前会议阶段当事人已经确认的事实和证据，在庭审中简单说明后，可以省略举证和质证，除非当事人又提出不同意见。对于符合适用速裁程序条件的案件可基本忽略法庭调查和法庭辩论等程序，如若存在争议则调查和辩论程序可同步进行。对于当事人的诉讼权利直接在庭审前以书面形式告知，开庭审理后不再当庭宣读。庭审直接围绕以证据交换、诉讼请求为基础归纳的争议焦点进行，使双方当事人有效率地充分行使辩论权。需要证人出庭作证时可利用新型庭审参与方式，利用远程传输技术询问证人，并将通话内容记录于法庭笔录中。

（4）重视庭前会议，促进审前和解与调解。发挥庭前会议的功能也是《最高人民法院关于进一步推进案件繁简分流优化司法资源配置的若干意见》中的一项任务。我国《民事诉讼法司法解释》第 225 条确立了庭前会议，这部分的内容借鉴了美国民事诉讼程序中审前会议制度，但不知何种原因，庭前会议并未完全得到法官的青睐，有时形同虚设，加上根据本解释第 224 条的规定，是否召开庭前会议属于法官的自由裁量权，这就使庭前会议的利用率并不高，导致其提升庭审效率之设立目的落空。在庭前促进当事人通过和解或调解的方式解决纠纷，将大大减少法律成本，提高法律收益。①既然借鉴域外制度，必应取其精华，弃其糟粕，在深入理解的基础上进行本土化构建，以避免仅借鉴其制度的表象，而未汲取其

① 李珂、叶竹梅:《法经济学基础理论研究》，中国政法大学出版社 2013 年版，第 236 页。

设立的思维导向。笔者对此提出以下设想：第一，适用速裁程序，人民法院应当召开庭前会议，剔除该方面法官的自由裁量。会议具体事项由法官决定但必须包括归纳争议焦点，围绕争议焦点进行速裁审理，由此加大效率提升力度。庭审会议形式简化，由法官助理作笔录，该笔录与法庭笔录具有同等法律效力。第二，加强法院对庭审会议的监督与管理，会议流程由法官掌控。此处突出法官的能动性目的是避免我国庭前会议步1938年《美国联邦民事诉讼规则》第16条由当事人为主导导致审前程序被滥用之后尘。第三，推崇庭前和解、调解理念，将组织当事人和解和调解作为庭前会议的功能之一。[①]假设结果是相同的，私力救济必然比公力救济的成本低。像美国案件和解率极高，进入庭审阶段的案件不到5%。[②]由于经分流转入速裁程序的案件本就属于争议不大、权利义务关系明确的简单案件，能够在庭前得以解决更能够节省司法资源。我国调解包括诉前调解和诉讼调解，司法实务中当事人最后陈述后，法官询问双方是否愿意调解已成惯例，正如前述民间借贷纠纷案［（2021）桂1381民初188号］，庭审即将进入当庭宣判程序，经由法官询问，当事人愿意调解。笔者认为应当灌输当事人“调解前调”的诉讼理念，与其在经过一番庭审流程后再组织双方当事人庭后调解，不如尽可能在庭前解决，更节省诉讼成本。实务中法官询问当事人是否愿意调解或和解多数流于形式和表面，只要有一方当事人不愿调解则立马进入诉讼程序，法官此时过于消极的地位难免使诉前调解闲置。虽然调解与和解应当本着当事人自愿原则，但法官也可在诉前调解阶段适当发挥能动作用，但在庭审即将结束阶段，当事人一方仍不愿意调解的，则可直接当庭宣判，法官无需劝导。这并非意味着将纠纷解决的重心置于庭前，也无法将各自功能发挥至最大值或完美值，而是试图在庭前会议和速裁程序相结合的范式下，发挥1+1>2的功能价值。

（5）明确速裁程序的其他事项。第一，明文规定可延长审理期限。这一举措完全是为了缓解速裁程序适用与审理期限之间的尴尬关系，避免法官受绩效考核之利益驱动将不能在审理期限内审结的速裁案件转向普通程序。第二，明确举证期限、答辩期间。为实现速裁程序比小额诉讼程序更简化的应然关系，速裁程序的举证期限、答辩期间应短于小额诉讼程序，可分别为一般不超过三日、最长不超过七日。第三，明确是否实行一审终审。比如，小额诉讼程序，《民事诉讼法》

---

① 章武生主编：《个案全过程新论——以集中审理为中心》，复旦大学出版社2020年版，第21页。

② 陈国庆、王佳编：《外国诉讼程序》，江苏人民出版社2015年版，第35页。

明确规定实行一审终审。速裁程序若不适用一审终审，则难以体现其诉讼成本的低廉性，但是如果规定其实行一审终审，基于小额诉讼程序运作的效果可预测将产生其他风险，该风险主要集中为当事人的救济方式。目前司法实务中，法院对于适用速裁程序的案件受理上诉，但笔者认为基于速裁程序从速的特性理应实行一审终审制。一审终审意味着当事人无法走上诉途径，因此要么信访要么申请再审。信访并不能有效使当事人获得救济，再审的运行成本也较高，且得到救济的概率也不大。为规避风险解决当事人救济问题的同时降低诉讼成本，可另辟蹊径。借鉴日本小额诉讼程序中当事人救济及处理方式，赋予当事人异议权，异议申请的方式、期间等参考我国《民事诉讼法》关于执行程序中异议的规定。简言之，当事人对判决不服时，可以向作出该判决的人民法院提出书面异议。人民法院自接收书面异议之日起七日内审查，理由成立的，诉讼将恢复至案件审结前的状态；理由不成立的，则裁定驳回。

（三）规制速裁程序适用——从司法解释至立法规定

对速裁操作规程的相关规定应当从《通知》这一法院规范性文件转移至司法解释层面并进行具体规定，使速裁程序具有合法依据，促进各地方法院形成统一。对于当事人而言，经利弊权衡并不愿意适用速裁程序，原因在于提高效率的背后难免以牺牲当事人的部分诉讼权利为代价。对于法院而言，在享受速裁程序带来效益的同时，还应关注规避风险。适用速裁程序的风险主要源于实务中法院启动速裁程序的强制性适用，法律也未规定赋予当事人的救济途径。这一规定的缺失，短时间内将导致上诉率升高。为缓解司法效率和上诉率之间的紧张关系，同时保障当事人的诉讼权利，应当授予当事人程序选择权以及速裁程序适用的异议权。程序选择权是保障当事人程序主体地位的表现，对适用普通程序的案件可明文规定允许当事人约定适用速裁程序。这一规定实际上建立在速裁程序前期运行效果良好，且逐步被当事人接受的预想之上。当事人的程序选择权也应被加以限制，第一，即使当事人双方合意选择适用速裁程序，但法院认为该案件不宜适用速裁程序审理的则可不适用。如此规定同《最高人民法院关于适用简易程序审理民事案件的若干规定》第 1 条、第 2 条关于简易程序适用范围的规定，同理，法院对是否适用速裁程序也有权予以审查决定。这也主要基于对当事人诉讼能力的考虑，避免案件复杂仅依据当事人合意强行适用速裁程序影响司法公正。第二，对依法应当适用速裁程序的案件，当事人不得约定适用其他程序。这种限制是基于法律成本的考虑，尤其是公共成本。当然，同一般性规定，一审适用速裁程序审结的案件，二审人民法院依法可以适用书面审理。

关于当事人享有的异议权可参考小额诉讼程序的异议规定，当事人对案件适用速裁程序持有异议的，应当在开庭前提出，开庭后提出无效。人民法院对此进行审查，异议成立的，适用小额诉讼程序、简易程序或普通程序的规定审理；异议不成立的，则告知当事人，并记入笔录。如此规定，目的有二：一是降低法律成本。与其使“本案件不应适用速裁程序”的这种异议作为上诉事由出现在上诉状中，不如将其在庭前解决。二是形成双重保障之案件分流机制。所谓双重保障案件分流，是指程序分流员将案件转入速裁程序后，因当事人异议权的行使，再由人民法院对案件是否应适用速裁程序进行审查，审查后要么继续适用要么转为其他程序的分流。如此规定，能够最大限度地将案件错误转入速裁程序的概率降低，以避免司法不公或司法资源的浪费。此外，应当将错误转入速裁程序的复杂案件列入可转入普通程序的情形，经庭审更能使案件事实逐渐明晰，一旦发现案件复杂程度并不适宜适用速裁程序，应当及时转入其他程序。总体而言，因司法资源稀缺无法满足人们日益增长的对民事纠纷解决的需求，效率价值取向被人们认同，为此在规制速裁程序适用的同时又要保障其适用率，应当将速裁程序规程相关规定的效力从司法解释再进阶至立法层面。如刑事速裁程序已然于2018年修订《刑事诉讼法》时被法治化，单独成节。鉴于此，将速裁程序规定于《民事诉讼法》中则具有可行性。当事人保障诉讼权利有法可依，也有望使速裁程序被当事人广泛接受。法院如何适用速裁程序也更为明晰，以最大化实现司法公正。

五、结语

本文以速裁程序为核心内容，揭示了其在法律空白现状下凸显出的司法实务问题，并在此基础上提升至理论层面。现有稀缺性法律资源尚不能满足社会公众日益增长的诉讼救济需求，而速裁程序的建立恰恰能够提升司法效率，降低法律成本，被当事人认同。但要充分体现速裁程序从简从快的特点，将效率价值发挥得淋漓尽致，必须对速裁程序适用时存在的与其他诉讼程序边界模糊、具有不经济性、适用不当等问题作出有针对性的回应。为避免埋没速裁程序、小额诉讼程序、简易程序这种分层次的诉讼救济体系，应当限定速裁程序的适用范围，以作为其与不同程序适用的区分条件。一是主要案件事实没有争议，二是争议的事实仅是存在数额差异。解决程序的不经济性应重视庭前会议，去除庭审中的形式化流程，突破法庭调查、法庭辩论等程序的限制，直接围绕庭前归纳的争议焦点进行审理。深究速裁程序容易被滥用的主要原因，从规避利益动机的角度对法官绩效考核机制予以调整。一般来说，司法解释依赖于法律规则，但由于立法成本较高，对速裁程序尚不能完全把握，可以考虑暂且从司法解释的层面对速裁程序使用以及其他规程进行规定。从经验事实的表面深究，从速裁程序问题入手以呈现更深层的用意，即在民事诉讼体制改革的背景下推行协同性当事人主义。从德国民事诉讼的发展历程和改革内容来看，当事人对程序的主导与法官职权的强化都是达到一定值时发生上升或下降的波动。在速裁程序中强调法官的诉讼地位，更能够实现效率价值，通过卡尔多—希克斯改进理论的验证，协同性当事人主义比当事人主义更具有效率。这一理论是在国外当事人主义理论基础上予以创新的，强调诉讼主体之间的协作以实现利益最大化。值得一提的是，速裁程序和当事人主义皆是借鉴域外经验并进行本土适用性调整的成果。为解决我国面临的法律问题，借鉴域外法学理论及经验并进行本土化建设似乎已然成为问题解决的常用公式。由于国情各异，理论适用过程中难免产生排斥反应，期待日后我国法学理论能够突破国外经验之桎梏，着眼于中国问题创设中国法学理论。

（**作者简介：**吴浩伟，女，1994 年生，汉族，中南财经政法大学博士研究生，主要从事诉讼法学研究）

三、
小额诉讼与审判辅助效率化改革

当事人在电子送达中的权利隐患与保障机制

——以知情权、隐私权、程序参与权为切入点

陈厚福

引　言

坚持以人民为中心是习近平法治思想的核心要义之一，要求把维护人民权益落实到全面依法治国各领域全过程中。电子送达受民事诉讼原则制约，程序正义、公平公正为其价值导向，以当事人权利为中心是其制度原理。破除电子送达制度中阻碍当事人权利实现的隐患，建立及完善权利保障机制，是坚持以人民为中心思想的重要体现。理论界关于当事人在电子送达中的权利隐患与保障机制的描述不多，是有待深入研究的领域。本文以当事人诉讼权利中的知情权、隐私权、程序参与权为切入点，通过分析影响权利在电子送达中实现的三个隐患，对症下药，寻找破除权利隐患的路径，从而建立完善保障机制，助力当事人实现在电子送达中的诉讼权利。

一、电子送达中的权利隐患

（一）知情权之“受损害”

当事人自身诉讼意识欠缺影响知情权的实现。民事诉讼知情权是当事人在诉讼过程中有权知晓、了解与其有关的、法律规定的权利、义务，包含案件开庭，诉讼中断、终止、终结等程序上的事务。大部分当事人不了解诉讼规则，对侵权问题的处理较为生疏，知情权得不到保障，进而影响后续诉讼阶段的实体权利，公平、公正的诉讼价值得不到实现。

《最高人民法院关于适用〈中华人民共和国民事诉讼法〉的解释》第135条规定“电子送达可以采用传真、电子邮件、移动通信等即时收悉的特定系统作为送

达媒介”，该解释仅列举了有限的电子表现形式，以即时收悉的特定系统作为概括。因此当事人知情权的电子形式来源没有固定，只要可实现对诉讼文书内容完整全面的转换与再现，便于当事人知悉诉讼信息的电子途径皆可作为电子送达的载体。虽然电子送达的高效率、便捷特点是当事人能够及时收到诉讼文书，了解案件信息的重要支持，但当事人知情权在电子送达中仍存在受侵害的风险。

系统漏洞、网络侵权问题侵犯当事人知情权。因为电子文书在送达途中存在毁损灭失的风险，电子数据在系统中产生、传播、存储的过程中也会面临内容丢失、被删除修改的风险，所以电子送达平台存在数据安全的问题。比如电子邮件遭受网络黑客的拦截或病毒影响，导致受送达人可能无法获取电子文书，或者所送达的电子文书遭到破坏或修改，使得受送达人收到伪造的电子文书；抑或由于网络故障或其他原因导致受送达人无法及时收到电子文书等。[①] 此外，系统异常、服务中断等不稳定因素也会影响电子送达效果，如送达延迟、未完成，文书内容不完整，内容与实际不符等，这些情形会影响当事人是否接收到诉讼文书、知悉内容，进而影响其知情权。

（二）隐私权之“不安全”

当事人隐私信息需规范管理。法院掌握受送达人的电子信息后，形成的是内部的司法数据库，涵盖每个案件当事人的个人隐私、经济财产利益信息，保存好当事人信息数据，需要完善网络数据安全保障。

电子送达系统安全技术待改进。电子送达系统与办案系统整合在一起，并非独立建构，存在安全漏洞，电子平台易受到网络攻击，当事人的隐私信息、案件信息有泄露风险。

第三方机构保存的当事人隐私信息面临潜在隐患。随着微信、诉讼专用邮箱、移动微法院 App 等电子送达形式的出现，即时通信软件运营商、电子邮件服务商、应用程序开发商等第三方机构参与到电子送达中。虽然各自服务内容、经验目的不相同，但是当事人的网络信息是交叉共享的，第三方机构在运营中会累积用户信息、网络数据，包括当事人的身份信息、经济财产信息等个人隐私及网络账户、地址。若第三方机构对信息保护不当，极易引发侵权行为，损害当事人的权益。

当事人的信息保护方式、条件有待完善。如互联网法院关于电子送达地址只

---

① 梅傲寒、陈德鑫:《区块链视域下电子送达的发展与完善》，载《社会科学家》2021 年第 5 期。

规定当事人电子送达地址的来源及效力，对保护当事人地址信息方面的规定不明确。[①]条文中只提到依法保护当事人电子送达地址信息，却没有具体明确的保护方式及条件要求。

当事人信息有被非法利用的风险。传统送达中，法院需要用到的当事人私人信息较少，相较之下，电子送达过程中的当事人信息运输与交换十分频繁，存储着当事人信息的网络空间面临着网络攻击、非法侵入等威胁，保存的当事人信息数据易受到破坏、泄露、修改。在技术层面，虚拟网络技术存在漏洞，人为难以把控，法院办案人员不是专业的技术人员，对大多数技术问题束手无策。因此，电子送达的利用率越高，其面临的技术安全风险也就越大。若当事人信息被他人用于其他违法犯罪活动，可能会引发包括隐私权在内的人格权、财产权的民事纠纷。

（三）程序参与权之“不稳定”

程序性权利保障亦不充分。根据《民事诉讼法》的相关规定，电子送达主要用于向当事人进行程序性事项的通知，实体性裁判文书无法进行电子送达[②]。之所以出现这样的规定，是因为裁判文书事关当事人切身合法权益，而电子送达平台由于技术和操作层面的原因，存在程序漏洞，当事人实体性权利有受侵害的潜在风险。相较之下，程序性的权利也应得到保护，其在电子送达中也面临着受侵犯的风险。比如，在电子送达的实践中存在他人代为接收、回复或系统自动回复的现象，当事人实际上并没有看到诉讼文书，不能知悉其内容，程序权得不到保障。

程序参与权受认定当事人同意与送达成功标准影响。当事人的程序参与权在电子送达中能否得到保护，取决于送达效果，而送达效果离不开认定受送达人对适用电子送达的同意与确认电子送达成功的标准这两个因素。因此，程序参与权与以上两个因素密切相关。

1. 电子送达的“同意”识别难度较大

认定当事人同意电子送达的形式、效力待明确。适用电子送达原则上应得到书面形式的同意，只有在特殊情况下，为保障当事人的诉讼权利才能推定适用电

①《杭州互联网法院司法文书电子送达规程（试行）》提到，电子送达地址以当事人提供为首要来源，以人民法院依职权调取为补充。人民法院对当事人的电子送达地址信息依法予以保护。

②《民事诉讼法》第 87 条规定，“经受送达人同意，人民法院可以采用传真、电子邮件等能够确认其收悉的方式送达诉讼文书，但判决书、裁定书、调解书除外”。

子送达。但是书面确认是否仅限于正式的纸质媒体，法律未明确。此外，非正式同意的意思表示，如当事人通过电话录音、短信、电子邮件等电子媒介作出的同意对适用电子送达是否有效，有待商榷。原告与被告在诉讼中不同的地位影响其在电子送达方面同意的认定。原告作为起诉者，认定其是否“同意”，在立案阶段、开庭阶段均可征询他的意见，签署相关确认的文件。如当事人进行电子注册时勾选同意的行为表现、当事人在地址确认书中勾选同意电子送达的表现，均是认定当事人同意电子送达的表现形式。与认定原告情况不同，在司法实践中认定被告是否同意电子送达确实存在难度。

第三方提供的被告电子送达地址有限，认定效力小，确定其同意电子送达难度大。在被告下落不明或故意逃避法律责任的情况下，法院收集到被告信息的途径是原告提供或其他单位部门协助调查，通过这些途径收集到的信息未经被告本人亲自确认，无法了解其对电子送达是否同意的真实意愿，通过他方获取的电子送达地址来对被告进行电子送达，是否违反自愿原则，送达法律后果、责任如何承担，难以确定。原告仅在其掌握的范围内提供被告的邮箱地址、微博账号等有限信息，若被告的电子地址不属实或无法完成电子送达，产生的送达风险和不利后果该如何承担？因此，识别被告是否同意电子送达是一大难题。

2. 电子送达的成功标准有待明确

确定电子送达成功的标准关系到正当程序原则能否实现。结合互联网技术创新与司法的关系，有学者认为电子技术应当保障司法公正，并明确提出司法为主、技术为辅的观点，以此作为电子送达改进完善的基本理念。[①] 民事诉讼正当程序原则强调司法的参与性，当事人程序参与权的充分行使是维护程序正义的关键。在电子送达有效告知的基础上，当事人可选择诉讼程序的开启、运行、终结，在诉讼中行使辩论、处分权利，对法院裁判进行实质性影响，这才符合正当程序的要求。因此，电子送达成功标准的认定关系着程序正当、实体公正。

关于电子送达的成功标准，学理上存在四种学说观点，即表示主义、发送主义、到达主义和了解主义。《民事诉讼法》对送达日期的确定采取“到达主义”，法条规定旨在提高送达效率，但却限制了当事人抗辩权利的行使，违背了程序正当原则，侵犯了当事人的诉讼程序参与权。

电子送达成功标准待明确。关于电子送达的生效时间，《民事诉讼法》及其

---

① 洪冬英：《司法如何面向“互联网 +”与人工智能等技术革新》，载《法学》2018 年第 11 期。

司法解释规定以“到达受送达人特定系统的日期”“人民法院对应系统显示发送成功的日期”为准。因文书进入接收系统与受送达人阅读文书的时间存在间隔导致在判断电子送达成功的标准上出现了到达主义和阅读主义。到达主义认为文书进入特定系统，法院的传送行为在技术上的完成时间节点为电子送达生效时间。阅读主义认为受送达人阅读文书后，法院的送达即完成，受送达人阅读文书的时刻就是电子送达的生效日期。在时间顺序上，文书进入接收系统这一行为要先于受送达人阅读行为的发生。对两者不同的判定，采用不同的认定标准，会影响对电子送达是否完成的判断，进而影响各方诉讼主体在民事诉讼中的权利行使、责任负担及风险分配。

从价值角度判断，阅读、了解主义是公正导向，到达主义是效率导向。影响认定电子送达是否成功的因素很多，包括送达媒介的特征、当事人的接收能力、学识素质水平、环境因素等方面，送达成功标准不明确，当事人权利受侵害的情形就难以消除。

二、电子送达中的保障机制

在电子送达中，我们应考量司法公平正义价值和信息技术带来的效率价值两者之间的平衡问题，“同时注意坚持以当事人为中心的发展理念”[①]。电子送达对司法起到的是辅助作用，受民事诉讼程序公正等原则的制约，应以程序正义为价值导向，尊重当事人的自由意志，依法保护当事人的知情权、隐私权、程序参与权等权利。

（一）保障知情权之建立强制锁屏提示系统、利用区域链技术分布式结构

通过强制锁屏提示系统，可解决当事人在电子送达中接收不及时，送达未完成，影响其知悉诉讼文书权利的问题。当电子诉讼文书进入当事人指定的接收系统时，法院可通过代码激活当事人的接收系统，在当事人的接收系统上强制锁屏提示。该举措可有效保证当事人接到文书的第一时间内知悉文书内容，保障其知情权。

此外，可利用区域链技术保障文书数据真实、完整。根据区域链的分布结构，

---

① 张兴美:《电子诉讼制度建设的观念基础与适用路径》，载《政法论丛》2019年第5期。

受送达人和各个法院均是区域链上的节点，文书从哪个节点发出，其他节点的法院或当事人都可证明这份文书确实存在及是否被修改过，保证文书的真实性。[①] 此技术可解决诉讼文书系统产生、传播、存储的过程中可能存在的内容丢失、被删改、毁损灭失导致文书信息不完整、与实际不符合的问题。

（二）保障隐私权之形成加密技术及方案

技术安全问题影响电子送达的顺利进行。电子送达对安全技术标准有一定的要求，包括：第一，机密性，用于传送文件的技术应当确保信息的机密程度，防止所发送的诉讼信息被拦截；第二，完整性，保证信息在发送过程中不被遗忘；第三，不可更改性，确保信息不被收件人或其他人私自篡改；第四，可识别性，发送者的身份能够被准确辨别出来，同时发送和接收文件的确切日期能够无可争议地保存。目前，解决技术安全问题是电子送达制度中面临的重要考题。

形成加密技术及应急预案可有效保护隐私权。首先，采用安全加密技术对电子送达平台系统进行加密，保证平台安全性，如代码识别、指纹确认、电子签名、人脸识别等技术。电子送达文书给当事人时，同时伴随着发送一段代码、电子签名、指纹按钮、人脸识别窗口给当事人。将诉讼文书存储到专门的接收系统中，当事人需要通过收到的代码、电子签名、指纹、人脸识别才能进入接收系统获取对应的法律文书。当事人进入系统获取并打开诉讼文书后，系统自动生成对应回执或标志反馈给承办法院，用以证明完成送达。其次，制定应急预案。针对电子送达中遇到黑客攻击、网络中毒等不确定的安全问题，提前形成专门的解决方案。当出现安全隐患及问题时，确保能在第一时间根据方案解决问题，减少对当事人隐私权的损害。

（三）保障程序参与权之应用区域链技术

1. 建立多样认定渠道识别“同意”

电子送达的适用以受送达人同意为前提，当事人同意法院向其电子送达文书，法院才可适用。这是尊重当事人意思自治，赋予其程序选择权，也是程序自由的体现。根据 2017 年《最高人民法院关于进一步加强民事送达工作的若干意见》第 4 条“人民法院应当要求当事人对其填写的送达地址及法律后果等事项进行确认。

---

① 梅傲寒、陈德鑫:《区块链视域下电子送达的发展与完善》，载《社会科学家》2021 年第 5 期。

当事人确认的内容应当包括当事人已知晓人民法院告知的事项及送达地址确认书的法律后果，保证送达地址准确、有效，同意人民法院通过其确认的地址送达诉讼文书等，并由当事人或者诉讼代理人签名、盖章或者捺印”之规定，电子送达的确认内容包含受送达人是否同意、电子地址、送达后果三个要素。当事人在了解注意事项后，仍同意签署地址确认书，确认电子送达渠道及地址，此为当事人意思自治，对适用电子送达“同意”的表现之一。

开设全国统一电子地址数据库，汇总当事人同意的电子送达地址。在最高人民法院指导下，收集全国各地法院系统案件当事人的信息，从一人涉多案、关联案、系列案等档案中收集同一个当事人的电子地址，及时更新录入全国统一电子地址数据库，以供各地法院的电子送达。送达人员在对当事人送达文书前，先在数据库查询、检索有效的电子地址，核对无误后，再向其发送诉讼文书。电子送达是首选，其他送达方式是次选。

在智慧法院、电子集约送达平台的基础上，与腾讯公司、移动、联通、电信等大型企业合作，共建电子文本、语音版本的电子送达“同意”渠道。根据自愿原则，结合我国通信实际情况，在实名制要求的情况下，当事人注册微信、手机号等通信软件、号码时，可自由选择注册协议的条款，在不违反相关法律法规的情况下，选择是否遵守协议约定的义务条款。鉴于此，法院可与腾讯公司、移动、联通、电信等大型企业合作，建立电子文本、语音版本的电子送达“同意”渠道，并将其纳入软件、号码的注册协议中，在尽到提示、告知义务的前提下，由当事人决定是否签署该协议，服从该条款。

此外，法院可与腾讯公司合作，建立智能化“同意”的微信小程序。通过微信使用人的外貌、语音、指纹等特征自动识别涉诉的当事人，使用人脸识别、指纹确认等身份确认技术来锁定当事人。身份确认后，再向其发送案件信息、电子送达地址的确认书，通过微信语音发送的功能，向其介绍案情，询问当事人是否同意电子送达，自动录入当事人的语音，若当事人同意，则识别其提供的电子送达地址。借鉴电子印章的原理，形成指纹印章，以此作为认定当事人同意电子送达的凭据。

2. 应用区域链技术可溯性确定送达时间、成功标准

区域链技术适用电子送达。对于区域链技术的运用主要集中在金融体系中，但事实上，区域链技术也可以在法律领域中发挥相当大的作用。目前对区域链的评价呈现出明显的两极分化态势，但大多数评价都忽视了其与法律进行恰当结合之后所具有的杰出监管作用。[①]区域链技术具有去中心化、信息不可篡改、可溯性、集体维护性、准匿名性的特征，利用好该技术的特征作用，可有效解决电子送达中遇到的送达标准问题。

区域链技术可确定送达时间，验证电子送达是否成功。考虑到电子送达对信息安全的需求，将区域链技术引入电子送达不仅可以解决电子送达中技术层面的问题，也能极大地促进电子送达立法的发展与完善，进而对我国民事电子诉讼产生积极影响。[②]区域链技术具有可追溯性、分布式等功能作用，其中的时间戳可证明法院在某个时间点确实做过此事，即向当事人发出过电子文书，也可证明当事人在这个时间节点确实收到了诉讼文书，还可证明其是否已打开查看该文书。因此，通过区域链技术可对电子送达的效果进行验证，也可明确电子送达时间。

（四）电子送达的救济机制

1. 完善补救措施，防止损害扩大

形成对应的救济途径，保护当事人的合法诉权。当事人因电子送达系统的安全故障导致无法接收文书时，因未能够及时得知完整正确的诉讼文书信息，进而错失参与后续民事诉讼程序中，诉权受损。由于过错不在当事人，因此诉讼责任不能归咎于当事人，法院应补救和恢复当事人的诉讼权利。若是因为电子送达系统中文书信息错误导致当事人发生误解而作出与真实意愿不符的诉讼行为，人民法院需及时纠正错误信息，告知当事人正确的文书内容，当事人可调整本身的意思表示，撤回之前错误的意思表示，防止诉讼权利受到进一步的损害。若当事人因为系统原因未收到诉讼文书而错过诉讼程序，法院可采用延期等救济途径，向当事人重新开放错过的程序，重新计算诉讼期间。此外，还要对当事人释明如此操作的原因，避免当事人误解，造成二次权利受损。

2. 配合调查取证，创建管理制度

首先，协助调查取证。因电子送达系统的安全问题导致当事人隐私、财产信息泄露，权利受侵害时，可结合网络侵权行为的特征进行分析。利用平台在信息

---

①[美]凯文·沃巴赫：《信任，但需要验证：论区域链为何需要法律》，林少伟译，载《东方法学》2018年第4期。

②梅傲寒、陈德鑫：《区块链视域下电子送达的发展与完善》，载《社会科学家》2021年第5期。

记录、管理方面的优势，为当事人提供线索，寻找证据，确定侵权行为的时间、地点，配合调查取证。若民事诉讼程序受到影响，法院应与当事人协商，调整及安排后续的诉讼阶段，保障当事人权利。其次，规范管理电子送达的运用。可结合当时风险防范和权利保障的要求，对电子送达各方主体制定有序的制约机制，管理有关权限。如强化当事人信息的收集、流转、利用，对收集标准、流转程序、利用方式等进行具体细化，规范指导法院获取当事人个人信息、案件信息，明确当事人信息正当利用和非法利用的边界，防止当事人信息的泄露、曝光及过度开发利用，杜绝网络侵权行为的再次发生。最后，在电子平台上妥善保管当事人信息，按照涉密程度、案件类型等分层管理，配备监督员，制定监督办法，对该信息库进行管理。

三、结语

电子送达平台的系统漏洞、网络侵权、技术问题等隐患影响着当事人知情权、隐私权、程序参与权的实现。解决电子送达平台的权利隐患问题，需完善保障机制。首先，建立强制弹窗提示系统、利用区域链技术分布式结构可解决当事人接收信息不及时、送达未完成、文书数据不真实等影响知情权实现的问题；其次，通过加密技术及应急预案可有效保护隐私权；再次，与腾讯、移动等企业合作，共建电子文本、语音版本的电子送达“同意”渠道，同时建立智能化“同意”的微信小程序，可有效识别当事人是否同意电子送达及其电子地址，利用区域链技术可确定电子送达时间、成功标准，实现程序参与权；最后，形成对应的救济途径，配合调查侵权行为，创建管理制约制度是救济当事人诉权的重要机制。

坚持以人民为中心是习近平法治思想的核心要义之一，要求把体现人民利益、维护人民权益落实到全面依法治国各领域全过程中。用法治保障人民安居乐业，增强其获得感、幸福感、安全感。电子送达制度以当事人权利为中心，坚持程序公正原则，破除权利隐患，完善权利保障机制，依法保护当事人的知情权、隐私权、程序参与权，是公正司法增强人民群众司法获得感、幸福感、安全感的重要体现。

（**作者简介：**陈厚福，广西壮族自治区贵港市平南县人民法院法官助理）

突破与重构：大数据背景下电子送达制度研究

俞　巍　周　华　聂小兰　刘　梦

引　言

送达作为民事诉讼的重要环节，事关当事人知晓案情、应诉答辩等合法权益，也影响民事诉讼案件审判质效的提升。传统民事诉讼送达存在送达周期长、经济成本较高、送达效果不理想等局限，并逐渐成为制约民事诉讼质效的“瓶颈”。随着区块链、VR 技术、云计算等现代信息技术的实现和普及，人们的生活、工作越来越受到现代信息技术的影响，以大数据发展为契机实现高效、便捷、智能、现代的司法送达成为必需。电子送达，是指依托电子手段，生成、发送、接收、存储诉讼文书，实现法院与受送达人之间数据交互的诉讼活动。然而，尽管在实践中开始对电子送达予以关注，但我国至今未形成统一有效的操作规程，学界对此也没有更多的讨论。缺乏具体操作规程的指导，电子送达不仅容易陷入“难产”的境地，同时也容易失去社会公众的信任，严重阻碍其在我国的推广使用。如何科学地设计电子送达规则、优化全国统一电子送达系统，确保实务操作严格遵循制度设计的规定运作，是本文探讨的主要内容。

一、价值分析：送达的实践困境及电子送达的构建动因

（一）迫切需求：传统送达方式无法解决“送达难”问题

1. 解决“送达难”问题的现实需求

送达是民事案件审理过程中的重要程序事项，是保障人民法院依法公正审理案件及时维护当事人合法权益的基础。但在审判实践中，“送达难”问题正困扰着全国各地法院，受送达人下落难寻、逃避送达，甚至拒收诉讼文书的情形，已经不足为奇。[①]

---

① 参见田桔光：《破解送达难题的信息技术革新——以居民身份证为运转核心的电子送达系统构想》，载《全国法院第二十六届学术讨论会论文集：司法体制改革与民商事法律运用问题研究》，第 657 页。

如表 1 所示，近 4 年来，S 市法院公告案件数占案件总数的比例平均在 5% 左右，每年公告的案件都数以万计，可见送达问题已经成为阻碍司法审判的障碍。案件数量的递增性与司法资源的有限性之间的矛盾，决定了推行高效、便捷的电子送达是应然之举。让有限的司法资源最优化，提升送达效率、审判效能，是诉讼中亟需解决的难题。

表 1　2018 年至 2021 年 S 市法院公告案件情况

统计项目 / 年份	公告案件数（件）	案件总数（件）	公告案件数占案件总数比例（%）
2018	12526	203158	6.17
2019	34578	573369	6.03
2020	31899	583835	5.46
2021	29999	559969	5.36

2. 传统送达手段的弊端

相对电子送达而言，直接送达、邮寄送达、公告送达等传统送达手段存在不同的局限，阻碍了诉讼效能的提升。直接送达是指直接将起诉状、判决书等送交当事人，但很多被告联系不上。邮寄送达则依托中国邮政公司，向受送达人送达诉讼材料，该送达方法保证了送达的权威性、公正性，但由于邮寄地址不准确、电话打不通等原因，邮寄送达失败的比例很高，并且邮寄送达的在途时间较长，不利于案件的快速审结。公告送达主要依托报纸进行，可能导致当事人很难及时看到公告的情况，出现"送而不达"的尴尬情形。

（二）必然选择：信息化发展的趋势与电子送达的价值优势

1. 信息智能诉讼服务的必然趋势

现代信息技术的迅猛发展、普遍运用，使得高效、便捷、智能的诉讼服务成为必然的趋势。根据中国互联网网络信息中心（CNNIC）发布的数据，截至 2020 年 12 月，我国网民规模达 9.89 亿，互联网普及率达 70.4%。[①] 网络化、电子化、信息化已经成为社会大众当前重要的生活方式。一直以来，我国不断努力规划和推进国家电子政务工程的建设，早在"十一五"发展计划中，就已将法院信息化建设列为重要部分。电子送达是智慧法院建设的一部分，是现代信息技术审判执

---

①《第 47 次〈中国互联网络发展状况统计报告〉》，载国家互联网信息办公室网站，http://www.cac.gov.cn/2021-02/03/c_1613923423079314.htm，2021 年 10 月 25 日访问。

行力的重要体现，电子送达方式的运用是现代信息技术“红利”的释放，其不仅提升了审判工作的便民性、效率性，同时也保障了当事人的诉讼权利。

2. 高效、精准、便捷与程序保障的价值优势

（1）高效价值。与传统送达方式不同的是，电子送达只需用手指点击鼠标就能发起，一次发起可以附开庭传票、民事起诉状等多份诉讼文书。当事人可以通过手机、电脑、平板等设备接收，并能多次查阅和下载，实现了“一键式”送达。[①] 电子送达实现了让现代信息技术“多跑路”，避免了重复送达和受送达人当面确认的不便，大大缩短了送达周期。法官也可从送达等事务性工作中解脱出来，将更多的时间和精力用在案件事实认定、法律适用等审判核心工作中。

（2）精准价值。电子送达可以实现时间和空间两重维度上的精准送达。从时间上讲，送达可以将完成送达的具体时间确定至分秒。从空间上讲，电子送达可以将法律文书精确送达受送达人本人，而不会受送达主体所在物理空间的限制。精准送达的意义在于，减少了公告送达的适用概率，保障了当事人的诉讼权益。

（3）便捷价值。电子送达易操作，简单方便。手机号码、传真号码、电子邮箱均属于社会大众在生活或工作中使用的通信方式或社交软件，法院只需通过内部电子送达系统向手机号码、传真号码、电子邮箱等发送诉讼文书，就可实现向当事人送达的目的。对当事人而言，接收电子送达的诉讼文书，与平时接收手机短信、电子邮件、微信信息等相差无几，无需额外学习新的操作方法。

（4）程序保障价值。首先，电子送达增加了“实际通知”的概率，发挥了程序保障的价值。[②] 复合运用邮件送达、短信送达、互联网平台送达等多种电子送达方式，为送达成功提供多重保障。其次，电子送达实现了从电子送达发起到送达回执存卷整个过程的留痕。每个送达节点都可以在系统中查询，使得送达流程更加规范，可以提升公众参与度，有助于构建开放、透明的司法体系。

二、实务考究：电子送达的现实运作分析

（一）电子送达的立法趋势及各地司法实践

最高人民法院早在 2003 年就出台了《关于适用简易程序审理民事案件的若干

① 参见朱明宇：《我国民事诉讼电子送达制度研究》，安徽大学 2019 年硕士学位论文。

② 宋晓阳：《论民事诉讼电子送达及其推进策略》，复旦大学 2013 年硕士学位论文。

规定》，在诉讼中首次引入电子送达程序。2012 年全国人民代表大会常务委员会表决通过修改《民事诉讼法》的决定，首次将电子送达纳入法律。2017 年最高人民法院出台了《关于进一步加强民事送达工作的若干意见》；2018 年出台《关于互联网法院审理案件若干问题的规定》，明确互联网法院应通过线上方式向当事人送达。2020 年出台《民事诉讼程序繁简分流改革试点实施办法》，对电子送达规则作出了相应规定（具体电子送达相关法律和司法改革变化见图 1）。

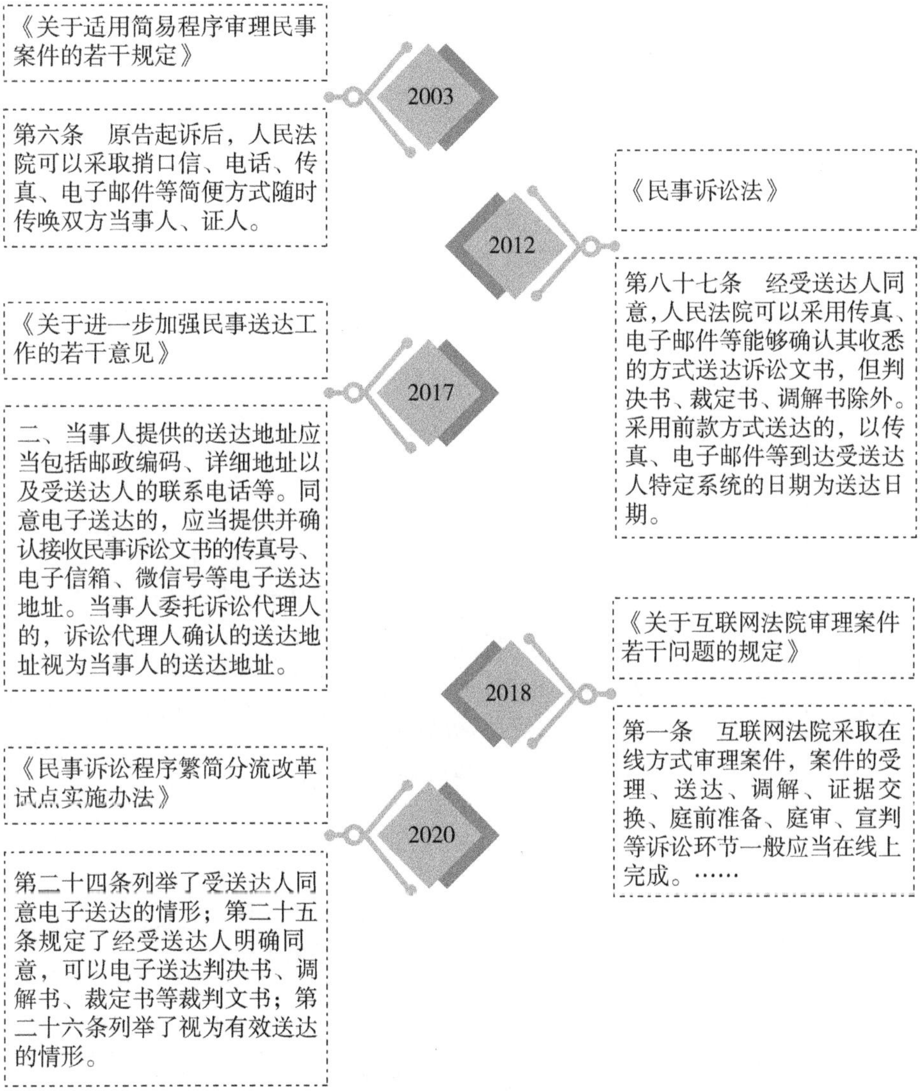

图 1　电子送达制度立法演变

以《民事诉讼法》电子送达条款为基础，各地法院在实践中积极探索电子送达，并制定了电子送达的地方规则，以下以部分高级人民法院和杭州互联网法院制定的电子送达规则为样本，就其主要规则要点进行列举比较分析（见表2）。

表2　部分法院电子送达规则重点条款整理

法院规则	上海高院	江苏高院	四川高院	陕西高院	杭州互联网法院
案件范围	一审普通民事、民商事、知识产权、金融案件，一审刑事自诉案件、民商事强制执行案件	民事、行政、执行案件	未明确规定	民事、行政、国家赔偿、执行案件	全类型
文书类型	案件受理通知书、应诉通知书等程序性诉讼材料	案件受理通知书、应诉通知书等诉讼材料	案件受理通知书、应诉通知书等诉讼材料	案件受理通知书、应诉通知书等诉讼材料	案件受理通知书、应诉通知书等诉讼材料，判决书，调解书，裁定书
送达时间的认定	中国审判流程信息公开网上到达时间、上海法院诉讼服务网上数字签名签收时间	当事人点击诉讼服务网上电子版司法文书时间	发送系统显示发送成功的时间	到达受送达人特定系统的日期	到达受送达系统的时间
送达地址的确认	填写送达地址确认书	登记立案时勾选同意送达并录入送达账号	律师在电子送达平台的专用账号视为默认电子送达地址	填送达确认书并载明电子送达账号、其他诉讼中确认的地址、诉讼材料中载明的送达电子地址	当事人确认的电子地址、调解或其他诉讼中确认的电子地址、协议中约定的电子地址、常用的电子地址、实名认证的电子地址等
送达平台	中国审判流程信息公开网、上海法院诉讼服务网（上海法院12368微信公众号）	江苏法院诉讼服务网	四川法院网上诉讼服务中心	全国法院统一电子送达平台	杭州互联网法院诉讼平台
其他	三个工作日内未签收且未回应视为无效送达		律师自行在电子送达平台实名注册	设立集约化送达中心	电子公告

由表 2 可以看出，我国对电子送达进行了多种有益的尝试。最高人民法院从宏观的角度肯定了电子送达的地位，并尝试性扩充了电子送达的范围。各地方法院则从微观规则层面对电子送达的相关问题进行了较为细致的规定。但目前国内仍未形成统一的电子送达标准，各地规定也存在较大的区别，适用的案件范围、文书类型等都有所差异。

（二）以 S 市法院电子送达实践为样本的分析

选取 S 市法院在电子送达实践方面的数据作为分析电子送达运行的样本。截取 2020 年 1 月 1 日至 2021 年 3 月 31 日的数据进行统计分析，其中 S 市法院每月使用电子方式送达诉讼材料的情况见表 3。[①] 为了更直观地了解电子送达近一年来的运行效果及变化，根据表 3 中的数据，选取“当事人同意电子送达数占案件总数比率”“当事人主动签收成功数占已电子送达案件数比率”“电子送达成功率”作为对比项，以折线图的方式呈现（见图 2）。（注：“符合电子送达要求案件”，是指有电子送达地址且当事人未明确表示拒绝以电子送达方式送达的案件。）

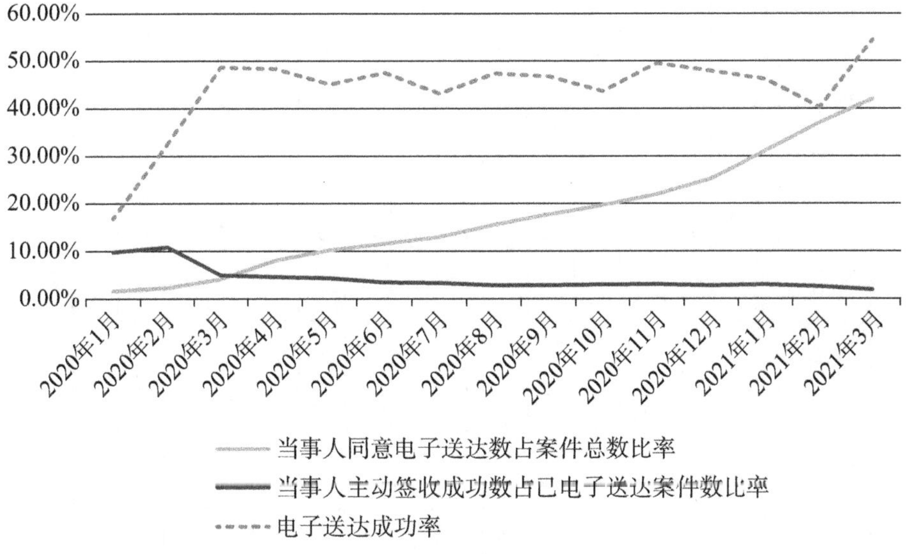

图 2　2020 年 1 月至 2021 年 3 月 S 市法院电子送达情况

① 该部分数据系通过 S 市法院系统数据统计所得。

表 3　2020 年 1 月至 2021 年 3 月 S 市法院电子送达情况

	案件总数（件）	当事人同意电子送达的案件数（件）	当事人同意电子送达数占案件总数比（%）	使用电子送达案件数（件）	当事人主动签收成功数（件）	当事人主动签收成功数占已电子送达案件数比（%）	电子送达使用比率（%）	电子送达次数（次）	电子送达成功次数（次）
2020 年 1 月	105536	1751	1.66	1324	130	9.82	1.25	1766	289
2020 年 2 月	95756	2203	2.3	1530	160	10.46	1.6	932	303
2020 年 3 月	112367	4659	4.15	3689	184	4.99	3.28	5536	2690
2020 年 4 月	131375	10606	8.07	9028	418	4.63	6.87	14850	7176
2020 年 5 月	142690	14600	10.23	12461	539	4.33	8.73	16579	7469
2020 年 6 月	134601	15567	11.57	12807	444	3.47	9.51	11443	5435
2020 年 7 月	137826	17875	12.97	14046	470	3.35	10.19	13127	5665
2020 年 8 月	144588	22505	15.56	17381	495	2.85	12.02	17820	8432
2020 年 9 月	141550	25086	17.72	18317	527	2.88	12.94	16197	7577
2020 年 10 月	137778	27107	19.67	17830	533	2.99	12.94	17292	7545
2020 年 11 月	136892	29981	21.9	17941	552	3.08	13.11	15779	7806
2020 年 12 月	124674	31401	25.19	17926	498	2.78	14.38	17064	8168
2021 年 1 月	120130	37322	31.07	18371	545	2.97	15.29	22232	10259
2021 年 2 月	125473	46489	37.05	21853	564	2.58	17.42	32382	14592
2021 年 3 月	135933	57018	41.95	28108	528	1.88	20.68	66687	36257

另外，为了能更清晰直观地表现电子送达使用率及送达成功率，根据表 3 制作了图 3，以“案件总数”、“电子送达次数”以及“电子送达成功次数”为对照组，将近五个季度的数据以柱状图的形式呈现。

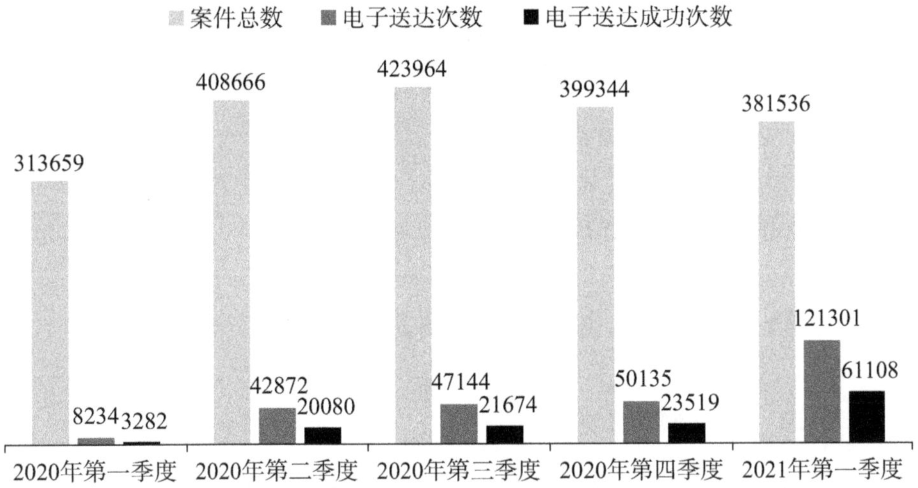

图 3　2020 年第一季度至 2021 年第一季度 S 市法院电子送达情况数据对比

根据以上数据，就 S 市法院在电子送达实践方面的情况作如下总结：

1. 当事人同意采用电子送达的比例逐月上升，近一年增幅较大

表格中的数据显示，2020 年 1 月，当事人同意电子送达诉讼文书的比例仅占符合电子送达要求的案件数的 1.66%，而至 2021 年 3 月，该数据已上升至 41.95%，增长近 40%，说明以电子方式送达文书已逐步推广，当事人的接受程度也迅速提高。这表明电子送达诉讼文书成为今后诉讼文书送达的主要途径有较理想的群众基础，随着时间的推移，当事人同意电子送达诉讼文书的比例预计会进一步提高。

2. 电子送达次数呈增长趋势，但占案件总数比例仍较低

图 3 的数据显示，电子送达的次数成倍增长，但是，电子送达的次数仍远远低于案件总数，电子送达还有较大的发展空间。需要阐明的是，案件总数是指案件数，其中一个案件中最少存在两个诉讼主体，即便每个案件的每个诉讼主体只使用一次电子方式送达，电子送达的次数也应是案件总数的两倍，因此，该柱状图的“案件总数”数据还应增长一倍，才与“电子送达次数”处于同一对比维度。

3. 电子送达成功率稳定，但送达失败的比例仍较高

折线图的数据显示，电子送达成功率自 2020 年 1 月、2 月大幅上涨后，便稳定维持在 45% 左右，直至 2021 年 3 月才突破 50%。由此可见，在当事人同意电子送达的前提下，电子送达失败率近乎一半，其中的深层次原因还需探索。

4. 电子送达成功的案件中，以系统自动签收为主，当事人主动签收的情况较少

电子送达成功分为当事人主动签收和系统自动签收两种情形，其中主动签收的比例自 2020 年 3 月以来便逐月下降，最终维持在 2%—3%。结合电子送达成功率来看，电子送达成功率上升并维持在 40%—50%，而当事人主动签收比例在不断下降，说明系统自动签收的比例逐步上升。

三、“瓶颈”探析：电子送达机制的运行困境

（一）电子送达制度之缺陷

1. 将“受送达人同意”作为电子送达的前提无法解决“送达难”问题

《民事诉讼法》等法律将“受送达人同意”作为使用电子方式送达诉讼材料的前提条件，但由于城市人口的流动性，一些当事人并不住在户籍登记地，尤其是农村地区，导致实践中“送达难”产生的主要原因为无法联系到被送达人。因此，若将“受送达人同意”作为适用电子送达的前提，则无法对该部分受送达人进行电子送达，也即无法解决“送达难”问题。若电子送达成为向受送达人送达司法文书的唯一路径，是否因为无法征得受送达人同意就阻断整个诉讼程序的继续开展。[①]“经受送达人同意”如何理解和界定，实践中是否能够突破，是需要法律进一步明确的问题。

2. 电子送达适用的案件范围、诉讼程序不统一

前文中列举的我国各地方法院关于电子送达适用的范围和诉讼程序的规定不尽相同，部分法院电子送达仅能在一审中适用，未包含二审、再审、执行、非讼等程序，部分法院则将所有诉讼程序都包含在内，不区分审级。适用的案件类型也各有不同，有的法院仅将民事案件列入电子送达的范围，也有法院将民事、商事、行政、刑事、知识产权、金融等案件均包含在内。规定的不统一导致当事人产生困惑，有

---

① 宋晓阳：《论民事诉讼电子送达及其推进策略》，复旦大学 2013 年硕士学位论文。

损法院权威，适用范围较小的法院无法充分发挥电子送达便利当事人的功效。

3. 电子送达适用的诉讼文书范围狭窄

考虑到裁判文书是对实体法律关系或重大程序问题进行的终局性认定，而电子送达手段不排除存在黑客篡改裁判文书的可能或病毒影响送达的安全隐患。《民事诉讼法》第 87 条将判决书、调解书、裁定书排除在电子送达的范围之外，最高人民法院于 2020 年 1 月 15 日发布的《民事诉讼程序繁简分流改革试点实施办法》扩大了电子送达适用诉讼文书的范围，判决书、裁定书、调解书同样可以电子送达，但是要以当事人明确同意为前置条件，并仅将南京、苏州、杭州等城市作为试点地区。随着信息网络模拟认证技术、数字信息加密技术的不断成熟、电子送达系统的不断更新，电子送达系统已经足够安全、快捷、方便，因此可加大放开的力度。①

4. 电子送达手段传统

当今社会，信息通信技术已经走入寻常百姓家，手机号码、电子邮箱、电商平台账号、微信账号等社交软件都被社会大众普遍使用，受众群体众多。但我国《民事诉讼法》仅列举了传真、电子邮件方式，其他方式均以等字涵盖，不利于实践中法院采用其他电子送达方式。特别是诉讼当事人的地域、行业、年龄、教育水平等方面不尽相同，其送达方面的需求存在着差异。②如何利用好现代信息技术，满足众多当事人的不同送达需求，是一个需要兼顾和关注解决的问题。

5. 确认送达的标准不一，差异性大

传统送达方式在程序上完全可以确认受送达人知悉送达内容的确切时间，但电子送达产生了送达完成标准的界定问题。实践中，有“阅读论”和“到达论”两种意见。③“阅读论”，是指当事人点击了（视为已经阅读）电子送达内容后便视为签收，又称为当事人主动签收。“到达论”，是指电子送达材料到达受送达人的系统或账号即视为签收，也称为系统自动签收。“阅读论”的优势在于可以明确当事人实际阅读了送达材料，保障了当事人的诉权。缺陷在于，若当事人长时间未点击阅读，将大大增加送达时间，不利于送达效率的提升。“到达论”的优势在于到达受送达人的系统就视为送达，较大提升送达效率，有利于法院及时进行下一步的诉讼程序；但如此便无法保证当事人接收到送达材料并实际完成了阅读，当

① 2021 年修正的《民事诉讼法》第 90 条已放开。——编辑注

② 参见王庚煜：《人民法院电子送达研究》，中国社会科学院大学 2020 年硕士学位论文。

③ 张卫平：《新民事诉讼法条文精释》，人民法院出版社 2012 年版，第 188 页。

事人极有可能忽略信息导致未真正送达。

（二）电子送达实践之难点

1. 送达主体身份难以校验

区别于电子送达，传统送达采取面对面的送达方式，受送达人通过对送达主体身份的核对，确认送达主体的真实性。而电子送达存在于虚拟空间，受送达人仅能通过虚拟空间的电子信息确定送达主体的官方性和权威性。[①] 例如，实践中，当法院通过电话方式与当事人沟通送达相关诉讼情况时，常有当事人因不信任拨打电话主体的身份而拒接、挂断，甚至将法院电话拉入黑名单的情形，不利于案件的进一步审理。

2. 传统送达手段与各电子送达手段的并行问题

《民事诉讼法》新增电子送达后，法院常采取传统送达与电子送达并行的方式。其中，若一个案件中有多个当事人，仅部分同意采用电子方式送达的，法院在给当事人送达相关诉讼材料时，既采用传统送达方式，又采用电子送达方式。另外，仍有法院因对电子送达掌握不够熟练，在实践中，一套材料两种送达方式并行，这种看似保险的做法实际上并没有减少法院工作人员的工作量，与电子送达提升送达效率的初衷违背。同时，多种并行的送达方式也导致送达日期难以确定。

3. 电子送达平台不统一

目前，上海高院依托中国审判流程信息公开网、上海法院诉讼服务网、上海法院 12368 微信公众号系统，江苏高院依托江苏法院诉讼服务网专用电子送达系统，四川高院依托四川法院网上诉讼服务中心，杭州互联网法院依托杭州互联网法院诉讼平台建立各省市诉讼文书电子送达专用平台。陕西高院将全国法院统一电子诉讼平台作为主要途径进行电子送达。由此可见，各地方法院使用的电子送达平台不统一，虽然我国已经建立了“全国法院统一电子送达平台”，但使用率并不高，这会导致当事人对法院电子送达适用平台和途径认识模糊，不利于建立法院公信力。

4. 电子送达方式的接受度较低

传统诉讼方式根深蒂固，法律工作者和广大民众对新兴事物的接受也需要

---

① 北京互联网法院课题组、张雯、颜君：《“互联网 +”背景下电子送达制度的重构——立足互联网法院电子送达的最新实践》，载《法律适用》2019 年第 23 期。

时间，因而目前电子送达社会认可度较低。全国法院系统电子送达适用比例较低，特别是一些处于偏远地区的法院，无论是技术水平还是民众意识都使得开展和普及电子送达困难重重，致使高效、便捷送达诉讼法律文书的制度设计初衷难以实现。

四、进路探寻：大数据背景下电子送达制度的具体构建

（一）制度保障：完善电子送达规则①

1. 扩大电子送达适用范围

限制电子送达范围的考量在于在电子送达失败给当事人造成的损害与电子送达成功获得的诉讼效率提高之间寻求一种合理的平衡，因此，如何最大限度地降低损害提高效率是确定电子送达范围的重要标准。区分电子送达的案件类型和审理程序实践意义不大，故应将电子送达的适用范围推广至全部案件类型和审理程序。至于电子送达的诉讼文书范围，也应随着信息化技术的成熟全面放开。但为最大限度地保障当事人的诉讼权利，应当区分不同情形下送达的文书类型：没有明确有效电子送达地址的情况下，仅能向当事人送达起诉状副本、证据副本、各类程序性通知书（应诉通知书、举证通知书等）等文书；有明确有效电子送达地址（含推定有效的电子送达地址）的，则除前述程序性诉讼文书外，判决书、裁定书、调解书、决定书、支付令等涉及当事人实体权利的诉讼文书均优先采用电子送达。

2. 明确送达效力判定规则

法院获取当事人通信地址的途径众多，但能作为电子送达地址的，则需要根据地址获取路径进行细化明确，从而确立不同的送达效力判定规则。

（1）以下几种情形获取的地址视为电子送达地址，法院向该地址送达的，信息到达受送达人系统的时间视为送达时间：

①在涉案纠纷发生前三个月内，当事人多次用以沟通的电子地址或纠纷发生前六个月内在其他诉讼或仲裁案件中提交的电子送达地址；

②案件审理阶段，当事人自行提供的，或在起诉状、上诉状、答辩状、申请书等材料中载明的电子送达地址；

① 附录中对电子送达规则进行了构建。

③当事人在其官方网站上或其他宣传界面上公示的，以及第三方平台承诺有效的电子通信地址。例如，国家企业信用信息公示系统载明的地址、电子商务平台留存的地址，企业送达地址告知承诺书上载明的地址；

④在全国法院统一电子送达系统中完成实名认证的账号；

⑤经当事人点击阅读后的电子送达地址。

（2）以下两种情形获取的地址，法院向该地址送达的，以信息被点击阅读后的时间为有效送达时间：

①法院通过其他途径查询获得的电子送达地址；

②其他诉讼参与人提供的电子送达地址。

3. 确立电子送达优先顺位

就受送达人而言，将诉讼阶段分为知悉诉讼活动前与知悉诉讼活动后（包括推定知悉的情形）。受送达人知悉诉讼活动前，因不知道诉讼活动的存在，适用电子送达可能由于不知情而不点击短信、不查看邮件等，导致送达不能，不利于保障当事人的知情权。因此，该阶段法院可通过自行查询获得的电子送达地址或其他诉讼参与人提供的电子送达地址向当事人送达诉讼文书。采用电子方式送达的同时，应当同步向当事人线下送达上述文书材料。原告作为主动提起诉讼的一方，不存在不知悉诉讼活动的情形，应以电子送达为原则，传统方式送达为例外。

在受送达人知悉诉讼活动后，则优先采用电子送达方式送达，当事人明确表示拒绝的，方采用传统方式送达。

4. 制定电子送达救济制度

当事人因电子送达致使诉讼权益受到损害时，可以向法院申请救济，但救济申请的提出必须在法定的诉讼时效之内，并由申请人承担举证非其过错导致电子送达失败的责任。区分不同送达失败的原因，当事人有不同的救济途径：

（1）由受送达人原因导致的，包括提供的电子送达地址错误、逾期未确认、拒绝签收等情形，应由其自行承担不利法律后果。

（2）由法院原因导致的，如逾期未点击系统、输入错误、系统延迟等情形，当事人有权查询电子送达系统的相关送达记录，若确由法院原因导致，应给予当事人另行送达、重新开庭等补救方式。

（3）由第三方运营商原因导致的，包括第三方运营商系统故障、黑客问题等，应由当事人申请，法院调取送达记录，若当事人确未收到诉讼文书等有关材料，应给予当事人救济途径。

（二）平台建设：优化全国法院统一电子送达系统

1. 建立电子送达地址大数据库

加大法院与掌握个人通信信息的三大运营商、各电商平台等第三方平台之间的联系。通过对接各运营商及电商平台的海量数据，运用数据分析精准锁定被送达人常用的电话和地址，甚至可以通过绑定的信息获知当事人的电子邮箱、QQ 号码、微信账号等信息，[①] 从而收集更多有效的当事人送达地址和联系方式，做到准确送达。应当注意的是，为保障当事人的个人信息安全，在协查当事人送达地址等信息时，应严格审查查询的必要性和范围。

2. 成立集约化送达服务中心

法院应成立全国统一的或以省、市为范围的、涵盖邮政公司参与的集约化送达中心。[②] 各审判部门在网上将送达的诉讼文书推送给集约化送达中心，再由集约化送达中心集中进行电子送达的后续操作。对于不能进行电子送达的，由集约化送达中心根据不同情形转为邮寄送达、直接送达。送达工作结束后，送达中心再及时将包含诉讼文书名称、发送方式、受送达人名称、接受地址信息、发送时间、到达受送达人时间等内容的送达工作报告在线反馈给审判人员。基本流程见图 4。

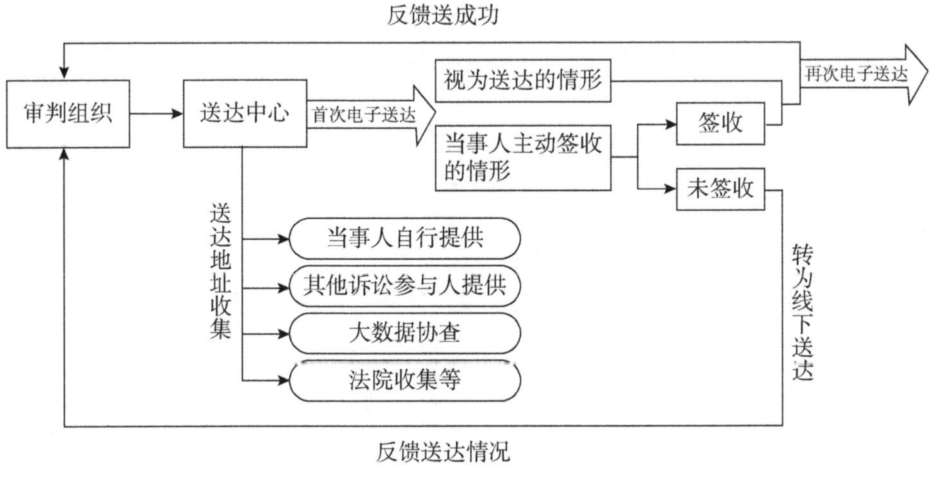

图 4　集约化送达流程

---

① 参见郑旭江：《互联网法院建设对民事诉讼制度的挑战及应对》，载《法律适用》2018 年第 3 期。

② 参见张海波：《甘肃省高级人民法院工作报告》，载《甘肃日报》2021 年 2 月 13 日，第 2 版。

3. 建立可校验的政务网站识别系统

法院送达要具有可识别性、唯一性和确定性，也即必须建立可校验的政务网站识别系统，便于当事人识别法院信息并及时作出反馈。例如，法院发出的送达短信要以唯一的标识和电话号码向社会公众公开，并提供可靠的真实性校验方式，全国电子送达平台要以政府官方验证的、统一的网站名和域名显示。[①] 另外，当事人可通过多种电子送达方式相互链接进行验证，确保获取真实有效的电子送达信息。

4. 创建全国统一多功能电子送达平台系统

将短信送达、邮箱送达、微信公众号送达、电话送达、第三方平台通信软件送达等多种送达方式集中于电子送达平台，根据电子送达地址收集情况及当事人需求以一键方式向多种送达地址送达。送达过程中，要时时跟踪送达情况，并将送达结果反馈至送达系统，以便案件主审法官及时掌握送达情况并安排下一步诉讼程序。

5. 推进和加强相关技术及设备的运用

法院的专门送达系统应在现有基础上进行升级并与腾讯、微软等科技公司合作，运用新兴的技术为电子送达保驾护航。[②] 如强制弹窗提示系统，在送达司法文书的同时主动发送特定代码以激活对方的接受系统而强制弹窗提示，接收方在使用该系统时能第一时间知悉送达内容。[③] 法院电子送达号码白名单制度，确保强制的网络优先通行权。电子签名技术，根据信息网络模拟的认证识别技术，完成当事人的身份识别等工作，确保送达的有效性。

（三）全面施行：加大电子送达方式的推行力度

1. 全国法院系统推广电子送达制度

法院内部更新诉讼文化观念，把普及信息化工作的教育培训与配置信息化硬件设备放到重要的任务当中。明确法院内部各部门职责，立案庭负责做好对当事人的宣传推介、信息录入等工作；审判管理办公室负责电子送达工作管理，制度

---

① 北京互联网法院课题组、张雯、颜君：《“互联网 +”背景下电子送达制度的重构——立足互联网法院电子送达的最新实践》，载《法律适用》2019 年第 23 期。

② 参见梁峙涛：《“互联网 +”时代下民事送达新路径探索——以实名制手机支付软件为核心的电子送达方式》，载《科技与法律》2019 年第 2 期。

③ 刘向琼、刘鸣君：《论我国民事诉讼电子送达制度的现状及其完善》，载《法律适用》2018 年第 3 期。

考评机制并协调各部门之间的工作；各业务庭负责在案件办理阶段做好电子送达的再宣传、信息录入以及文书电子送达配合工作；办公室、信息管理处负责电子送达的技术支持、后勤保障。

2. 加强社会宣传提高电子送达利用率

在适用电子送达方式时应及时充分做好电子送达的解释和指导工作，充分说明电子送达方式的优点、注意事项、风险等。派发电子送达相关宣传单、播放电子送达的宣传视频让当事人加深对电子送达制度的了解，从而接受这种新兴、高效的送达方式。

3. 优先在企业、律师等领域全面推行电子送达

实践中，大量案件是通过律师代理解决的，律师团体法律素养较高，群体大，对司法参与程度高。[①]律师对电子送达的参与程度深度影响着整个社会对电子送达的认可和参与程度。因此，应优先推动法院与全国律协的合作，强制登记注册的执业律师和法律工作者在电子送达系统中录入有效的电子送达地址确认书，个案未签署新的送达地址确认书的情况下，以律师在电子送达系统中确认的地址为有效电子送达地址。至于企业，应由市场监督管理局在国家企业信用信息公示系统中开设相应版块，新设公司时、变更企业信息时或填写企业年报时，可通过该版块强制填写电子送达信息或变更电子送达信息，并承诺对填报内容的真实性及有效性负责。

五、结语

现代信息技术的广泛普及和使用，使电子送达成为当前法院送达方式的大势所趋。2021 年公布的《中华人民共和国民事诉讼法（修正草案）》第 90 条已将电子送达的诉讼文书范围扩展至判决书、裁定书和调解书。那么，进一步完善和规范电子送达程序及明确电子送达效力的需求迫在眉睫。本文正是针对电子送达制度及相关配套措施的完善提供一点参考意见，以期能够对新的《民事诉讼法》及其司法解释的修订提供一点借鉴思路。

---

① 吴逸、裴崇毅：《我国民事诉讼诉讼电子送达的法律问题研究——以杭州互联网法院诉讼规程汇编为例》，载《北京邮电大学学报（社会科学版）》2018 年第 5 期。

附录：

司法文书电子送达规定（试行）（建议稿）

为进一步方便当事人诉讼、节约诉讼成本、提升互联网时代的审判质效，建设高效、便捷、智能、绿色的送达体系，根据《中华人民共和国民事诉讼法》及其他有关法律的相关规定，结合审判工作实际，特制定本规定。

第一条 【定义】司法文书电子送达是指区别于传统的纸质邮寄送达方式，由法院依托网络技术，采用手机短信、电子邮件、即时通信工具等将司法文书（包括当事人提交的诉讼材料）送达当事人和其他诉讼参与人（以下简称“受送达人”）的方式。

第二条 【适用案件范围】当事人未明确拒绝的，民商事、刑事自诉案件，以及民商事强制执行案件可以进行电子送达。

第三条 【送达地址确认】除当事人在送达地址确认书上主动填写的地址外，以下地址推定为电子送达地址：

（1）在涉案纠纷发生前三个月内，当事人一直通过该电子送达地址相互沟通的或纠纷发生前六个月内在其他诉讼或仲裁案件中提交的电子送达地址；

（2）案件审理阶段，当事人自行提供的，包括在起诉状、上诉状、答辩状、申请书等材料中载明的电子送达地址；

（3）当事人在其官方网站上、第三方平台承诺有效的或其他宣传界面上公示的电子送达地址；

（4）在全国法院统一电子送达系统中完成实名认证的账号；

（5）经当事人点击阅读后的电子送达地址；

（6）法院查询获得的其他电子送达地址。

第四条 【送达文件范围】可以电子送达的文件包括案件审理过程中生成的所有诉讼材料及当事人提交的诉讼材料。

第五条 【确认电子送达方式优先】除当事人明确拒绝电子送达或审判人员认为有不宜使用电子送达的情形外，应当优先使用电子送达。

第六条 【送达的效力】法院向当事人填写的电子送达地址或第三条中推定的电子送达地址送达诉讼文书、材料的，以信息到达受送达人系统的时间为有效送达时间。

法院向通过其他途径获得的电子送达地址送达诉讼文书、材料的，以信息被点击阅读后的时间为有效送达时间。

第七条 【送达时间】以多种电子方式送达的，先送达地址的时间为送达时间。

电子送达与线下送达同步送达的，先送达地址的时间为送达时间。

第八条 【全国法院统一电子送达系统】各地法院应在全国法院统一电子送达系统中进行电子送达。全国法院统一电子送达系统包含短信送达、邮箱送达、微信公众号送达、电话送达、第三方平台通信软件送达等多种送达方式。

第九条 【集约化送达服务中心】各法院可以在全面应用电子送达的基础上，通过服务外包等方式在集约化诉讼服务中心设立送达系统，集约办理送达业务。

第十条 【送达结果的反馈】受送达的媒介系统将送达情况向送达中心反馈，送达中心应及时将包含诉讼文书名称、发送方式、受送达人名称、接受地址信息、发送时间、到达受送达人时间等内容的送达报告在线反馈给审判员。

第十一条 【送达救济】当事人因电子送达导致诉讼权益受到损害时，可以向法院申请救济，但是救济申请的提出必须在诉讼时限之内，并由申请人承担举证证明。

第十二条 【规定的生效时间】本规定自公布之日起施行。

（**作者简介**：俞巍，上海铁路运输法院党组成员、副院长；周华，上海铁路运输法院民事审判庭庭长；聂小兰，上海铁路运输法院民事审判庭法官助理；刘梦，上海铁路运输法院民事审判庭法官助理）

"智慧法院"背景下民事初次送达的检视与完善

周　航

随着大数据、人工智能等新一代信息技术的发展，"智慧法院"的建设也在如火如荼地进行中。从中国移动微法院、智能语音录入、远程庭审到移动终端智能服务、失信被执行人曝光平台、司法区块链等，新科技手段在立案、审判、执行等领域均得以充分运用。2012年修订的《民事诉讼法》首次规定了电子送达，为新技术手段运用到民事送达提供了立法依据。电子送达方式极大地提高了民事送达效率，节约了送达成本，但却并没有解决民事初次"送达难"问题，从我国法院当前的送达现状来看，民事初次"送达难"问题依然十分突出。

一、民事初次送达的实践与改革

我国《民事诉讼法》规定了七种送达方式，并规定了采用这七种送达方式的先后顺序，即以直接送达为开始，公告送达为兜底的送达模式。民事审判实践中，为提高工作效率，通常会以邮寄送达为首选送达方式，也会根据个案情况首选其他送达方式。

（一）民事初次送达的实践

邮寄送达是当前法院民事诉讼最为常见也是使用频率最高的一种送达手段。以民事一审案件为例，案卷到达法官手中后，先要向受送达人送达起诉书副本、举证通知书、应诉通知书、证据等诉讼材料。法官会安排审判辅助人员根据原告在起诉书中列明的住所地向受送达人邮寄送达上述诉讼材料，三五天后查询到送达结果，并将送达结果标注在邮寄单上。邮寄送达的结果分为两种：一是邮件妥投，包括收件人本人签收，他人代为签收；二是邮寄未妥投，主要是收件人拒收、收件地址查无此人 / 单位、电话拒接 / 长期无人接听、收件人要求自取但长时间不取、收件地址长期无人/在外、收件地址欠详/有误/已搬迁等情形。对于妥投的，本人签收的标注好签收日期，他人代为签收的则要电话核实代为签收人的身份。对于未妥投的，除收件人拒收外，还需要进一步送达。[①]

就直接送达而言，对于本区域的直接送达尚可完成，但是对于外省市的直接送达则不仅费时费力，而且在当前案多人少的情况下难以完成，且外出送达也会受如疫情等突发情况的影响。在无法明确受送达人的固定住所时，强行留置送达有程序违法的风险。对于委托送达和转交送达，因目前并没有关于委托送达与转交送达的相关实施细则，这两种送达方式在司法实践中形同虚设。至于电子送达，在无法与被告取得联系的情况下，也就无法取得被告的同意，从而不能采用电子送达。在各种送达方式穷尽后，法官只能选择兜底的公告送达。

（二）民事初次送达之改革

因传统送达方式送达成功率有限，各地法院均在探索新的送达途径，如上海、北京高院与市场监管部门合作，出台了《关于推进企业等市场主体法律文书送达地址承诺确认工作的实施意见（试行）》，规定企业通过市场监督服务平台填写"法律文书送达地址"专栏，人民法院可通过该地址送达法律文书。此外，各种新技术新手段也在送达工作中得到运用，其中浙江、广东、重庆、天津等地法院均建立了集约化送达平台。以天津法院为例，2020 年 1 月，天津市高级人民法院印发《关于推行送达事务集约化改革的指导意见（试行）》（以下简称《指导意见》），开始在全市法院开展送达事务集约化试点工作。根据《指导意见》的规定，全市法院在诉讼服务中心设立送达中心，集中管理送达工作。除委托送达、转交送达、公告送达外，其他送达方式均由送达中心完成。

《指导意见》从八个方面就集约化送达的设立、送达地址确认、工作流程、送达方式等进行了详细的规定。其中重点对送达地址确认制度和电子送达、直接送达、邮寄送达、电话送达、公告送达五种送达方式作了具体要求。其特点在于：一是树立全市法院"一盘棋"思想。全市各区法院之间可以通过送达平台进行跨区送达，对经当事人确认的送达地址数据，由全市法院送达中心汇总至市高院送达平台，形成全市法院的送达地址数据库。二是创新性地规定多种电子送达地址确认方式。在现有电子送达方式的基础上，增加了在中国移动微法院完成实名认

---

① 杨秀清：《以克服"送达难"优化民事诉讼审前准备程序》，载《山东社会科学》2018 年第 12 期。

证的账号、通过网上诉讼平台提交资料载明的电子地址、通过通信运营商取得的有效手机号码、通过统一送达平台获取的电子地址、当事人一年内在其他诉讼、仲裁中提供的电子地址。无以上情形的，可使用当事人最近连续使用三个月以上，且处于日常活跃状态的电子地址。三是探索固定送达地址制度。《指导意见》中规定了两类固定送达地址：一是经律师、法律工作者同意，可以其确认的固定送达地址为其所有代理案件的统一送达地址。二是全市法院应积极指导辖区内物业公司、金融机构等开展固定送达地址确认工作。集约化送达的开展为法官的民事送达减少了很多事务性的工作，减轻了民事送达的压力，有效缓解了当前“送达难”的问题。

二、初次“送达难”的表现及不利后果

民事“送达难”难在初次“送达难”，只有解决了初次送达问题，向受送达人送达了起诉书、传票、举证通知书等诉讼材料，才能继续开展后续诉讼流程，目前初次送达仍然存在很多难题。

（一）初次“送达难”的表现

直接送达分为通知当事人来院自取和法院工作人员上门送达。通知当事人来院领取的难处在于：一是受送达人来院后拒绝在送达回证上签字确认；二是受送达人答应来院领取后又反悔不来；三是受送达人不按照约定的时间来院领取，拖延时间。法院工作人员上门送达的难处在于：一是受送达人不在原告提供的送达地址居住，且该住址已经人去楼空；二是受送达人不在原告提供的送达地址居住，该住址有受送达人的近亲属或者其他人居住，但其拒绝接收文书；三是无法在工作时间找到受送达人，如在某著作权纠纷案件中，受送达人是KTV，其营业时间是从下午六点开始，而这个时间邮政员也下班了。在受送达人或者其同住成年家属拒绝签收的情况下，法院可以采取留置送达。留置送达之难在于：一是基层组织或者所在单位的代表碍于情面不愿意到场见证；二是采用拍照、录像等方式记录时也可能会受到受送达人的干扰或者阻拦。[①]

① 杨凯、徐晓璐：《民事送达引入“委托当事人送达”机制探析》，载《山东法官培训学院学报》2020年第2期。

委托送达是委托其他法院代为送达，实践中因法院并没有专门负责接收委托送达的部门，且效率不高，因此很少适用。转交送达是在受送达人是军人或者被监禁的、被采取强制性教育措施的情况下，由特定机关代为转交，实践中法院邮寄过去的诉讼文书常常石沉大海，有回复的较少。

邮寄送达之难在于邮政员并非专门的送达专员，其工作效率难以保证，且送达程序多有瑕疵。实践中，有的邮政员并不将邮件送至受送达人手中，而是打电话让其自取，而当事人长时间不自取；在未妥投的邮件中，未妥投的原因并没有详细说明；未妥投的邮件长时间不退回等。

电子送达之难在于法院无法获取受送达人的电子地址信息。根据法律规定，电子送达需经受送达人同意，在法院首次送达无法与受送达人联系上的情况下，则无法获取受送达人的同意。即电子送达只能在法院能通过其他送达方式与受送达人取得联系并获得其同意后方能实施，这对于解决首次“送达难”问题并没有实际效果。

公告送达是所有送达方式的兜底方式，其困难在于需要法院证明受送达人下落不明或者以其他方式无法送达。受送达人下落不明的标准是什么，如何判断受送达人是故意隐蔽还是真的下落不明，目前法律并没有规定，实践中难以掌握。至于穷尽其他送达方式的证明标准则更难，首先，审限有限，无法做到对每一种送达方式一一尝试；其次，一般通过邮寄送达、电话送达、直接送达基本上就可以判断受送达人是否能参与到诉讼中；最后，公告送达只在《人民法院报》上刊登，受送达人能看到报纸公告的可能性很小。①

（二）送达不能的后果

送达不能对案件审理会产生诸多不利后果，如浪费司法资源、民事程序违法、存在信访隐患，等等。

首先是浪费司法资源。无论是送达不到还是送达程序存在瑕疵，均影响后续的诉讼进程。一审民事案件的审限是六个月，有时仅一个送达程序就耗费大量审限，造成后续证据交换、开庭、写判决书的时间不够。在送达过程中，法官经常需要和受送达人“斗智斗勇，你躲我找”，遇到跨省市的直接送达还需要法院工作

① 梁平、王婷：《论我国民事公告送达制度的实践困境与完善》，载《华北电力大学学报（社会科学版）》2020 年第 1 期。

人员出差前往，如果原告提供的送达地址有误，则会让法院工作人员白跑一趟，不仅费时费力，还浪费了大量的司法资源。

其次是会造成程序违法。一审法院因送达程序违法而被二审法院发回重审或者再审的案例比比皆是。无论是直接送达还是公告送达，法律均规定了严格的程序和条件，法院工作人员在送达过程中稍有不慎就有违法的风险。如在留置送达中，受送达人可能会抗辩并没有实际收到法院送达的文书，或提出其并不在该地址常住；在电子送达中，受送达人可能会提出并没有经过自己的同意；在邮寄送达中，受送达人可能会提出邮政员并没有与其联系过；在公告送达中，受送达人可能会提出自己并未下落不明；等等。无论是上述哪种情况，均要法院证明自己的送达程序合法有效，一旦无法证明，则面临着程序违法的不利后果。

最后还会存在信访隐患。因送达不能或者送达瑕疵引起的当事人信访案件并不鲜见，尤其是通过邮寄送达和公告送达引起的信访纠纷突出。邮寄送达过程中，有时候邮政员基于完成工作任务，没有对代收人的身份进行详细核实，也没有留代收人的电话，导致法官无法核实代收人的身份，受送达人是否收到文书无法得知。公告送达是一种推定送达，有些受送达人在法院执行阶段才知晓诉讼的事实，其抗拒心理就更加强烈。受送达人对审判程序存疑并要求重新进入审理程序，而当法院不满足其诉求时，也就为其后续信访埋下了隐患。

三、民事初次送达难的成因

（一）原告无法提供准确的地址

在我国民事诉讼职权主义模式下，民事送达的责任主体是法院，原告仅有提供被告住所的义务。在传统的封闭式熟人社会，人口流动较小，法院的送达成功率很高。随着经济社会的发展，人口流动性增强，人户分离的现象十分普遍，法院按照原告提供的户籍地或者住所地去送达成功率就很低。究其原因，在于原告对民事送达工作处于一种置身事外的境地，认为只要完成了立案就万事大吉，后面等着法院通知开庭就好。[①] 立案登记制实施以来，立案法官对原告提交的材料仅做形式审查，只要形式上符合立案条件，一律予以立案。原告起诉的条件之一是

① 李浩:《民事诉讼当事人的自我责任》，载《法学研究》2010 年第 3 期。

必须要有明确的被告，这里明确的被告是指原告应提供被告的姓名或者名称以及明确的住所。原告为了尽快立案，通常不会对被告的住所进行实质核查，只要能立上案，后面能否找到被告就是法院的责任。

实践中，原告提供的被告住所通常存在以下问题：一是提供的住所过于笼统，仅能提供被告在某个小区、某栋大楼、某集中办公区的信息，而无法提供具体的楼号、房门号；二是提供的住所信息陈旧，对被告变更住所地信息掌握不及时，提供的住所信息是几年前的甚至已经注销了的住所；三是对被告合同上的地址并未实际审核，合同纠纷案件中，原告对被告在合同中填写的住所信息未加审查，对原告的纸面住所与实际住所地不一致的情况不能提前掌握。这些问题均导致原告无法向法院提供准确的送达地址，成为送达难的第一道关卡。①

（二）受送达人规避送达

受送达人不配合送达工作是送达难的第二道关卡。中国社会中普遍存在"厌诉"的现象，社会大众怕惹上"官司"，避之唯恐不及。基于这种心理，受送达人通常会规避送达。受送达人对送达工作的规避分为积极的规避和消极的规避。积极的规避表现为受送达人故意躲避送达。邮寄送达和电话送达是比较常见的两种送达方式，在这两种送达方式中，受送达人均不会与法院直接接触，这就为其躲避送达提供了机会。邮寄送达中，受送达人面对的是邮政工作人员，当邮递员询问其是否为收件人本人时，有些"有经验的人"会反问邮递员送达的是什么，得知是诉讼文书后就谎称自己不是收件人，邮政员往往无从判别真假，只好做退件处理。有的受送达人则采用不接邮递员电话、让邮递员吃闭门羹或者谎称自取但并不取件等手段逃避送达。无论是哪种借口，其目的都是抗拒送达，没有主动参与到诉讼中的意愿。在电话送达中，受送达人则会以来院自取但故意爽约、拒不提供准确的地址、关机等方式规避送达。除了积极躲避、规避送达之外，受送达人可能还存在消极的规避行为。例如，法人、个体户的工商登记地址与实际办公地址不一致、自然人的户籍地与实际住所地不一致、住所变更或者电话更换后没有及时告知法院等。②

---

① 曲昇霞：《民事送达的目的观转向与制度修正——从偏重通知义务履行到保障受通知权的并重》，载《法律科学（西北政法大学学报）》2020 年第 5 期。

② 郝晗：《民事电子送达疑难问题研究》，载《山东法官培训学院学报》2019 年第 4 期。

目前法律对受送达人故意躲避送达并没有什么规制措施，仅在特定条件下，视为受送达人收到了诉讼文书。受送达人规避送达没有成本，因此才会屡禁不止、屡试不爽。而视为送达的证明责任全部在法院，一旦法院无法证明严格采取了视为送达中的手段，那么法院将承担由此带来的不利后果。

（三）集约化送达未发挥完全效果

因传统送达方式存在这样或那样的不足，理论界和实务界均在呼吁和探索新的更加高效的送达方式，集约化送达平台应运而生。然而，集约化送达在实际运行中并没有发挥出其应有的全部效果，现有的集约化送达更像是仅仅将送达工作交给了第三方外包公司去完成，建立之初的先进理念并没有得到实现。首先是各地的集约化送达平台相对独立，具有一定的区域局限性。以天津法院集约化送达平台为例，平台会对经当事人确认的送达形成全市法院的送达地址数据库，但是这个数据库无法获取其他省市平台中确认的送达地址，没有完全发挥出平台大数据的功能。其次是集约化送达平台受制于当前立法，其实际运行模式与传统送达模式基本雷同，没有做到实质性创新。实践中，通常由法官在系统中发起送达任务，送达专员来取件，取件后邮寄送达，之后反馈送达结果，送达完成。至于邮寄送达之后，诉讼文书邮寄后是否妥投，以及未妥投的原因，送达专员并没有进一步跟进。集约化送达平台以电子送达为主，但电子送达在首次送达中作用有限，送达专员需要先确定受送达人的身份并取得受送达人的同意后方能采用电子送达。最后是送达专员如何进行直接送达缺乏规定，直接送达通常是在邮寄送达、电话送达无法完成后进行的，由于目前人员配备不足，加上直接送达需要相应的外出经费，人身安全也会有风险，因此，目前如何让送达中心实现直接送达尚没有明确的方案。①

四、解决民事初次“送达难”的路径分析

《民事诉讼法》正在修改中，其亮点之一在于对送达制度的完善。根据《民事诉讼法（修正草案）》，此次修改涉及送达的有两点：一是优化电子送达方式，将

① 梁峙涛：《“互联网 +”时代下民事送达新路径探索——以实名制手机支付软件为核心的电子送达方式》，载《科技与法律》2019 年第 2 期。

裁判文书纳入电子送达的范围；二是缩短公告送达的时间，将公告期限由原来的六十日改为三十日。上述修改内容将会有效促进电子送达的开展，简化诉讼流程，促进民事审判效率的提升。然而，此次修正并没有对当前各地逐步推广的集约化送达平台予以确认，也没有对送达理念以及合法送达的标准进行更新。要根本解决初次"送达难"问题，还需要对送达理念和当前合法送达标准重塑，对现有的集约化送达平台功能予以优化。

（一）送达理念的转变

职权主义模式下，法院是民事诉讼的主导方，当事人仅需要配合法院工作即可。这一点体现在民事送达中就是送达是法院应尽的责任，原告只需配合法院提供地址即可。基于这样的理念，送达不能或者送达无效的所有不利后果均由法院承担，原告不必为此担责。实践中，法院送达时间一旦过长就会引起原告的诘问和不满，若送达手段过于"用力"，还会使受送达人认为法院有偏袒原告的嫌疑。而送达程序违法，则会面临案件重审或者再审的风险。民事纠纷发生在平等的民事主体之间，现实中对受送达人的基本信息最了解、掌握最全面的理论上是原告，法院作为中立的第三方，对受送达人的全部信息来源于原告。仅由法院一方对送达工作"单打独斗"效率有限，不利于诉讼进程的推进，因此，有必要转变当前的送达理念，将原告确立为送达主体之一，实现法院与当事人的合力，缓解当前送达难问题。

如何让当事人参与到民事送达程序中去？有学者提出构建以法院职权送达为中心，当事人辅助送达的双轨送达制度，由金融机构、政府部门、律师承担委托送达工作。[①] 该理念不失为一个很好的创想。此外，还可以借鉴德国、日本、法国等大陆法系国家的合理做法，将初次送达作为立案的一个环节，初次送达完成后，方能启动后续诉答程序。[②] 即在民事诉讼中，积极引导原告参与到送达工作中。具体而言，原告在立案庭立案时，由立案法官和当事人共同合作完成初次送达，完成了初次送达工作后，案件直接进入审理程序。[③]

---

① 杨凯、徐晓璐：《民事送达引入"委托当事人送达"机制探析》，载《山东法官培训学院学报》2020年第2期。

② 郐小丽：《大陆法系国家民事初次送达程序构造探析》，载《湖北社会科学》2019年第1期。

③ 李屹：《民事送达的中国难题及其制度回应》，载《南京大学法律评论》2019年第2期。

（二）合法送达标准的重塑

民事送达必须合法有效，我国民事诉讼中是以保障诉讼文书为受送达人实际接受为送达合法性的判断标准。实际上，送达成功与否不仅影响到受送达人的知悉权和程序参与权，还会影响到原告是否可以及时获得审判，法院正常行使审判权三方主体的利益。从这个角度看，当前以实际接受为送达合法性这一判断标准对法院和原告科以了较高义务，有必要对该标准进行适当降低，即只要达到了受送达人有机会知悉诉讼信息并有机会参与诉讼进程的标准，送达程序就合法有效。民事送达的目的不仅是完成通知义务，更重要的是保障受送达人的受通知权。当前送达合法有效的标准过高，不仅会加重法院及原告的负担，还会忽略受送达人是否有机会获取到诉讼信息。实践中，在邮寄送达、电话送达不能送达完成后，原告就寄希望于法院尽早采取公告送达。公告送达只是一种推定送达，受送达人通过查阅《人民法院报》获取公告内容的机会十分有限。因此，有必要采取更为方便的互联网方式，如微信、微博、支付软件、手机弹屏等现代化手段，让受送达人有尽可能多的机会获取诉讼信息。

（三）集约化送达平台的功能优化

集约化送达平台有效提高了初次送达成功率，然而该平台在实际运行中暴露出来的问题也亟待完善。可以采用如下途径：一是最大限度地发挥集约化平台电子送达功能。受制于技术手段以及现有法律规定，集约化电子送达平台在无法联系上受送达人之前不能直接推送电子信息。随着智能手机的普及以及互联网实名制验证的开展，通过手机号码、即时通信软件、电子支付平台以及网上交易平台核实受送达人的身份成为可能。因此，有必要建立法院送达中心与移动通信营业商、手机支付软件、即时通信、购物 App 之间的资料信息共享平台，法院可以通过上述平台确定原告提供的手机号码、电子邮箱确实是受送达人在使用，即可通过该号码和邮箱推送诉讼材料。二是扩充集约化平台的送达地址数据库，建立全国法院共享平台。当前集约化平台的送达地址数据库仅限于省市范围内共享，范围较小，通过平台检索到的送达地址有限。有必要在保证当事人隐私的前提下，将各省市的集约化平台中关于送达地址数据库的内容整合为全国法院送达地址数据库，让《指导意见》中通过统一送达平台获取的电子地址、当事人一年内在其他诉讼、仲裁中提供的电子地址可以作为电子送达的地址的规定落到实地。三是落实集约化送达平台中关于外出直接送达的规定。外出直接送达需要送达中心工作人员直接上门送达，天津法院《指导意见》规定，外出直接送达的，应由一到两名工作人员完成，但是对送达人员是否应配备工作证、送达过程中产生的风险等均没有详细规定。四是扩大代收人的范围。《民事诉讼法》中将代收人的范围限定为同住成年家属，为实现高效送达，可将代收人的范围扩展为同住的朋友、其他亲属、同事、物业公司、有租赁关系的房东、村委会、居委会，等等。[①]

五、结语

民事送达作为民事诉讼中的一个重要环节，其成功与否决定着后续诉讼程序是否能够顺利进行。民事送达工作中最难的当属首次送达，即通过首次送达找到受送达人，让其参与到诉讼程序中，从而行使法律赋予的各项诉讼权利。从重实体正义到实体正义与程序正义并重，公众对民事诉讼中的程序合法有了更高的期待。人口流动性强的信息化时代，对传统民事送达方式提出了挑战，但是对于将高新技术手段应用到民事送达中，推动“智慧法院”建设来说却是一个新的机遇。只有抓住科技创新的机遇，不断完善当前民事送达方式，紧跟司法改革的步伐，方能使新时期的审判工作迈上更高的台阶。

（**作者简介：**周航，法学硕士，天津市第一中级人民法院三级法官助理）

---

① 罗恬漩：《司法改革背景下送达困境与出路——以G省基层法院的送达实践为例》，载《当代法学》2017年第3期。

检视与重塑：繁简分流背景下民事速裁程序分类构建

——以一审终审制与小额诉讼程序松绑为研究基点

李志增　李　冰

引　言

小额诉讼程序诞生之初就与一审终审制如影随形。由于捆绑式制度设计偏差，小额诉讼程序改革成效并不令人满意。虽然不断有专家学者法官予以研究，但多站在完善小额诉讼程序改革的角度予以论证，对一审终审制关注较少。鉴于此，笔者拟从完善我国民事诉讼程序的角度，着眼于一审终审制的独立价值，对小额诉讼程序和一审终审制的关系进行论述，试图寻找小额诉讼程序所面临困境的破解之策。

一、双重困境：繁简分流背景下小额诉讼程序十年改革之检视

小额诉讼程序的改革探索始于 2011 年 3 月 17 日，至今已十年有余。回顾十年历程，小额诉讼程序改革虽取得一定成绩，但也存在不足之处，导致其在制度设计和司法实践中均不同程度面临困境。

（一）设计之困：小额诉讼程序制度设计的来回摇摆

从改革试点算起，小额诉讼程序改革可分为三个阶段。纵观这三个阶段可发现，小额诉讼启动模式、小额标准及其立法模式、适用案件类型、审理期限等改革内容始终处于不断发展变化，甚至摇摆反复之中（见表 1）。这说明小额诉讼程序立法之后，争论并没停止，探索仍在继续，尚未形成定型的改革思路。

表 1　小额诉讼程序改革的三个阶段对比

	第一阶段	第二阶段	第三阶段
依托程序	小额速裁	小额诉讼	小额诉讼
起止时间	2011 年 3 月 17 日至 2012 年 8 月 30 日	2012 年 8 月 31 日至今	2020 年 1 月 15 日至今
主要文件	《关于部分基层人民法院开展小额速裁试点工作的指导意见》	《民事诉讼法》《最高人民法院关于适用〈中华人民共和国民事诉讼法〉的解释》	《民事诉讼程序繁简分流改革试点实施办法》
文件效力	最高人民法院文件，改革试点阶段，涉及 13 个省份 90 个基层法院	法律和司法解释，全国有效	最高人民法院文件，改革试点阶段，涉及 15 个省份 305 个法院
启动模式	合意适用	强制适用	强制适用和合意适用
适用要求	法律关系单一，事实清楚	事实清楚、权利义务关系明确、争议不大的简单金钱给付类民事案件	事实清楚、权利义务关系明确、争议不大的简单金钱给付类案件
小额标准	1 万元以下，经济发达地区不超过 5 万元	各省、自治区、直辖市上年度就业人员年平均工资 30% 以下	5 万元以下强制适用，5 万元以上、10 万元以下合意适用
适用案件	列举 4 项和 1 个兜底条款	列举 8 项和 1 个兜底条款	——
不适用案件	——	列举 4 项和 1 个兜底条款	列举 4 项和 1 个兜底条款
审理期限	1 个月，不得延长	3 个月，不得延长	2 个月，可延长 1 个月

（二）实践之困：小额诉讼程序改革的现状反思

小额诉讼制度的适用效果与其制度和程序结构有直接关系。[①] 由于制度设计的偏差，在长达十年的探索实践中，虽积累了一定经验，但也面临着诸多困惑。

（1）适用比例一直不高。第一阶段试点时，多数法院适用比例较低，一般不到 30%。如广西南宁市兴宁区法院为 24.96%，湖北省 4 家试点法院为 20.68%，

① 张卫平：《对民事诉讼法学贫困化的思索》，载《清华法学》2014 年第 2 期。

广东省试点法院只有 7.42%。适用小额速裁程序审理案件占全部民商事案件的比例更低，湖北省试点法院为 5.59%，广东省试点法院仅为 2.07%。[①]进入第二阶段后，虽然改为强制适用，但部分法院的适用比例反而有所下降。如宁波虽是第一批改革试点，并成立了全国首家具有独立编制的小额速裁审判庭，但 2013 年宁波六个区法院受理的小额诉讼案件仅占民商事案件的 6.85%，2014 年进一步下降为 4.33%，适用比率最低的法院仅为 0.23%。[②]进入第三阶段后，在最高人民法院的强力推动下，2020 年，各试点法院适用率从试点前的 5.7%，上升至 19.3%，[③]但仍未达到最高人民法院 30%[④]的预期。由于第一阶段和第三阶段都是一种非常态的、运动式的改革试验活动，结果往往呈现出数据“虚高”的表面现象，不能反映常态运作状况。[⑤]事实上，法官和当事人适用小额诉讼程序的意愿要低于试点呈现的表象。

（2）突破法律的情形时有发生。由于法律规定无法满足多元化司法实践需求，不断有法院尝试突破规定适用小额诉讼程序。据公开报道，海口市龙华区法院 2016 年将小额诉讼标的额限定为 80 万元以下[⑥]，浙江高院 2013 年规定可以合意适用小额诉讼程序，并将小额标准提高到 10 万元。[⑦]

（3）试点数据难以反映真实适用意愿。在开展改革试点工作的背景下，试点法院往往具有“迎上”心态，抽调人力、物力全力配合，考核指挥棒也予以强力引导，刻意追求上级法院意欲得到的结果，试点期间数据一般较高，但难以反映双方当事人真实适用意愿。例如，2021 年 7 月，Z 市法院小额诉讼程序适用

---

① 以上数据分别参见韩秋花、覃瑞晟：《小额速裁程序适用情况司法统计分析》，载中国法院网，https://www.chinacourt.org/article/detail/2012/07/id/537211.shtml，2021 年 8 月 3 日访问；胡新桥：《湖北仅两成符合条件案小额速裁》，载《法制日报》2012 年 5 月 7 日；程思：《广东省小额速裁实践与我国小额诉讼制度之完善》，华南理工大学 2013 年硕士学位论文。

② 数据参见蒲一苇、朱秋燕：《理想与现实：小额诉讼程序运行的困境与完善路径——基于宁波市六区法院的实证研究》，载《民事程序法研究》第 14 辑。

③ 参见《最高人民法院关于民事诉讼程序繁简分流改革试点情况的中期报告》。

④ 最高人民法院审委会专职委员杜万华法官 2012 年 9 月在宁夏调研时讲话指出，新民事诉讼法施行后，全国基层法院受理的小额案件将占其民事案件数量的 30% 左右。

⑤ 罗恬漩：《小额诉讼程序的特色、难题与前景》，载《司法改革论评》第 19 辑。

⑥ 参见余庆鹏、毛雨佳、蔡莉：《快审快结让正义加速——海南省海口市龙华区人民法院稳步推进小额速裁审判工作》，载《人民法治》2018 年第 9 期。

⑦ 蒲一苇、朱秋燕：《理想与现实：小额诉讼程序运行的困境与完善路径——基于宁波市六区法院的实证研究》，载《民事程序法研究》第 14 辑。

率从试点之初的43.94%提高到50.03%，其中，合意适用占30.72%。但调研中，笔者了解到，为了提高适用率，法官一般不会向当事人明确表明当事人有不同意适用的权利，只是含糊解释上级法院要求这类案件要适用。这说明，试点数据与当事人合意适用的意愿是不相符的。一旦考核推力消失，小额诉讼的适用率难以保证。

二、困境之因：基于当事人诉讼意愿的成因分析

制度设计和司法实践面临的双重困境，主要原因还是以程序运行者（人民法院）为本位的制度设计没有考虑到程序利用者（当事人）的诉讼意愿，从而造成制度设计和司法实践之间的紧张关系。

（一）捆绑式立法模式不符合回应型司法要求

现行立法将一审终审制和小额诉讼程序捆绑适用，无疑剥夺了当事人的程序选择权。程序选择与回应型司法具有天然的自洽性。按照美国学者达玛什卡的见解，以当事人和法官在民事司法体系中的不同地位和作用为主要标准，可以将民事司法模式分为政策实施型和回应型两种类型。① 我国民事诉讼结构和模式正处在从政策实施型向回应型的转型中，回应型司法注重当事人的程序权利，致力于程序主体性、程序自治性的制度建构。而捆绑式立法模式，要求当事人选择一审终审制的同时必须选择小额诉讼程序，存在司法代替当事人选择的倾向，不符合回应型司法转型趋势，故在司法实践中难以受到当事人欢迎。

（二）单一价值取向的制度设计忽视当事人诉求

小额诉讼程序与普通程序在制度设计上的最大区别有两个：审理程序简化和一审终审。这两项制度的目的均是提高整体诉讼效率，与公正无关。因此，小额诉讼程序的制度设计体现了强烈的单一价值取向——效率。虽然立法者声称小额诉讼程序符合当事人对效率的期待。但笔者调研时发现，这属于预设场景错误。南京师范大学李浩教授经过比对中西方国家案件审理速度认为，我国法院审判效

① 肖建国：《回应型司法下的程序选择与程序分类——民事诉讼程序建构与立法的理论反思》，载《中国人民大学学报》2012年第4期。

率相当高，并不存在法院办案速度过慢问题。[①] 例如，2020 年 1 月 15 日至 2021 月 7 月 31 日，Z 市基层法院诉讼案件平均审理天数 42.12 天，久拖不决问题基本解决，但开始有越来越多的当事人信访法官办理案件太快，没有认真审理。“民事诉讼是为当事人而设的”是近代以来法治国家的共识。背离这一底线标准，民事诉讼程序建构与立法的正当性和可接受性就会荡然无存。[②]

（三）激励当事人合意选择小额诉讼程序的制度基础欠缺

从域外来看，小额诉讼程序分为合意性适用与强制性适用两大类。前者最典型的是英美治安法庭模式，是一种在明显区别和独立于普通法庭的治安法庭中适用的小额诉讼程序。而激励当事人选择风险较大的小额诉讼并放弃寻求复审机会的杠杆，主要是一旦选择普通程序或寻求重新审判的复审程序，则必须承担强制律师代理制和普通程序蕴含的其他巨大成本。[③] 就制度背景而言，我国目前整个程序架构简单便捷，并不存在体现严格对抗主义，强制实行律师代理的冗长的、昂贵的、调审分离的普通程序。因此，合意适用的小额诉讼程序对当事人显然缺乏吸引力。

三、理论溯源：二元启动模式下一审终审制与小额诉讼程序松绑的法理基点

综上所述，造成小额诉讼程序双重困境的根源在于一审终审制与小额诉讼程序的捆绑式立法对当事人的诉讼意愿进行了绑架。能否予以解绑成为法理上需要研究的问题。

（一）强制适用和合意适用的法理异同

强制和合意两种启动方式依据的法理并不相同。强制适用体现的是国家公权力对私权利的干预。因此，以国家强制力将一审终审制与小额诉讼程序捆绑无可厚非。但这种干预必须基于一定的公共利益，且不能对当事人的诉讼利益造成太

① 参见李浩：《宁可慢些，但要好些——中国民事司法改革的宏观思考》，载《中外法学》2010 年第 6 期。

② 肖建国：《回应型司法下的程序选择与程序分类———民事诉讼程序建构与立法的理论反思》，载《中国人民大学学报》2012 年第 4 期。

③ 傅郁林：《小额诉讼与程序分类》，载《清华法学》2011 年第 3 期。

大损害，需要符合比例原则。因此，强制适用的前提应是案件简单、金额较小，以确保效率和公正兼顾。合意适用是民事诉讼契约化的体现。民事诉讼契约化意味着应当以一种尊重当事人合意的契约理念为指导，有意识地使民事纠纷的解决在制度层面植入当事人的主导性因素，[①]而不能强加于当事人。因此，正如可以约定选择仲裁方式解决纠纷一样，当事人也可以约定选择一审终审方式解决纠纷，但不应再限制案件难易，也不应规定选择一审终审制的同时必须选择小额诉讼程序，实行捆绑式销售。

（二）当事人合意让渡的权利边界

当事人合意让渡的权利边界取决于对诉讼成本的选择。诉讼成本主要包括精力、时间、经济三种。不同的当事人在不同的案件中对这三种成本的承受力是不一样的。但无论是谁，其诉讼的终极目的都是获得公正的裁判结果。因此，当事人合意让渡的权利只能是程序权利，如上诉权，但不会让渡实体权利，放弃对公正的追求。尽管最高人民法院一再强调小额诉讼程序改革简化程序不减损权利，但客观来讲，如果案件是在审限、审判组织和审判程序三重简约的状态下获得裁判，裁判错误或失误的风险会大幅增加。这也是英美国家选择小额诉讼程序并不尝试兼顾便捷性与安全性两种价值[②]的原因。如果一审终审制和小额诉讼程序松绑，使当事人在放弃上诉权的同时，能够享有审判程序的完整性，必然可以提高其对司法公正的信任度，从而赋予一审终审制合意选择的生命力。

（三）一审终审制与小额诉讼程序的捆绑误区

如表 2 所示，在确立小额诉讼程序的国家和地区，除了美国夏威夷州等个别地区，无论其属于大陆法系还是英美法系，基本上都赋予当事人一定的上诉权或异议权。因此，将一审终审制与小额诉讼程序强制绑定，不允许当事人上诉仅是个例，并不是国际上的通行规则。

---

① 张卫平：《论民事诉讼的契约化——完善我国民事诉讼法的基本作业》，载《中国法学》2004 年第 3 期。
② 傅郁林：《小额诉讼与程序分类》，载《清华法学》2011 年第 3 期。

表 2　一些国家和地区关于小额诉讼救济方式的规定[①]

国家或地区	美国				英国	日本	德国	中国台湾地区
	纽约州等	加利福尼亚州、马萨诸塞州	夏威夷州等	阿拉斯加州等				
救济方式	上诉	上诉	——	上诉	上诉	异议	上诉	上诉
主要规定	准许双方上诉	准许被告上诉	禁止上诉	附条件上诉，如高于 50 美金的索赔，双方当事人都可以上诉	经法官许可可以上诉，但限于法律错误或严重的程序违法	允许提出异议，如成立，恢复普通程序审理	在上诉具有原则性意义和基于维护法律发展和司法统一目的时允许上诉	在原判决存在违反法定情形，且损害当事人合法诉讼权益时，允许上诉或抗告

四、路径规划：分类构建民事速裁程序

程序分类依托于程序的差异性和利益的差别性原理。[②] 基于民事诉讼契约化理念，通过分类构建民事速裁程序，扩大程序之间差异，提高合意适用率和一审终审制生命力是一个较优选择。

（一）分类前提：建立民事速裁程序

民事速裁程序就其性质与本质而言，不是仅指向一种单一的程序制度，或者单一的速裁程序机制，而是对诸多具有相同简易快速裁判特征的程序及诸多有关速裁

---

① 参见傅郁林：《小额诉讼与程序分类》，载《清华法学》2011 年第 3 期；刘学在、欧阳俊：《小额诉讼一审终审制之评述》，载《湖北社会科学》2013 年第 5 期；黄博君：《小额诉讼程序救济机制研究》，中央民族大学 2017 年硕士学位论文。

② 肖建国：《回应型司法下的程序选择与程序分类——民事诉讼程序建构与立法的理论反思》，载《中国人民大学学报》2012 年第 4 期。

机制的总称。[①] 相比小额诉讼程序，民事速裁程序的内涵更为丰富，能够体现更多的程序差异性。我国速裁程序改革目前只是停留在小额诉讼案件中，要在更广的视野下对速裁机制进行探索和完善，使用民事速裁程序的概念更为合适和准确。

（1）“小额”一词已无法涵盖我国司法实践。目前，我国小额诉讼程序适用案件标的有不断提高趋势，已经超过了很多国家和地区普遍规定的小额标准，再称为“小额”已经不太合适。据初步统计，多数国家和地区确定的小额标准折合人民币后，在 3 万元左右，一般不超过 5 万元（见表 3）。其中，德国较低，只有不到 5000 元人民币。美国近年来有普遍提高趋势，但折合人民币一般不超过 4.86 万元。我国台湾地区比较特殊，分为强制适用和合意适用两种，其中强制适用标准折合人民币约 2.31 万元，但合意适用标准相对较高，折合人民币约 11.55 万元。2020 年，我国人均 GDP 只有美国的大约六分之一，英国、日本、德国的大约四分之一。考虑到人均 GDP 的差异，我国第三阶段规定已大幅超过上述国家和地区的标准。即使我国强制适用的 5 万元数额能被勉强称为“小额”，但我国合意适用的 10 万元数额已远非“小额”一词所能涵盖。

表 3　一些国家和地区适用小额诉讼程序案件标的额上限

国家或地区	美　国	英国		日本	德国	中国台湾地区
		财产案件	人身伤害案件			
小额标的上限	各州普遍在 5000 美元或 7500 美元以下	5000 英镑	1000 英镑	60 万日元	600 欧元	10 万元和 50 万元新台币
折合人民币（2021 年 7 月 8 日汇率）	32365 元或 48548 元	44631 元	8926 元	35134 元	4579 元	23106 元和 115531 元
2020 年人均 GDP	63416 美元	40406 美元		40416 美元	45733 美元	28306 美元

（2）民事速裁程序有利于体现一审终审制的独立价值。从目前的制度设计来看，小额诉讼程序和简易程序、普通程序相比，其独立价值主要体现为一审终审制。因此，围绕一审终审制改革目前的小额诉讼程序具有一定的合理性。目前的

① 罗发兴、廖中洪：《民事速裁程序机理探析》，载《东南司法评论》2013 年卷。

小额诉讼程序由于审判程序和裁判文书的简化导致程序保障不足，进而导致当事人对判决结果的公平公正产生怀疑。改用民事速裁程序后，不再追求审判程序和裁判文书的简化，而主要通过减少上诉环节达到速裁的目的，更能体现一审终审制的独立价值，也更能吸引当事人选择民事速裁程序。

（3）民事速裁程序符合四级法院审级职能定位要求。按照四级法院审级职能定位要求，第一审民事诉讼案件应主要由基层法院审理，确保矛盾纠纷主要吸附化解在基层法院。我国改用民事速裁程序后，可不再受限于案件标的额大小，制度设计也可更多元化，为当事人合意适用预留更大空间，促使更多民事纠纷不经过二审直接化解，符合基层法院职能定位。

（4）民事速裁程序有助于满足当事人多元需求。从司法实践需求来看，在一部分当事人不愿意选择小额诉讼程序的同时，也有一部分事实清楚、案情简单的大标的额案件当事人愿意选用小额诉讼程序，如金融借款、信用卡纠纷等。实务界建议把小额标的提高到 50 万元，甚至上百万元的呼声也一直存在。从域外来看，世界上大多数国家在有关民事诉讼程序的立法中，不仅尽可能广泛地从多元程序设置的角度去规定、确立与构建不同类型的速裁程序，而且在非速裁类型的一般普通程序中，也不遗余力地去设置与规定各种不同方式的速裁机制。[①] 因此，民事速裁程序的设置符合时代需求。

（二）分类构建：体现程序差异的二元启动模式

民事速裁程序整体实行一审终审制、独任制，采取强制适用和合意适用并存的二元启动模式，但不同的启动模式要体现程序差异性（见图 1）。

（1）价值取向差异。强制适用的本质是公权力介入强制当事人放弃部分诉讼权利，其价值取向是效率优先，保障公正。合意适用的本质是当事人对自身诉讼权益的让渡和放弃，是当事人行使程序选择权的体现，其价值取向是公正与效率并重。

（2）适用案件范围和程序异议权差异。强制适用由于剥夺了当事人的程序选择权，蕴含程序违法的风险。为强化程序的正当性基础，一方面只能适用事实清楚、权利义务关系明确、争议不大、标的额较小的简单金钱给付类案件；另一方面应赋予当事人程序异议权。当事人如果认为案件不符合民事速裁程序适用条件，有权向人民法院提出异议。合意适用是当事人对自身诉权的处分。因此，可以适

---

① 罗发兴、廖中洪：《民事速裁程序机理探析》，载《东南司法评论》2013 年卷。

用于所有案件，同时不应再赋予当事人程序异议权。

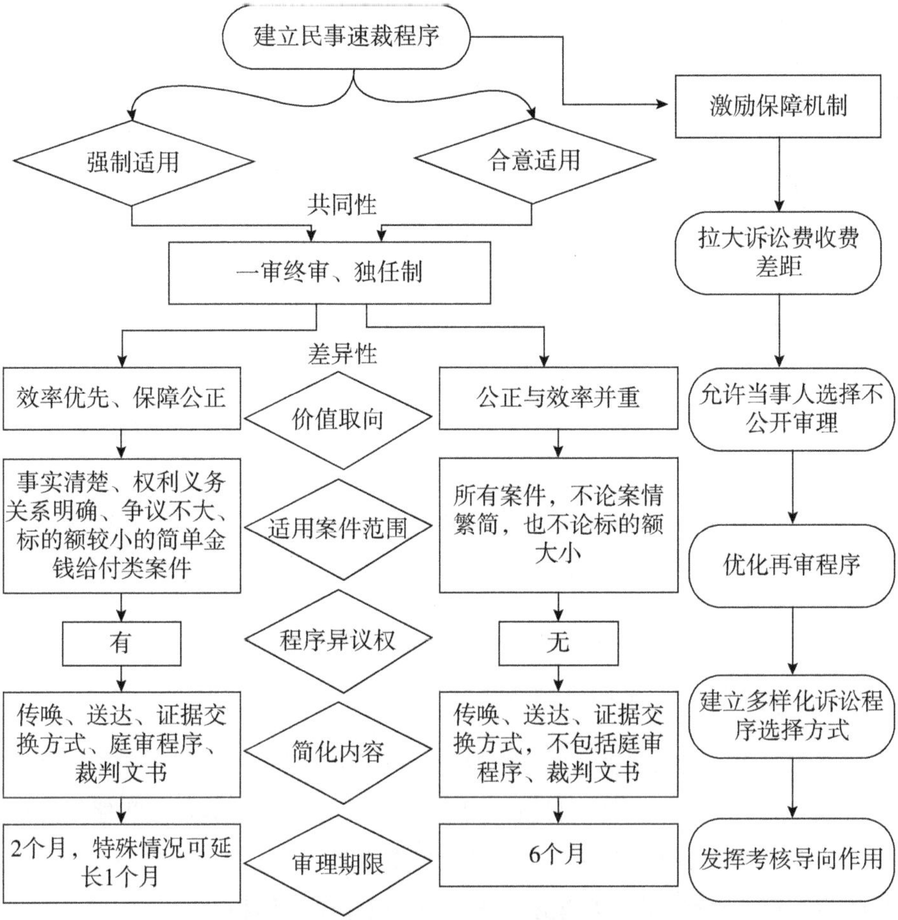

图 1　民事速裁程序分类构建

由于强制适用只能适用于小额案件，因此小额的确定方式至关重要。目前，小额的确定方式有两种：比例制和定额制。我国第一阶段和第三阶段改革均采用定额制，其优点是便于操作，但无法照顾到地区差异。第二阶段采用比例制，其优点是照顾到地区差异，但不便操作，且规定不太严谨。比如，上年度就业人员年平均工资难以确定。因为国家统计局分省年度数据的统计项目并没有就业人员年平均工资一项，而是按行业分为城镇单位、城镇私营单位两大类，其差距比较明显，如北京市 2019 年城镇私营单位就业人员平均工资为 85262 元，城镇单位就业人员平均工资为 166803 元，两者相差一倍左右。这就为各省、自治区、直辖市确定小额标准带来难题，而且如果小额标准一年一调整也会为法官办案增加麻烦。因此，笔者建议，参照美国各州自行确定小额标准的做法，总体采用定额制，由各省、自治区、直辖市确定本地区的强制适用标准。但考虑到我国与美国联邦制的国情不同，可规定 2 万元至 5 万元的幅度，由各省、自治区、直辖市在该幅度内确定本地区的强制适用标准。各省、自治区、直辖市内部各地区之间如果经济发展水平差距较大，也可以确定 2—3 个标准供不同地区适用。

（3）简化内容差异。由于强制适用重在效率，而合意适用强调效率和公正并重，因此，对主要影响效率的送达、传唤和证据交换方式，两者都可以简化，但由于庭审程序和裁判文书对查明案件事实和当事人的公正感受有较大影响，故强制适用模式可以简化，合意适用模式不应简化。相反，合意适用模式应通过完备的庭审程序和说理论证充分的裁判文书让当事人充分相信自己的案件受到了认真客观公正的审判。

（4）审理期限差异。强制适用审理期限可相应缩短为 2 个月，特殊情况可延长 1 个月。合意适用的审理期限应和普通程序一样，规定 6 个月的审理期限，防止法官因为审限问题草率结案。

（三）分类配套：建立激励保障机制

（1）拉大诉讼费收费差距。诉讼费是激励当事人选择一审终审制的有效杠杆之一，特别是一些大额案件。目前，无论是小额诉讼程序还是简易程序都是减半收取诉讼费，体现不出程序差异。建议对民事速裁案件收取四分之一诉讼费，拉大与简易程序的收费差距，以激励当事人接受或选择民事速裁程序。

（2）允许当事人选择不公开审理和文书不上网。和诉讼相比，争议双方之所以愿意将案件提交仲裁庭审理，是因为仲裁具有两个鲜明特点：一裁终局和保密性（不公开审理、不在互联网公布文书）。当前，我国民事诉讼以公开审理、文书上网为原则，不公开审理、文书不上网为例外，无法满足当事人保密需求，很多当事人托关系找熟人仅是为了文书不上网。笔者认为，既然当事人有此需求，民事诉讼又是有关私权的纠纷，为激发当事人选择民事速裁程序的积极性，可以给予当事人程序选择权，对民事速裁程序予以特殊规定，即只要当事人申请不公开庭审、不上网公布文书，不损害社会公共利益的，原则上都予以同意。

（3）优化再审程序。应当为当事人预留救济渠道是目前实务界和理论界的共识。笔者建议仍把再审作为民事速裁程序的救济渠道，但应对再审程序进行优化。

一是将再审案件全部收归中级法院审理，基层法院不再审理。基层法院对本院审结的案件进行再审，一般难以得到当事人对再审裁判的认同。由中级法院再审，既可以化解当事人对基层法院的不满，也可以强化上级法院统一法律适用、指导下级法院功能，符合四级法院审级职能定位要求。二是建立再审诉讼费用预交纳制度。由于再审不用交纳诉讼费用，导致滥用再审程序的现象屡禁不止。建立预交纳制度后，诉讼费用最终由败诉方承担，可大量减少缠诉、烂诉行为，真正发挥再审程序依法纠错功能。

（4）建立多样化诉讼程序选择方式。多样化选择方式是激活当事人程序选择权的有效途径。除了允许双方当事人在起诉时签署合意适用同意书之外，还应当鼓励双方在起诉前合意约定在民事纠纷发生后通过民事速裁程序解决纠纷。为防止法官强迫或欺骗双方当事人适用民事速裁程序，双方当事人签署的相关同意材料应入卷备查。

（5）发挥考核导向作用。强有力的考核引导是提升制度生命力的最有效方式。笔者建议，一是为民事速裁案件和普通程序案件设置同样分值，以鼓励法官办理民事速裁案件；二是根据办案期限长短设置加扣分项，二分之一审限内审结加分，审限内审结不加分，超审限审结扣分，鼓励法官提升办案效率。

五、结语

以一审终审制为核心的小额诉讼程序改革虽历经十年仍面临诸多困境。究其根源，主要在于小额诉讼程序与一审终审制捆绑的立法模式无法平衡诉讼的两大基本价值：公正与效率。以诉讼契约化理念为指导，为两者松绑，分类构建民事速裁程序，以程序差异性辅以激励机制，提升当事人程序选择积极性，扩大民事速裁程序在基层法院的适用，既符合我国即将开展的四级法院审级职能定位改革“第一审民事案件主要由基层法院审理”的要求，又能推进公正和效率在基层法院的选择性实现，是一个值得探索的改革路径。

（**作者简介：**李志增，男，汉族，河南浚县人，法学硕士，河南省郑州市中级人民法院党组书记、院长；李冰，男，汉族，河南安阳人，法律硕士，河南省郑州市中级人民法院办公室主任）

四、关于电子诉讼

在线诉讼中电子化证据的真实性审查及其规则构建

庞闻淙　程勇跃　肖　洋

无论在传统庭审抑或在线诉讼模式下，证据均是诉讼活动的核心。在线诉讼是一种以信息通信技术为辅助所进行的诉讼虚拟形态①，诉讼主体通过互联网设备在线上实现诉讼行为，这就要求传统实物证据必须为适合进行线上提交、展示和交换的电子化证据②。《最高人民法院关于互联网法院审理案件若干问题的规定》规定，当事人需将书证、物证、鉴定意见、勘验笔录等传统实物证据材料通过扫描、翻拍、转录等方式处理，转换成电子化证据后再行提交诉讼平台予以举证质证。③然而，电子化证据同实物证据之间并不能简单等同，在证据规则适用上亦不能等同，由此亦衍生出新的问题：如何审查电子化证据的真实性。具体而言，包括如何在证据开示环节解决电子化证据的提交、确认与交换，如何衔接和保障电子化证据同实物证据之间的真实同一，如何看待电子化证据作为定案依据的效力④。目前，对这些问题在理论层面尚缺乏有效探讨，无法为日益发展的在线诉讼实践提供有效理论支撑和合法性论证。

一、电子化证据真实性审查的现状及困境

（一）电子化的证据开示对诉讼效率价值的背离

证据必须在庭审过程中经过开示，经向当事人展示并核对原件后方可确认其

---

① 王福华:《电子诉讼制度构建的法律基础》，载《法学研究》2016年第6期。

② 本文中所称的电子化证据仅是指原本形式为实物、通过电子化方式输入在线诉讼平台的证据材料。

③《最高人民法院关于互联网法院审理案件若干问题的规定》第9条规定：互联网法院组织在线证据交换的，当事人应当将在线电子数据上传、导入诉讼平台，或者将线下证据通过扫描、翻拍、转录等方式进行电子化处理后上传至诉讼平台进行举证，也可以运用已经导入诉讼平台的电子数据证明自己的主张。

④ 蔡立东:《智慧法院建设：实施原则与制度支撑》，载《中国应用法学》2017年第2期。

形式真实性。在线诉讼模式下，所有的实物证据必须经由一定技术手段转化为电子形式后，方能通过在线方式予以传递并在在线诉讼中予以展现，当事人无法通过物理方式直接展示与核对原件。此一特点导致电子化证据在展示和核对上至少产生以下三项真实性疑虑。

1. 电子化证据的生成具有技术依赖性，必须借助一定的技术手段方能将传统的实体证据转化为虚拟的电子形式。在此过程中存在因转化手段或转化平台受技术水平限制，导致电子化证据无法精确、全面地保留实物证据的全部特征，同实物证据丧失同一性的可能性。

2. 电子化证据的展示亦受到技术手段的限制，电子化证据在笔迹、签名等有助于判断真伪的诸多证据细节上无法得到清晰展现。而对于物证证据，则亦难以通过拍摄、扫描的方式展示其内部结构及特征。

3. 电子化证据系以电子数据形态存在，亦同一般电子证据一样具有易改性，存在被造假、篡改、删除却不易被发现的风险①。然而由于缺乏相应的技术手段和专业技能，法官亦难以独立判断电子化证据是否与原始实物证据一致。

实践当中为解决这一问题，法官通常采取表 1 所列的三种办法。

表 1　电子化证据审查核对方式

方法	核对途径	审核主体	原件提供方式	所需设备	参　见
方法一	原件线下提交法院，由法院负责核对	法院	邮寄、当事人到庭提供	无	《最高人民法院关于新冠肺炎疫情防控期间加强和规范在线诉讼工作的通知》中规定，当事人及其诉讼代理人通过电子化方式提交诉讼材料和证据材料的，经人民法院审核通过后，可以不再提交纸质原件。……
方法二	线上视频核对原件	当事人	线上视频展示原件	电子诉讼平台，微信等其他具备视频通话功能软件	《杭州互联网法院诉讼平台审理规程》第 25 条规定，……当事人将证据拍照、扫描或电子证据等上传至诉讼平台。涉及实物证据，一般要求当事人在庭审前邮寄给审理法官。在庭审时，在线展示给各方当事人

① 汪闽燕：《电子证据的形成与真实性认定》，载《法学》2017 年第 6 期。

续表

方法	核对途径	审核主体	原件提供方式	所需设备	参　见
方法三	线上诉讼与线下核对原件相结合	当事人	当事人线下开展证据交换	无	《宁波移动微法院诉讼规程（试行）》第23条规定，……证据交换过程中，若另一方当事人对当事人一方提交的证据原件的真实性有异议的，可指令其于证据交换后或庭后指定时间内到法院现场确认并发表补充质证意见，确有必要的，可以安排对证据进行线下质证

三种方法均可实现原件核对的目的，然而均存在一定的缺陷。方法一系由法院就证据原件同电子化证据核对一致，当事人仅需线上庭审时就该证据本身是否系伪造、关联性、合法性发表意见即可。然而，该方法举证程序烦琐，当事人不仅需要通过拍照、扫描等方式将证据电子化，还需要将证据邮寄至法院。线上线下方式同时进行，一方面增加了证据原件在途传递的时间成本，违背了在线诉讼便捷高效、节省诉讼成本的制度目标；另一方面亦存在证据原件在途寄送过程中毁损、遗失的风险，产生难以挽回的后果。方法二系由当事人通过在线视频通话方式直接对证据原件予以核对，此种方式避免了原件在途运输可能遭受的毁损风险，然存在实物证据细节特征无法在视频中清晰体现以供审查证据真实性的问题，亦无法确保该证据同电子化证据的同一性。方法三实际上系在线诉讼之外单独进行线下的证据交换，此种方式不仅未能节约司法资源、提高诉讼效率，反而导致线上线下诉讼方式共同进行、频繁切换所造成的法院与当事人的双重负担①，违背了构建全业务流程在线诉讼体系的制度设计初衷。

如前所述，现今电子化证据在展示和核对过程中低效、烦琐，致使在线诉讼衍生为一种高成本的正义②，最终违背了在线诉讼行为追求纠纷解决效率这一制度价值，也影响了法官适用的积极性。实践中，在线诉讼通常仅被适用于证据相对较少、事实较为简单的案件中③，限制了在线诉讼方式的推广。

---

① 蔡立东:《智慧法院建设：实施原则与制度支撑》，载《中国应用法学》2017年第2期。

② 王福华:《电子诉讼制度构建的法律基础》，载《法学研究》2016年第6期。

③ 高鸿:《互联网庭审的功能和规则构建》，载《人民法院报》2020年3月5日，第8版。

（二）证据能力审查中真实性鉴证规则的缺失

真实性鉴证规则，是指被用以证明案件事实的证据至少应在形式或表面上为真实的，完全虚假或伪造的证据则不得被采信[①]。依据所要鉴别之证据的不同种类，真实性鉴证具有以下两种相对独立的含义：一是证明在法庭上展示、交换、传递的实物证据，同举证方所声称的实物证据是相互一致的；二是证明法庭上所展示的证据的内容，如实记载了该实物证据的本来形态，体现了实物证据的真实情况[②]。前一种鉴证适用于物证、书证，证明法庭上所出示、宣读的证据为举证方所声称并提交的证据，证明两者的同一性，是一种载体真实性的鉴证；后一种鉴证适用于电子数据或视听资料，电子数据、视听资料不仅需要其本身为真实的，还需要证明其所记载内容完整反映了当时的场景、活动或谈话，不存在错记、遗漏等，是一种从完整性角度对证据所承载内容真实性的鉴证。

电子化证据同传统实物证据之间的特殊关系决定了需要在审查载体真实性的同时一并审查所承载内容是否同原始实物证据一致。真实性鉴证内容的分布，如图 1 所示：

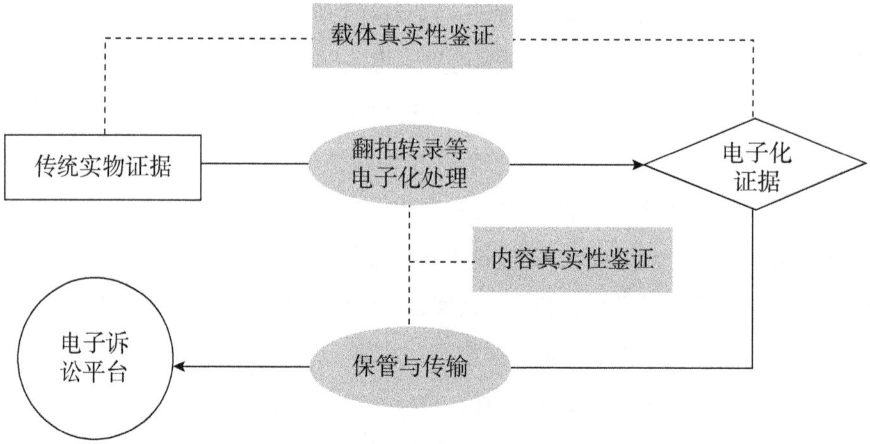

图 1　真实性鉴证分布

一方面，电子化证据是通过翻拍、扫描、转录等方式对传统实物证据的电子化处理，类似于复制件，所欲彰显的仍是传统实物证据的证明力，因此仍需对载体

---

① 何家弘:《电子证据法研究》，法律出版社出版 2002 年版，第 115 页。

② 陈瑞华:《实物证据的鉴真问题》，载《法学研究》2011 年第 5 期。

真实性予以证明。在线提交的证据隔断了法官与当事人同证据原件在物理空间中的直接联系，导致法官无法直接根据证据细节和完整性来认定证据真实性及证据能力[①]。另一方面，电子化证据同样带有电子证据的脆弱性和易改性，具体表现为：首先，对电子化证据的产生所依赖的系统或设备的质疑，基于不可靠的系统或设备可能产生不完整甚至错误的电子化证据；其次，电子化证据在传输或保存过程中因性质变更、介质受损或系统错误等原因，完整性受损，从而失去证据价值；最后，对电子化证据本身内容真实性的质疑，电子化证据及其内容遭受人为篡改、伪造或变造，与原始实物证据内容不再相符，且此种篡改、伪造往往不容易被发现[②]。

对此，最高人民法院在《人民法院在线诉讼规则》第 13 条载明，电子化证据可以通过对方当事人认可、公证机构公证、先行诉讼活动确认、在线或线下比对等方式来审查其形式真实性。然而，这些规则实际依然未能解决上述问题，其对电子化证据的审核更多仍是依赖外部力量和其他程序完成，加重了当事人的举证责任，也影响了电子化证据的采信和诉讼效率[③]。

（三）证据效力认定与原件优先规则的冲突

电子化证据的证据性质直接影响到对其证据效力的认定，理论界大多数观点将电子化证据界定为传来证据[④]，即该电子化证据并非来自案件事实或原始出处，而是通过翻拍、扫描等中间环节所形成的证据。例如，一份传统的纸质合同通过扫描方式将其录入计算机设备中作为电子数据存储，但此时的电子数据仅为纸质合同的存储方式而已，在该份纸质合同作为书证时，该电子化后所形成的存储件仅为该书证的一种复制件。基于此项性质，在适用电子化证据作为定案依据时，必然需要考虑该电子化证据同证据原件之间的关系，即电子化证据的证据效力问题。

关于原件同复制件之间的证据效力关系，我国《民事诉讼法》第 70 条、《最高人民法院关于民事诉讼证据的若干规定》第 61 条规定了原件、原物优先规则（为便于论述以下简称原件优先规则）。非证据原件虽然并不当然不具有证明力，但因为无法与原件核实，其实质证明力依然受到影响。

---

① 石毅鹏：《电子诉讼的风险与程序构建》，载《湘潭大学学报（哲学社会科学版）》2018 年第 2 期。

② 莫天新：《从电子证据视角看我国证据规则的规范与完善》，载《研究生法学》2016 年第 2 期。

③ 项在亮：《民事在线诉讼中书证原件的认定》，载《山东法官培训学院学报》2021 年第 2 期。

④ 毕玉谦等：《民事诉讼电子数据证据规则研究》，中国政法大学出版社 2016 年版，第 30 页。

对于电子化证据的证据效力，最高人民法院和地方法院基本意旨是在当事人未提出异议的情况下认可电子化证据可取代原件并为定案依据。此后，至2021年《人民法院在线诉讼规则》颁布时，最高人民法院以司法解释的方式确立电子化证据的“视同原件”规则[①]，由此解决电子化证据同原件之间的关系问题。作此安排的原因在于：电子化证据的提供目的是提高在线诉讼的便利性，若提交电子化证据的同时仍需提供原件，则在线诉讼的便利性就毫无意义[②]。然而，该规定的效果值得考量，一方面，正如前文所述，《人民法院在线诉讼规则》的规定有增加当事人举证负担之嫌；另一方面，该规定并不完备，仍难以顺利地应对实践中的情形。

二、电子化证据真实性审查困境的原因分析

（一）技术维度：电子化转换平台建设的滞后

在线诉讼的最终目标是达成线上线下打通、内网外网互动的诉讼模式，建立起支持全业务流程的互联网诉讼平台[③]，而通过技术平台处理将实物证据转化为可供线上诉讼送达、质证的电子化证据，就是打通线上和线下的关键通道。实践中，与之相配套的电子化转换平台却未能真正建立起来。从表2对最高人民法院和部分地方法院指定的相关规范性文件的梳理中可以看出：

首先，这些规范性文件均未提及具备公信力和技术条件的电子化转换平台的建设，证据在真实性上难以获得相应公信力认可；其次，这些规范性文件中均未曾涉及电子化转换的具体方式、操作规范和标准要求，对电子化证据的真实性缺乏统一的识别标准和鉴证规则；最后，现有在线诉讼平台建设难以涵盖和解决真实性审查困境。最高人民法院指导建立的电子证据交换平台集中在互联网法院电子证据的真实性审查上，通过运用区块链技术进行存、取证来保证所取得电子证据的真实性。然而互联网法院审理案件主要系基于互联网而发生的纠纷，证据也主要为形成和储存于互联网中的电子证据[④]，但对传统实物证据通过转换而形成的

①《人民法院在线诉讼规则》第13条。

② 侯学宾：《我国电子诉讼的实践发展与立法应对》，载《当代法学》2016年第5期。

③ 参见《最高人民法院关于加快建设智慧法院的意见》。

④ 胡仕浩、何帆、李承运：《〈关于互联网法院审理案件若干问题的规定〉的理解与适用》，载《人民司法》2018年第28期。

电子化证据并无相关平台可对其真实性予以保障，从而导致在线诉讼过程中当事人仍需提供原件供法院及当事人核对审查。

表 2　电子化转换方式

规范名称	时间	条款内容
《最高人民法院关于新冠肺炎疫情防控期间加强和规范在线诉讼工作的通知》	2020 年 2 月	七、当事人及其诉讼代理人通过电子化方式提交诉讼材料和证据材料的……
《最高人民法院关于印发〈民事诉讼程序繁简分流改革试点方案〉的通知》	2020 年 1 月	二、主要内容（五）健全电子诉讼规则。……当事人选择以在线方式诉讼的，可以以电子化方式提交诉讼材料和证据材料，经人民法院审核通过后，可以不再提交纸质原件。……
《最高人民法院关于互联网法院审理案件若干问题的规定》	2018 年 9 月	第 9 条　互联网法院组织在线证据交换的，当事人应当将在线电子数据上传、导入诉讼平台，或者将线下证据通过扫描、翻拍、转录等方式进行电子化处理后上传至诉讼平台进行举证，也可以运用已经导入诉讼平台的电子数据证明自己的主张
《杭州互联网法院诉讼平台审理规程》	2017 年 8 月	第 25 条　在线举证。……当事人将证据拍照、扫描或电子证据等上传至诉讼平台。涉及实物证据，一般要求当事人在庭审前邮寄给审理法官。在庭审时，在线展示给各方当事人
《宁波移动微法院诉讼规程（试行）》	2018 年 3 月	第 10 条　当事人及其诉讼代理人在登录后点击“在线立案”、“点击立案”后，拍照上传起诉状、证据材料、身份证明材料及授权委托书等基本诉讼材料，并电子签名，最后点击“提交”，即完成在线立案申请

（二）规则维度：在线诉讼同传统证据规则的冲突

在线诉讼在深刻地改变了传统诉讼行为方式的同时，也对传统证据规则形成了挑战，导致在线诉讼实践同传统证据规则的规定之间发生冲突。此种冲突发生的原因在于，传统证据规则及诉讼程序是建立在法官同当事人共同线下亲历庭审和诉讼资料书面提供、存档的基础之上的，而在线诉讼则强调在互联网技术辅助下诉讼行为的虚拟形态，二者诉讼行为所依赖的信息载体不同。

具体到电子化证据真实性审查问题上，对电子化证据产生真实性质疑的原因在于对证据的电子化转换、传递和保存在现今诉讼规则方面并无有效的应对策略和行为规范。而对于“原件”规则的孜孜追求，则使得电子化证据看起来同传统证据规则显得格格不入。

（三）心理维度：在线诉讼能力差异加剧真实性疑惑

诉讼主体参与诉讼活动的能力并不相同，在线诉讼则将此种诉讼能力的差异进一步扩大，当事人的教育程度、年龄层次、对网络的接触时间不同，则对在线诉讼的接受程度、参与在线诉讼的能力亦不同[①]。

传统庭审模式下诉讼能力的差异通常是对法律关系的识别能力、对诉请加以证明或辩驳的能力、配合法庭开展调查活动的能力，而在线诉讼模式下诉讼能力差异进一步扩大，主要体现在对证据进行电子化转换的能力、对电子化证据存在的失真情形予以识别的能力。具体而言，在线诉讼过程中诉讼能力较弱的一方将实物证据进行电子化的难度更高，在因客观原因发生失真或者被其他当事人篡改或变造时，诉讼能力较弱的一方亦难以发现。由此导致在线诉讼当中诉讼能力较弱的一方更容易对电子化证据的真实性产生疑惑，亦更倾向于选择通过传统线下方式开展证据的质证和交换。

三、电子化证据真实性的技术保障措施构建

（一）具有公信力的统一电子化平台的建立

电子化证据真实性的审查，先要确保经过转化而来的电子化证据同实物证据之间的同一性，亦即这种电子化应当真实、完整地表现实物证据本身信息。这就要求电子化证据必须是经过中立、可靠、具有权威性的平台转化而来的，因此有必要建立具有公信力的电子化平台。

该电子化转换平台，一方面应当保证其中立性与公信力。只有由独立于诉讼主体之外的权威第三方平台对实物证据进行电子化转换，才能最大限度地保证真

---

① 张峰、滑冰清：《电子法庭与传统民事诉讼法理的冲突与协调》，载《河南师范大学学报（哲学社会科学版）》2013 年第 1 期。

实性与可信度。另一方面还应保证转换的低成本与便捷性。过高的转换成本或较低的效率将迫使当事人放弃电子化证据的提供，转而选择传统的举证质证程序。基于该两点考虑，在平台选择上可以考虑采取由市场上的电子存取证机构，或者由各个法院设立电子化转换部门。在在线诉讼过程中，当事人可以任意选择就近的法院或第三方存取证机构进行证据的电子化转换，由这些专门平台负责转换及将电子化证据上传至诉讼平台，供案件审理法院庭审质证。

（二）区块链等电子存证技术的应用

传统实物证据经由平台转化生成电子化证据后，可借助区块链、可信时间戳、哈希值校验等电子存证技术予以固化，从而防范电子化证据被篡改和变造，保证电子化证据的真实性。

区块链等电子存证技术不仅被相关法律规范确定为电子证据存证认证的有效技术手段，在实践中也已经被互联网法院广泛应用[①]。然而，区块链技术在电子化证据领域尚未能发挥相应作用。究其原因在于，传统实物证据经扫描等转化为电子化证据后，即便是存储至区块链存证平台，存证平台亦不具有该证据的原始数据资料[②]，无法生成数据摘要来比对电子化证据同原始证据之间是否存在篡改。

然而，由此并不表示区块链等存证技术在电子化证据中不能发挥其应有的价值，尤其是结合统一电子化平台的建设，区块链存证技术可以保障已经生成的完整、准确的电子化证据在后续传输和使用过程中不被篡改。区块链存证平台可接入统一电子化平台，将已经生成的电子化证据作为原始数据存储至存证平台并生成数据摘要，由此来保证上链的电子化证据在后续传输和使用过程中的完整性和真实性。

四、电子化证据真实性审查规则的重构

对于电子化证据同原件优先规则之间的冲突协调，最高人民法院在《人民法院在线诉讼规则》第13条规定了“视同原件”规则，实质上对《民事诉讼法》第70条中的“原件”概念做了扩大解释。但该规则规定尚不完备，仍需建立一系列

---

① 陈国猛：《互联网时代资讯科技的应用与司法流程再造——以浙江省法院的实践为例》，载《法律适用》2017年第21期。

② 邹翔翔：《互联网审判机制研究——以杭州互联网法院为样本的考察》，载《浙江万里学院学报》2019年第2期。

配套规则来形成完备的电子化证据真实性审查制度。

（一）以完整性为标准的真实性鉴证规则

电子化证据存储于特定设备中，同电子数据一样具有易被删改、修订和破坏且不易被察觉的特点，实践中若非依靠特定专业设备及鉴定手段，法官通常亦难以就该电子化证据形式上真实、未曾被篡改作出判断。因此应参照电子证据，建立起以完整性为标准的真实性鉴证规则。

所谓电子证据的完整性，是指电子记录的产生、传递、使用过程未被篡改或添加①。该完整性标准在电子化证据中适用则应理解为，该电子化证据生成、存储、传输所依赖的设备、系统、软件等是否完整可靠，电子化证据生成、存储、传输所依赖的设备、系统、软件是否处于正常运行状态，该电子化证据的保存、传输、收取是否由有资质的主体完成。

（二）电子化证据真实性推定规则的确立

法律推定是解决待证事实证明的一种技术性手段，电子化证据在真实性审查上亦可采取推定规则。与此同时，电子化证据亦具有电子数据的部分特性，因此在推定规则的内容上亦可借鉴我国《最高人民法院关于民事诉讼证据的若干规定》中对电子数据真实性推定规则的内容。

具体而言，电子化真实性的推定真实规则内容可包含：（1）国家机关或者其他具有社会管理职能的社会组织在其职责范围内制作的文书，对该文书进行拍照扫描等形成的电子化证据；（2）对鉴定机构所出具的鉴定意见进行拍照扫描等形成的电子化证据；（3）对以档案管理方式保管的材料进行拍照扫描等形成的电子化证据；（4）对内容经公证机关公证过的材料进行拍照扫描等形成的电子化证据；（5）对方当事人在另案诉讼中提供的电子化证据；（6）对双方均占有的材料，一方进行拍照扫描等形成的电子化证据，另一方当事人虽然否认其真实性，但并未提供其所持有部分且无法合理说明的。当事人一方在诉讼中提出以上电子化证据材料，在对方当事人未能提供相反证据的情况下，法院可推定这些电子化证据真实。

---

① 吴哲：《论民事诉讼电子证据的真实性》，载《河北科技大学学报（社会科学版）》2015 年第 3 期。

（三）电子化证据真实性合理异议制度的建立

对电子化证据真实性的审查还应建立合理异议制度。在对电子证据的真实性予以审查后，若对方当事人仍有异议，应对其异议进行合理说明，并由该当事人对此予以证明。法院在审查后认为该异议不具有合理性的，则可不予采纳，若认为该异议具有合理性，则可以组织双方当事人补充进行线下举证质证。

（四）司法惩戒措施的结合适用

电子化证据真实性的审查，其目的在于保证传统线下证据不因电子化过程而丧失真实性，避免部分当事人利用技术手段对电子化证据进行伪造、变造。这是诉讼程序问题，实际上也是认定当事人是否诚信的问题。因此，有必要对违反诚信原则的行为施以司法惩戒，在仅审核或鉴证后证实电子化证据系证据提供人篡改原件所得，则应依照《民事诉讼法》第 111 条、第 112 条、第 115 条之规定采取强制措施，对提供虚假证据的行为予以惩戒。

附件：

电子化证据形式真实性审查若干问题的规定（建议稿）

为规范电子化证据真实性审查及认定，促进电子诉讼依法开展，保障当事人及其他诉讼参与人合法权益，确保公正高效审理案件，根据《中华人民共和国民事诉讼法》等法律，结合人民法院审判工作实际，就电子化证据相关问题规定如下。

第一条　电子化证据，是指当事人将书证、物证、鉴定意见、勘验笔录等线下实物证据材料，通过扫描、翻拍、转录等方式处理后所形成的，导入上传至诉讼平台用于电子诉讼的证据形式。

第二条　当事人可以自行对实物证据材料进行电子化处理，亦可通过人民法院诉讼材料电子化转换部门或第三方存证机构对实物证据材料进行电子化转换。

第三条　人民法院及第三方存证机构将实物证据材料转换为电子化证据后，应当将该电子证据上传至人民法院电子诉讼平台。

第四条　当事人及其他诉讼参与人通过技术手段将书证、鉴定意见、勘验笔录等实物证据材料进行电子化处理后提交的，经法院审核形式真实性通过后，视为符合原件形式要求。

第五条　人民法院对电子化证据的形式真实性，应当结合下列因素综合判断：

（一）电子化证据生成、存储、传输所依赖的设备、系统、软件等是否完整、可靠；

（二）电子化证据生成、存储、传输所依赖的设备、系统、软件是否处于正常运行状态；

（三）电子化证据的保存、传输、收取是否由有资质的主体完成；

（四）其他影响电子化证据完整性和可靠性的因素。

人民法院认为有必要的，可以通过补充进行线下证据核对等方法，审查判断电子化证据的真实性。

第六条　电子化证据存在下列情形的，人民法院可以确认其形式真实性，但有足以反驳的相反证据的除外：

（一）国家机关或者其他具有社会管理职能的社会组织在其职责范围内制作的文书，对该文书进行拍照扫描等形成的电子化证据；

（二）对鉴定机构所出具的鉴定意见进行拍照扫描等形成的电子化证据；

（三）对以档案管理方式保管的材料进行拍照扫描等形成的电子化证据；

（四）对内容经公证机关公证过的材料进行拍照扫描等形成的电子化证据；

（五）对方当事人在另案诉讼中提供的电子化证据；

（六）对双方均占有的材料，一方进行拍照扫描等形成的电子化证据，另一方当事人虽然否认其真实性，但并未提供其所持有部分且无法合理说明的。

第七条　人民法院依照上述条款对当事人一方提供的电子化证据进行审查后，另一方当事人仍有真实性异议的，则应提供证据予以证明。

第八条　当事人一方提供电子化证据，对方当事人对上述材料真实性提出异议且有合理理由的，人民法院应当要求当事人提供原件。

第九条　本规定自发布之日起实施。

（**作者简介：**庞闻淙，法学硕士，上海市第一中级人民法院三级高级法官；程勇跃，法学硕士，上海市第一中级人民法院法官助理；肖洋，法学硕士，上海市第一中级人民法院法官助理）

人民法院在线诉讼平台数据安全风险及其防控路径

刘 畅

引 言

2017年12月，杭州互联网法院首审电商平台淘宝网诉售假卖家高某案，[①]案情虽简单，但由于阿里巴巴集团与浙江高院达成战略合作协议，为其提供信息化智能辅助外包服务，杭州互联网法院在线诉讼平台的建设亦有阿里巴巴集团参与其中，从而引发公众对杭州互联网法院所作裁判司法公信力的质疑。此案仅是管中窥豹，全国各级法院在建设智慧法院、发展在线诉讼的过程中均存在不同程度的依赖外包科技公司提供智能化数据信息服务的情况，公众对法院案件信息数据与诉讼参与人个人信息的安全性存在隐忧。基于此，人民法院亟须谨慎把握与第三方科技公司的关系，并为法院数据信息利用与安全保护提供有利的风险防控路径，以实现"更高水平的数字正义"。

一、实证检视：法院在线诉讼平台的数据安全环境特征及法律渊源

互联网法院的设立使司法审判逐步从"剧场化"向"网络化"转型，不断填平互联网横亘在法院与群众之间的"数字鸿沟"。2020年突发新冠肺炎疫情，在线诉讼借力"云端"，解决"无接触"难题，极大地迎合了时代挑战、满足了人民群众司法需求。2020年，全国法院在线立案1080万件，占一审立案量的54%，在线开庭85.6万场，电子送达2088.3万次，[②]可见，在线诉讼将司法审判从法庭这一

① 案例来源于浙江省高级人民法院"浙江天平"微信公众号2018年4月20日文章《打假|淘宝向售假网店卖家索赔胜诉——杭州互联网法院首审淘宝打假案》，2021年6月25日访问。

② 数据来源于2021年3月10日下午最高人民法院举办的2021年全国两会《最高人民法院工作报告》解读系列直播访谈第五场。

固定场域中解脱出来，具有广泛的应用前景。

然而，需要我们冷静思考的是，尽管我们用了七年多的时间走过了发达国家几十年的司法信息化道路，但尚未形成成熟定型的司法与技术融合应用模式。智慧法院建设还面临着技术在司法领域应用边界不明、技术标准不一、司法数据安全保障不完善等深层次问题，司法信息技术在开发、运用过程中仍存在失范现象，其整体性、协调性仍有待全面整合提升。特别是党的十九届五中全会以来，《数据安全法》《个人信息保护法》相继出台，倡导加快数字化发展、加强网络安全保护，法院数据信息安全和诉讼参与人个人信息保护备受关注，亦成为在线诉讼嵌入民事诉讼研究的题中之义。鉴于此，我们有必要对全国法院在线诉讼平台环境进行分析，以期查找出法院在线诉讼中数据安全风险的源与流。

（一）从参与到依赖：全国在线诉讼平台外包公司介入情况及特点

笔者对全国部分法院在线诉讼所借助平台、功能模块等情况进行统计，发现目前我国在线诉讼模式主要分四类（见表 1）：第一类是三家互联网法院模式，其中以杭州互联网法院最为成熟，法院依托互联网专业通信平台搭建的音视频实时沟通系统，其在线诉讼功能集中于本院的诉讼平台，能够实现案件的全流程在线办理；第二类是以吉林法院为代表的电子法院模式，能够实现全流程网络化，其在线庭审主要借助视频（云）会议系统或法院与网络公司合作研发的庭审小程序，还有部分地区法院依靠腾讯云、天宇威视、华宇、新浪等公司提供支持；第三类是以浙江法院为代表的移动微法院模式，诉讼参与人可以最高人民法院搭建的移动微法院平台作为总入口再通过小程序跳转至各地的分平台，使用手机立案、证据交换、庭审、执行等功能；第四类是其他模式，如早在 2007 年 1 月，福建省沙县法院就依托 QQ 视频系统在线审理了跨国离婚案；2015 年 12 月，郑州中院在全国首次尝试“微信庭审询问”；2020 年疫情期间，也有法院使用钉钉、云间等软件进行在线庭审。

表 1　在线诉讼的实践图景①

模式	平台名称	法　院	借助平台	功能模块
互联网法院模式	互联网法院电子诉讼平台	杭互、北互、广互	互联网法院自建平台	全流程网上诉讼：案件查询平台、证据平台、智慧庭审平台、调解平台、执行平台
电子法院模式	吉林电子法院	长春市中级人民法院及下辖院	自建平台的“电子法院云会议”系统，分别有电脑 PC 端和手机 App 端	全流程网络化：诉前准备、立案缴费、预备开庭、开庭审理、结案执行和判后工作
	北京云法庭	北京法院	自建平台的电脑端、手机 App 端、微信小程序	在线庭审、上传证据并批注、查阅笔录并签名
	重庆法院易诉平台	重庆法院	自建“易诉”平台、“易法院”手机 App 端	在线庭审、证据交换
	河北电子法庭	河北法院	自建平台的电脑 PC 端、手机 App 端	在线庭审、证据展示、查阅笔录签字
	广东法院诉讼服务网	广东法院	自建“诉讼服务网”、微信“粤公正”小程序	在线庭审、证据交换、查阅庭审笔录并签名
	黑龙江法院诉讼服务网	黑龙江法院	自建“网上诉讼服务”平台	在线庭审
	辽宁智慧法院	辽宁法院	自建“互联网庭审云平台”、“公道互联”手机 App 端	在线庭审、确认笔录、扫码签字
	上海法院 12368 微开庭	上海法院	电脑 PC 版视频客户端、微信版视频客户端	在线庭审、证据展示、查阅庭审笔录并扫码签名

① 数据来源于各高院官方网站及官方微信公众号，2021 年 6 月 18 日访问。另参见郑世保:《电子民事诉讼行为研究》，法律出版社 2016 年版，第 358—361 页。潘志贤:《郑州中院试行全国首例“微信庭审”》，载《中国青年报》2015 年 12 月 22 日，第 6 版。

续表

模式	平台名称	法　　院	借助平台	功能模块
	互联网法庭	天津、山西、内蒙古、河南、湖南、湖北、云南、广西、海南、宁夏、西藏法院，新疆乌鲁木齐、昌吉和阿勒泰三地法院	云间庭审手机 App 端、微信小程序端、电脑 PC 客户端	在线庭审、证据展示、查阅笔录并签字
	江苏微法院	全国法院	与腾讯云、北明软件合作开发，微信小程序“互联网开庭”	实时开庭、预约开庭、多方禁言、在线签名、举证质证、查阅笔录、手机签名
	山东法院互联网法庭	山东法院	“山东法院互联网法庭”微信小程序或手机 App，北京天宇威视科技公司支持	在线庭审、证据交换、查阅笔录并签字
	甘肃法院“云上法庭”	甘肃法院	新浪司法频道提供技术支持手机 App 端和电脑 PC 客户端	在线庭审、证据交换、联系法官、线索举报
	青海网上法院	青海法院	北京华宇信息技术有限公司开发的“庭审”电脑 PC 和手机 App 的客户端	在线庭审
移动微法院模式	移动微法院“掌上法庭”	浙江、四川、贵州、陕西、福建、江西、安徽法院	中国移动浙江、四川、贵州、陕西、福建、江西、安徽微法院“掌上法庭”模块下的“移动庭审”	手机立案、在线庭审、证据交换、庭审、执行、联系法官、线索举报
其他模式	QQ 视频系统	典型的案例：2007 年 1 月 4 日福建省沙县人民法院运用 QQ 在网上审理了原被告分别在中国和秘鲁的跨国离婚案件；2007 年 6 月 18 日江苏省金坛市人民法院利用 QQ 审理了原被告分别处于中国和日本的跨国离婚案件；2009 年 10 月 17 日由河南省濮阳市华龙区人民法院中原人民法庭运用 QQ 视频审理了原被告分别在中国和意大利的跨国离婚诉讼		
	微信群	郑州市中级人民法院 2015 年 12 月 17 日在全国首次尝试“微信庭审询问”		

由此可见，在线诉讼平台在建设和使用过程中，信息技术外包发挥了不可替代的作用，截至2021年8月，全国各级人民法院与科技公司实现战略合作的达3200余家，占全国法院总数的90.5%。已实施信息化外包的法院中有超半数者与多家科技公司实施外包合作，其中科大讯飞、阿里巴巴、百度、腾讯等公司为主要战略合作方，也有很多中小公司参与建设。在线诉讼打破了法院封闭传统，法院需向科技公司通过购买服务的方式获取技术，而科技公司也借此获取了更多诉讼数据与当事人信息，造成法院数据信息安全环境发生巨大变化，具体呈现以下特点。

（1）平台外包化。智慧法院建设是一项系统工程，需要信息技术与法院工作深度融合才能推动智慧法院建设迭代升级，而目前全国法院尤其是中级、基层法院的现状是信息化部门隶属技术处或办公室，系非主流业务部门，法院数据信息专业人才严重短缺，不得不将信息化建设转给外包公司完成，由表1可见，法院与科技公司通过签订战略合作协议的形式开展信息化建设成为常态。

（2）数据共享化。目前法院数据共享主要有两种方式。一种是法院内部共享。全国四级法院案件数据自动生成、实时更新、动态分析、实时共享、互联互通。另一种是法院外部共享。即法院与其他行政部门、部分企业以及社会公众之间的信息外部循环。在通过电子诉讼平台在线传输时稍有不慎就会影响数据安全，累及法院自身。比如，部分法院在线诉讼平台利用阿里巴巴技术支持建立，诉讼参与人注册平台时关联支付宝获得实名认证后，与阿里巴巴旗下相关的买卖合同、服务合同等纠纷订单会自动推送至在线诉讼平台，一旦阿里巴巴旗下企业成为诉讼参与人，原、被告间会形成巨大的“数字鸿沟”，法院中立性难以保证。

（3）网络联通化。在线诉讼平台使当事人与法院的距离缩短到鼠标的点击之间。诉前调解、登记立案均可通过互联网转递案件材料；在线庭审中举证、质证、法庭辩论甚至可通过“异步”完成；繁简分流试点地区法院的当事人甚至可享受判决书、调解书、裁定书电子送达的“福利”，破除“送达难”的顽瘴痼疾；执行阶段，司法拍卖与查控扣划等均可在线完成。

（二）从个别到普遍：以杭互为例看外包科技公司在线诉讼案件

在线诉讼时代，法院与外包公司的合作密不可分，外包公司成为该院诉讼案件当事人的情况亦屡见不鲜。以杭州互联网法院与阿里巴巴集团为例，杭州互联网法院在线诉讼平台一经上线便收录了1031条诉讼案件信息，其中超七成诉讼当事人为阿里巴巴集团旗下公司。截至2021年8月20日，笔者在中国裁判文书网检索出阿里巴巴集团旗下公司在杭州互联网法院在线诉讼平台诉讼文书共 4870 份，案由主要集中于买卖合同纠纷、网络服务合同纠纷等。正如引言所述的杭州互联网法院首审淘宝打假案，这些案件因原告阿里巴巴集团与审理法院杭州互联网法院有着深度的信息化外包服务合作关系而备受瞩目，阿里巴巴既是杭州互联网法院的数据服务商，又是诉讼参与人，其在举证质证方面具有天然优势，且有能力隐秘地通过其数据资源和技术优势干扰审判，即便案件以被告受到处罚终结，但案件审理过程中折射出的外包科技公司对司法公正的影响仍值得公众深入思考。

虚拟化的诉讼环境并非总带来司法进步，同样会对诉讼法理造成冲击。在线诉讼的广泛应用似一把“双刃剑”，在带来诉讼便利的同时亦存在数据信息利用与安全隐患，将平台的建设与维护一概外包给科技公司，对法院数据和诉讼参与人的隐私提出严峻挑战。

（三）从概括到具体：我国数据安全和个人信息保护法源发展脉络

自 2016 年《网络安全法》公布以来，国家对数据安全和个人信息保护从法律和司法解释的高度发展完善，逐步完成从立法目的到司法价值的嬗变。2020 年《民法典》将“隐私权和个人信息保护”独立成章，为网络数据安全与个人信息保护提纲挈领、留有余地，2020 年新冠肺炎疫情暴发以来，最高人民法院先后出台了一系列司法解释，确立了人民法院“数据安全和个人信息保护”的目标。特别是 2021 年 6 月《人民法院在线诉讼规则》的出台，标志着人民法院在线诉讼进入 2.0 时代。其后，《数据安全法》和《个人信息保护法》相继施行，结合之前已实施的《网络安全法》，为公民个人信息与隐私保护、企业数据权益的信息安全上了“三把锁”（见表 2）。

表 2　我国数据安全和个人信息保护法源发展脉络

序号	发布时间	名　称	要　点
1	2012.12	《全国人民代表大会常务委员会关于加强网络信息保护的决定》	第 2 条规定，网络服务提供者和其他企业事业单位在业务活动中收集、使用公民个人电子信息，应当遵循合法、正当、必要的原则……
2	2013.7	工业和信息化部《电信和互联网用户个人信息保护规定》	第 9 条强调，电信业务经营者、互联网信息服务提供者在收集数据时必须遵守“知情同意原则”，强化了有关机构的数据安全保障义务，并明确了相应的责任形态

续表

序号	发布时间	名　称	要　点
3	2013.10	《消费者权益保护法》	第 14 条 【受尊重权及信息得到保护权】 第 29 条 【收集、使用消费者个人信息】 第 50 条 【侵犯人格尊严的弥补】 我国法律首次从民事权利角度对个人信息作出规定
4	2015.8	《刑法修正案（九）》	第 286 条之一 【拒不履行信息网络安全管理义务罪】
5	2016.11	《网络安全法》	第 41 条对个人信息的收集和使用进行规范
6	2018.9	《最高人民法院关于互联网法院审理案件若干问题的规定》	第 5 条规定，诉讼平台对涉案数据的存储和使用，应当符合《网络安全法》等法律法规的规定
7	2019.8	国家互联网信息办公室《儿童个人信息网络保护规定》	对未成年人采取高于普通人群个人信息保护标准作出专门规定
8	2020.2	《最高人民法院关于新冠肺炎疫情防控期间加强和规范在线诉讼工作的通知》	第 9 条规定，法官远程查阅电子卷宗、合议案件、撰写提交裁判文书等，应当严格遵循电子卷宗管理和保密工作相关规定
9	2020.5	《民法典》	第四编第六章　隐私权和个人信息保护。是我国立法特色。 一是明确通过“可识别性”界定个人信息（第 1034 条第 2 款）。二是予以综合保护（第 1034 条第 3 款）。三是确立处理个人信息须遵循合法、正当、必要原则，将自然人知情同意作为合法收集和处理的前提（第 1035 条）。四是建立了个人信息主体的查阅、复制、更正和删除权（第 1037 条）。五是明确了信息处理者的信息安全保障义务（第 1038 条）。 此外，《民法典》还对处理个人信息的免责事由、国家机关和承担行政职能的法定机构及其工作人员的保密义务等作出了规定

续表

序号	发布时间	名　称	要　点
10	2020.10	《未成年人保护法》	第 72 条、第 73 条，规定信息处理者通过网络处理未成年人个人信息的要求
11	2021.3	《国民经济和社会发展第十四个五年规划和2035年远景目标纲要》	第十八章　营造良好数字生态。第三节　加强网络安全保护
12	2021.6	最高人民法院《人民法院在线诉讼规则》	第 38 条对在线诉讼数据信息保护作出专门规定，总体上确立了人民法院对在线诉讼数据信息的权利主体地位，明确了各方主体对在线诉讼数据信息的保护义务和责任追究的法律依据，切实加大对数据安全和个人信息保护力度，保障在线诉讼安全、规范、有序运行
13	2021.6	《数据安全法》	确立数据分级分类管理及风险评估、监测预警和应急处置等数据安全管理各项基本制度，个人的数据安全保护义务，落实数据安全保护责任，明确采取维护数据安全和促进数据开放利用并重的原则
14	2021.8	《个人信息保护法》	规定适用于所有公司在运营中以线上或线下方式处理的消费者用户个人信息、员工个人信息、供应商或者客户代表的信息。 该法是我国个人信息保护领域第一部综合性法律

由表 2 可见，2021 年之前我国并未针对在线诉讼平台的数据安全问题作出专门性规定，2021 年的《人民法院在线诉讼规则》第 38 条从总体上确立了人民法院对在线诉讼数据信息的权利主体地位，明确了各方主体对在线诉讼数据信息的保护义务和责任追究的法律依据，切实加大了对数据安全和个人信息保护力度。《数据安全法》《个人信息保护法》对国内外数据竞争和保护的关键问题进行了回应，对线上用户个人信息保护作出了原则性规定，明确了维护平台数据安全的各项原则。但这些法律及司法解释亟需各地法院出台细化措施，强化执行效力，避免陷入执行不能的尴尬境地。

综上所述，由于各地法院在建设在线诉讼平台过程中技术标准不统一、平台不一致进而无法做到统一防范数据安全风险，如何保护司法数据与当事人信息的安全则成为智慧法院建设在全面数字时代必须面对的课题。

二、追本溯源：技术环境下法院在线诉讼平台数据风险及成因分析

经过近年来的探索与实践，特别是经历2020年新冠肺炎疫情“大考”的检验，在线诉讼不断提升司法质效，满足了人民群众对司法的新期待。由于在线诉讼平台处于虚拟且复杂的网络环境，易攻难守，网络安全风险成为在线诉讼面临的新型核心议题。

（一）各个击破：法院在线诉讼平台数据信息在各环节存在的风险

法院在线诉讼平台在收集、运用、公开数据的各环节均存在安全风险。

（1）收集环节存在的风险。在数据收集环节，在线诉讼平台对诉讼参与人信息的泄露有可能是全方位的。在线立案时，当事人通过人脸识别系统进入在线诉讼平台留存的面部信息、身份证号、住所地、个人偏好等海量司法大数据有可能被泄露。在线庭审中，法院工作人员未调试好设备，可能导致参与人个人信息泄露；尽管部分案件不公开审理，但由于电子化诉讼，诉讼参与人的个人信息、庭审记录、裁判结果等海量案件信息均会汇集至与法院有合作协议的平台，在线诉讼平台中的案件信息在流转与留痕过程中，一旦因存在权限漏洞而被盗窃、泄露、非法查看、篡改、仿冒等，就会造成严重后果。

（2）应用环节存在的风险。在线诉讼中，诉讼参与人可凭借账号、密码、人脸识别等途径进入在线诉讼系统。然而，这些数据一旦被窃取，可能导致登录平台的并非真正诉讼参与人本人。即便人脸识别准确率较高，但不排除双胞胎等长相极相似的人代为诉讼，法官在网络环境中无法通过面貌、体态特征等把握参与庭审之人的真实性，单凭人像与证件信息的对比准确率更低。因此，在线诉讼存在法院识别和认证诉讼参与人真伪的风险。

（3）公开环节存在的风险。科技延长了司法的触角，通过对声音、图像等进行综合处理的方式为司法公开提供强劲支撑，科技的深度应用让正义的实现方式看得见，通过全流程在线诉讼、庭审公开、裁判文书公开等途径，法院对案件的审判执行过程全方位暴露于社会监督之下。但在线诉讼平台亦如潘多拉的宝盒，在带来福利的同时亦带来无限隐患，科技让司法承受前所未有之重，信息技术的公开透明加剧了信息泄露、侵犯诉讼参与人隐私权的风险。公众通过在线诉讼平

台加速了解案件审判执行全过程，在此过程中有可能充斥着各方质疑与评议，法院的案件数据与当事人信息一旦被公开，个体的在线诉讼行为易成为大众狂欢，当事人隐私被过分挖掘，为当事人带来未知的负面影响。在线诉讼使司法公开与个人信息保护之间的博弈越发紧张。面对科技与司法公开的冲突，法院亟需加强信息安全防护，在顺应科技的同时警惕科技带来的“全景敞视”风险，[①]确保司法的稳定性。

（二）剖玄析微：法院在线诉讼平台数据安全风险的成因分析

“善除害者察其本，善理疾者绝其源”，技术环境下法院与科技公司间的博弈关系加剧了在线诉讼数据信息在收集、运用、公开环节存在的风险，亦加剧了科技与司法之间的冲突，因此只有理顺风险之“源”，始能探寻构建安全的在线诉讼数据环境之“路”。

（1）价值偏轨：部分法院重业务轻技术倾向的反思。人民法院作为专注审判执行业务的国家司法机关，内部主要为法律专业的审判人员，通信、计算机、人工智能等专业的人才数量较为匮乏，依靠法院内部力量研发在线诉讼平台如天方夜谭，较为可行的方法为与外部科技公司达成战略合作，实现数据信息技术外包。人民法院为科技公司开放数据信息访问权限，外包公司收集人民法院提供的案件信息，获取案件数据后整理并协助法官办案，这种做法本是“各取所需”，但却为科技公司通过处理海量诉讼信息和数据的方式干扰或介入司法提供可乘之机。如科技公司成为案件诉讼参与人，其在诉讼策略和证据方面具有普通当事人难以比拟的天然强势地位，其可悄然隐匿、伪造、篡改相关数据，进而取得诉讼优势，造成公众对司法公信力的怀疑。部分法院重业务轻技术，因信息化完全依赖外包科技公司造成严重的后果，一方面，法院对科技公司大数据开发原理和共享状态并不了解，难以知晓科技公司是否已遵守保密规则或是否存在擅自复制信息以谋取私利的情况；另一方面，法院掌握海量准确而详尽的当事人诉讼资料，这些数据相较于互联网上的碎片化信息更为详尽且更具隐私性，一旦这些数据被科技公司的人工智能和新算法过分挖掘，法院则会沦为互联网数据库的中介机构，严重威胁诉讼参与人的信息安全。

（2）规则缺位：技术革新下在线诉讼规则不明问题的检视。我们处于“到处

---

① 钱锋:《现代网络科技与司法公开》，载《中国党政干部论坛》2014 年第 2 期。

留痕”的大数据时代，每个人都可能成为别人研究和分析的对象。自 2015 年最高人民法院筹备智慧法院建设始，电子诉讼悄然兴起，2017 年三大互联网法院的建立使在线诉讼蓬勃兴起，但在信息技术日臻成熟的当下，在线诉讼平台建设初期的规定已不能适应新形势下在线诉讼的数据安全和诉讼参与人个人信息保护的新要求。由表 2 可见，对于在线诉讼平台，我国已在法律、司法解释的层面明确了在线诉讼平台“安全可靠”的基本原则，强调保障在线诉讼数据信息安全；规定了“在线诉讼数据信息保护条款”，明确了各方主体对在线诉讼的数据安全和个人信息保护义务；明确了在线诉讼数据信息保护的追责条款，切实加大对数据安全和个人信息保护力度。实践中，部分法院建立了电子数据分级分类保护机制，保障在线诉讼的安全、规范、有序运行。但是，目前已有的配套解释仍较为原则性、倡导性，可执行力度不强，未能回应目前在线诉讼中存在的亟须解决的安全风险问题。若想消除法院数据安全隐患，亟需提出切实可行的防控路径和实施细则。

（3）救济失衡：信息化人才缺失造成运维能力配置不齐的审视。互联网时代，网络因其开放性、交互性、分布式等特点时常发生黑客侵袭、数据泄露等问题，网络信息安全成为国家安全战略之殇。部分法院信息化人才缺失造成运维能力配置不齐，使在线诉讼更易遭受黑客随时随地发起的攻击，诉讼参与人的身份信息、证据信息等均可通过互联网提交，法院的庭审笔录、裁判文书等也可通过互联网浏览、签字并送达，而一旦用于传输信息的网络的基础设施安全性建设不足，如出现外置存储使用不规范、杀毒软件安装不到位、病毒查杀不及时等问题，各种案件信息在线堆积的同时也会被置于泄露、恶意篡改、数据流攻击等风险境地。在线诉讼因其易遭受攻击的风险无法如实地诉讼平稳而有序地进行，造成其提高司法效益的福利属性大打折扣。另外，在智慧法院建设的背景下，司法审判与现代数据信息技术正进一步深度融合，但目前部分法院仍存在网络安全维护观念较为落后、数据信息安全保护漏洞明显、缺乏有利保护措施等问题，致使在线诉讼平台数据运维不当。再者，在线诉讼使法院案件数据安全与当事人个人信息保护工作贯穿全程，法院干警需要对在线诉讼中网络安全保密工作理念强化更新，无论是法院内部即时通信软件、移动存储设备接入与流转等都有可能导致泄密。部分法院信息化建设能力薄弱，对网关安全、内网建设、数据安全管理不足，缺乏切实有效的防止信息外泄手段。目前全国法院尚未构建统一的安全体系，也尚未建立统一的信息安全保密制度，造成中西部欠发达地区的信息安全基础设施和建设水平不足，易受网络攻击。

在线诉讼的时代已经来临，智慧法院的建设离不开信息化的支持。诚然，目前在线诉讼中法院案件数据信息和诉讼参与人的个人信息安全均存在一定程度上的风险隐患，但只要谨慎厘定科技与司法的关系，提出数据信息利用与安全隐患的防控路径，就一定会对法院在线诉讼平台的安全性提升有所裨益。

三、守正创新：数据安全视域下在线诉讼平台数据风险的防控路径

随着国家对智慧法院建设的大力投入，在线诉讼发展一日千里，但学界对数据安全和个人信息保护的研究多侧重于通信服务、电商行业、互联网刑事犯罪等领域，对法院在线诉讼平台数据安全语焉不详。鉴于此，我们有必要及时化解在线诉讼平台数据风险，以维护审判权威，保障法院数据安全。

（一）赢取主动：提高法院数据信息技术外包管理水平

"不完全契约理论"指出，在契约关系中，绝对完全的契约是不存在的，谁掌握契约中未提及的"剩余权利"的主动性，谁就控制了降低契约风险的关键。法院与科技公司签订的技术外包合同符合"不完全契约理论"的"不完全"特征，即合同签订时法院自身由于信息化能力薄弱，无法预测未来智能化设备的演变方向，对科技公司提供的技术信息了解程度处于劣势。双方信息严重不对等，合同内容无法涵盖可能发生的全部事项、权责分工等，有可能造成后期外包服务的成本增加、服务质量下降等情况。因此，亟需法院提升自身对数据安全的管理能力，与科技公司建立良性合作关系。

（1）增强数据信息安全管理能力。按照"不完全契约理论"的解释，当原始合同无法应对新情况新问题时，拥有"剩余权利"的一方掌握契约主动权。故，人民法院在与科技公司达成战略合作时，可通过建章立制的方式不断增强案件数据信息管理能力。一方面，成立专业信息化办公室。信息办由法院专业信息化人员、监管部门、第三方风控公司组成，对科技公司从选择到运营监管全程参与，以内外结合的监督约束科技公司行为，并及时建立预测评估机构进行预警防范并自动应急处置。[①] 另一方面，加大对科技公司绩效考核。建立同步控制体系和信

---

① 李亚楠：《不完全契约理论视阈下电子政务外包风险研究及其应对策略》，吉林大学 2018 年硕士学位论文。

息反馈体系，跟踪检查和分析科技公司的成果与计划偏离度，并将考核结果与报酬相联系。[①]

（2）与科技公司建立良性合作关系。马云在达沃斯演讲中曾用“只谈恋爱不结婚”形容阿里巴巴与政府间的合作关系，实际上法院与科技公司的“法企”关系亦如此，一方面，法院信息化建设离不开科技公司专业化运营维护；另一方面，法院对科技公司的过度依赖引发公众对科技公司僭越法院独立审判权的猜想。这就要求法院与科技公司在合作时要把握好界限，法院作为案件信息数据的实际控制人应当对科技公司提供的司法科技服务严格把关，必要时公开双方合作细则，制定与互联网审判相适应的裁判规则，引入社会监督机制，使双方合作更加透明、合理，科技公司不得依靠与法院合作获得诉讼中的优势地位，双方互不逾矩，实现互利共赢。

（二）化圆为方：完善与在线诉讼数据安全相关的规章制度

欧洲在20世纪末立法通过了“被遗忘权”条款。近年来，我国维护个人信息相关的诉讼案件呈上升趋势，若想消除法院数据信息利用与安全隐患，加大对诉讼参与人的个人信息安全保护，必须不断完善与在线诉讼数据安全相关的规章制度。

（1）赋予法院绝对控制权。法院收集案件信息免责。法院作为国家公权力机关，在履行审判职责的同时获取诉讼参与人个人信息与案件数据具有正当性，在承诺不发生不当行为的同时有权获取相关信息，数据主体应予配合。法院应当审慎选择科技公司外包，对科技公司的技术水平、履约能力进行充分评估与监管，规定科技公司仅能在法律委托的范围内收集或传输案件与个人信息。

（2）建立数据风险分配机制。正确处理法院、科技公司、诉讼当事人三方收益与风险。一是人民法院应坚持公开透明原则。对于除了国家秘密、商业秘密和个人隐私之外可公开的数据，应秉持开放充分、安全有序的原则，既重视公众知情权也强调国民监督权，让公众看到最本质最真实的诉讼数据，而非选择性公开。[②]二是科技公司应坚持维护数据安全原则。以公共性为基准，恪守数据安全准

---

① 杨维芝:《基于不完全契约理论视角的外包服务商的管理》，载《哈尔滨商业大学学报（社会科学版）》2011年第5期。

② 李海敏:《我国政府数据的法律属性与开放之道》，载《行政法学研究》2020年第5期。

则，以防止安全风险扩大，对运营数据实行可视化展示，不得随意篡改数据；在存储与传输数据过程中符合技术安全与合规标准；加强风险监测并定期开展风险评估。三是尊重诉讼参与人数据安全原则。注意对诉讼参与人个人信息保护与大数据开发之间的平衡，对于海量诉讼参与人个人信息的加工运用，应以充分尊重个人信息为底线。

（三）固本培元：加强法院在线诉讼平台安全防护与复合人才培养

安全可控是智慧法院建设的原则与底线，① 在线诉讼数据安全保护需与智慧法院建设同步推进。部分法院深度依赖外包公司，陷入信息化建设逐步失去主导权的尴尬境地。为避免此现象，要及时建立健全在线诉讼平台安全防护系统，注重法律科技复合型人才的培养。

（1）增强在线诉讼平台安全防护。网络安全似在线诉讼平台的外围防护盾，必须严守安全红线。落实在线诉讼平台软、硬件建设，加大资金投入，加强机房等配置上的安全自查与设备维护，防止安全隐患；改变陈旧管理理念，制定配套安全管理制度，落实安全责任。对于涉及国家秘密、商业秘密和当事人隐私的数据，要通过涉密信息系统传输。建立法院与检察机关、监察机关、行政机关的信息共享机制，以方便各机关信息安全共享，防止外部网络的非法攻击。

（2）注重复合型人才培养。“法企”合作易引发公众对在线诉讼是否存在安全风险、暗箱操作等问题的担忧，将信息化彻底外包给科技公司并非长久之计，法院需不断培养自身信息化人才，一是加强法律科技复合型人才培养。探索高校法学院与通信、计算机、人工智能等学院联合培养信息安全专业学生，培养出一批既懂法律又懂科技的复合型人才，为智慧法院建设提供后备力量。二是完善岗位招考。对法院信息化岗位的招考，增加对应试者信息技术资格的考查，考点多侧重于智慧法院建设与在线诉讼内容，逐步减少外包科技公司人员。三是加强院企合作。法院抽调一部分干警到相关科技公司了解智慧法院建设的原理与技术应用，并及时向科技公司普及审判逻辑与办案规则，方便系统设计与程序规划满足司法智能化需求，减少漏洞；科技公司定期到法院讲解人工智能、区块链、大数据等相关知识讲座，便于干警及时发现信息化问题并反馈给科技

① 蔡立东:《智慧法院建设：实施原则与制度支撑》，载《中国应用法学》2017 年第 2 期。

公司。[①]

（四）勇立潮头：细化在线诉讼平台数据与个人信息的安全规则

要实现在线诉讼技术和平台的中立性，不能简单地以追究泄露信息者相关责任的形式来实现，亟需建立有效的中立性检查与保障规则，即以外部实时监督形式实施，贯穿系统设计至运行的全流程。

（1）设立在线诉讼平台安全保障规则。为保障法院安全、连贯且有序地完成在线诉讼，可通过以下举措进行：一是软、硬件达标。规定在线诉讼需达到法院规定的硬件标准，配备保证诉讼安全有序的专业杀毒软件，各方传输、存储证据材料时，需采取加盖电子签名、可信时间戳等加密措施。二是建立技术故障应急机制。在线诉讼过程中出现各种故障时应确保有科技公司及时响应应急预案，将诉讼恢复至正常运行，一经查明故障为人为因素导致，应明晰责任分配。

（2）设立诉讼参与人的个人信息保障规则。禁止在线诉讼的泛化适用，对于需强化司法公开的案件，提高在线诉讼的适用程度；对于重视当事人个人信息与隐私权保护的案件，降低在线诉讼的适用程度；对于因庭审、裁判文书等司法公开而导致泄露个人信息的情况，应及时采取遮蔽、消音、从互联网上撤回等措施；对诉讼平台的个人信息、痕迹以及不公开审理的网上审判案件，应在内外网交互数据时确保安全性，规定加密举措及技术责任机制，防止大量数据传输交互过载宕机。案件流程在诉讼平台结束时，平台需将诉讼参与人使用体验及时反馈给法院。

四、结语

当前，信息技术与司法审判深度融合发展，在线诉讼前景广阔。尽管实务部门真切推行和适用这种新型诉讼方式，但不可否认的是，在线诉讼在应用过程中存在不同于传统线下审判的诸多风险隐患，成为人民法院在线诉讼普及的不利因素，因此，完善技术接入标准、健全技术应用规则、坚定技术中立、推动技术向善、厘定技术边界、保障数据安全刻不容缓。希冀本文对促进建立全国统一权威、

① 许建峰、黄国栋、柳叶：《全面建设智慧法院 促进审判体系和审判能力现代化》，载《行政管理改革》2019年第5期。

互联互通的在线诉讼平台、防范技术过度介入司法中立、创造更高水平的数字正义、构建中国特色世界领先的互联网司法新模式有所裨益。

（**作者简介：**刘畅，女，1987 年生，汉族，天津人。现任天津市红桥区人民法院审判员、三级法官，主要从事司法改革和民商事审判研究）

变革中前进：我国智慧法院建设中的挑战及应对

吴智永　沈伟杰　庄雨晴

一、问题的提出：庭审新技术应用对审判工作造成的挑战

（一）庭审改革带来的审判理念及庭审支持技术方面的挑战

1. 异步庭审对民事诉讼法基本原则的冲击

作为一项新兴事物，异步审理模式自诞生之日起便被寄予厚望，一方面希望可以减少当事人的讼累，提供诉讼便利；另一方面希望能够提高庭审效率。因此，异步审理模式未经深入论证便直接应用于司法实践。[①] 对于异步审理模式，质疑声音主要集中在以下两个方面：一是认为民事异步审理有悖于集中审理和直接言词原则。通过交互式对话框的形式实施诉讼行为，所呈现出的是一种非面对面、碎片式的审理样态。受此影响，庭审的对抗性和激烈程度都将显著下降，庭审辩论的仪式感被严重削弱，场域虚拟引发事实功能发现被稀释。[②] 二是认为法官的诉讼指挥权被削弱。碎片化的审理模式极易造成庭审秩序的失控、对抗式的辩论空洞，而法官不能确保即时在线主持庭审秩序。[③]

2. 各类在线庭审平台使用效果有差距

目前，全国各地法院大多都上线了自己的在线诉讼平台。然而，在改革探索中，各地法院根据自己的需求开发出的平台和系统多种多样，且流程设计及用户界面等均有差别。目前，法院主要使用的在线诉讼平台包括第三方在线会议系统、

---

① 参见林洋：《互联网异步审理方式的法理思辨及规则构建》，载《甘肃政法学院学报》2020 年第 4 期。

② 参见刘鹏飞：《电子诉讼庭审中心主义的程序实现——以借鉴和反思淘宝 ODR 经验为视角》，载《社会科学》2021 年第 5 期。

③ 参见程雪梅：《互联网异步审理模式的质疑与思辨》，载李峰主编：《司法智库. 2019. 第一卷：总第一卷》，厦门大学出版社 2019 年版，第 173—175 页。

自行开发的在线视频系统以及异步审理系统三种类型。[①] 起初，网上开庭的需求量并不高，各地法院主要通过第三方开发的视频会议平台进行网络庭审。但随着在线诉讼的推进，借由第三方平台进行诉讼活动难以保障安全性和数据的保密性，同时由于大多数第三方平台并非针对法院诉讼专门设计，难以做到兼容实时庭审笔录等功能，因此，各地法院开始自行委托开发专门的在线视频庭审调解系统。然而，这类系统无法完成异步审理，且往往需在具有完善硬件设备的法庭进行，难以满足庭审实务灵活性的需求。主要用于异步审理的在线庭审系统则是通过审判人员与当事人进行文字交流来完成一些法庭调查、法庭辩论和调解等庭审环节，并经过当事人在线签名后生成笔录。上述三系统的庭审流程、操作方式及适用场景限制均有所差别，故适用不同系统时的诉讼流程规则并不统一。在线诉讼平台在功能、程序上的差距造成了通过不同系统进行的庭审其便利度、规范性以及最终的效果均有所差别，加上不同系统对法院硬件设备的要求不同，导致在线诉讼的质量和效果难以完全得到保证。

（二）现行无纸化诉讼改革对传统办案模式带来的冲击

1. 无纸化办案带来的海量案件信息录入压力

案件卷宗电子化是智慧法院建设的基础，同时也是无纸化诉讼的起点。但改革的过程并非一帆风顺，在推广应用电子卷宗时也遇到了一些瓶颈：首先是电子卷宗的应用改变了办案全体阅看并标注纸质卷宗的工作习惯，对于新的办案模式仍需一定时间习惯和接纳。其次是机制的固有风险。当前的电子卷宗扫描采用集中扫描的方式，办案人员在接收到当事人提交的纸质材料后，需要统一送到扫描中心集中扫描。但集中扫描的弊端在于无法做到实时扫描和传输。如遇到扫描高峰期（如月末结案），容易出现扫描积压的情况，从而降低电子的效率。同时，纸质卷宗脱离办案人员控制，也容易出现纸质卷宗遗失的风险。

2. 电子送达存在的现实问题

在实践过程中，电子送达的推广应用存在以下几个方面的障碍：第一，初始送达存在困难。当前，我国的电子送达制度仍采用“受送达人同意规则”，即诉讼

---

① 例如，目前上海法院主要使用的在线庭审系统就包括了第三方的“小鱼易连”在线会议平台、自行开发的“上海法院在线庭审调解系统（云间系统）”以及主要适用于异步庭审的“上海移动微法院”平台。

材料的电子送达须以当事人的同意为前提。虽然在2021年《人民法院在线诉讼规则》中，最高人民法院基于实践经验增列了约定电子送达有效和视为同意的情形，但电子送达的启动程序仍未突破“受送达人同意规则”的桎梏，并明显限制了电子送达应诉材料的供给量和供给速度。第二，集约化电子送达平台效率有待提高。在集约管理模式下，电子送达的工作模式是“前端申请—后端处理—生成回执”，无法做到实时传输。尤其是在节假日期间，全院的电子送达工作即处于停滞状态。在互联网时代语境下，这种电子送达效率显然不能满足当事人的需要，也无法回应互联网时代诉讼变革的需求。第三，送达成功的标准有待更新。现有的送达流程设计主要以当事人点击网络链接自行下载裁判文书为主，以当事人登录相关网站领取文书为辅。但出于网络安全的考虑，部分当事人通常会拒绝点击陌生链接。而在现有的送达标准下，只有点击链接或下载文书才能生成电子送达回执。但在远距传输的情况下，无法判断当事人未领取诉讼材料是主观规避还是客观因素造成的。

3. 现行单套制[①]卷宗改革所面临的阻力

作为无纸化诉讼的中心环节，单套制卷宗在推广应用过程中面临的阻力主要来源于以下几个方面：第一，新的工作模式改变了原有的工作习惯。这样的工作模式需要实务人员一定的时间进行适应。支撑无纸化诉讼的电子交互机制仍需要法院与律师等诉讼群体共同推进。第二，纸质材料区分标准不明确。在现行的单套制归档标准下，归档人员需要区分具有归档价值的纸质原件和其他档案材料。但当前哪些纸质材料具有归档价值，每个案件的承办人可能持不同的观点。如何界定纸质材料是否具有归档价值，有赖于归档人员的自由裁量和个体经验。第三，归档技术标准较高。较高的技术标准会增加操作的复杂性以及差错率，这也会对实务中电子归档的效率造成影响。

（三）电子数据存证技术给证据规则带来的新问题

随着互联网技术的发展，针对网络侵权行为出现了越来越多的通过第三方电子数据来取证和存证的方式。这类存证主要指当事人通过第三方电子数据平台对

---

① 所谓单套制卷宗，是区别于法院现行的纸质卷宗和电子扫描卷宗并行的“两套制”卷宗，只保留一套电子卷宗。关于单套制卷宗改革的演进过程，参见马颖斋：《突破与再塑：以S市中院民商事案件为视角探究混合单套制归档方式之完善》，载“至正研究”微信公众号，2021年3月22日发布，2021年11月30日访问。

已经存在的或者正在产生的电子数据进行收集固定，从而确保电子数据自收集固定之时起不被篡改，保持完整，且能够确定收集固定电子数据的时间。[①] 目前，很多电子数据存证取证平台都是通过区块链技术或哈希值校验、电子签名等区块链底层技术来进行电子数据类证据的存取，以保证电子数据不被篡改。然而，实务中该类取证存证平台存在一些尚未明确的问题，如机构资质缺失是否会影响电子数据的证据效力，与一方当事人存在商业合作等利益关系时是否会影响证据的效力以及如何证明存证结果本身没有被篡改或者取证过程中是否有虚假行为。[②] 实践中，电子数据存证在审查时的规则并不明确，各地法院相关的规则和做法也不统一，为审判工作带来了困难。

二、问题的溯源：概念的混用、理念的偏差及数据协作的障碍

（一）概念混用的风险

在智慧法院建设方面，各种概念丰富驳杂，口号式的用法也使得概念间套用、混用的问题始终存在。有些概念是改革的阶段性目标，有的是具体的改革措施，有的概念之间是上下位的关系。这些关键概念决定了我们改革的内核到底是什么样的，以及在哪些领域推进改革。若不加以明确，容易导致各地改革的方向有所偏差。看似都在进行智慧化建设，但做的事情却差别很大。

事实上，智能化和信息化是两个概念。司法的信息化，是指将信息技术应用于司法活动中的信息获取、传输、储存以及处理等场景，从而引起司法规则治理和制度构建转型的过程。而司法智能化泛指智能技术在司法活动中的应用。司法信息化和司法智能化既存在本质差异，也具有本质联系，司法智能化是在司法信息化的基础上结合智能技术的高阶形态。[③] 法院的智能化建设则包含以下几个具体的方面。

（1）审判信息的数字化。即将案件的各类基本信息录入审判管理信息系统，使之成为可以进一步加工利用的数据代码，这也是法院大数据系统建设的基础组

---

① 参见林子英：《论第三方电子数据平台所存储数据的证据效力》，载《人民司法》2020 年第 1 期。

② 参见谢晓俊、王琳泷：《第三方电子数据取证、存证之证据效力探究》，载《科技 · 知产财经》2021 年第 1 期。

③ 参见刘奕群、吴玥悦：《信息化与智能化：司法语境下的辨析》，载《中国应用法学》2021 年第 2 期。

成部分。

（2）审判流程的无纸化。即大力推行电子卷宗系统的建设，从末端改革重塑诉讼流程，实现立案（网上立案）、审判（电子阅卷、庭审记录改革）、归档（电子卷宗归档）各诉讼环节的无纸化运作。

（3）人工智能在审判管理中的深度融合。比如，自动分析审判数据并生成研判报告、裁判文书的智能生成、风险预警、类案裁判的智能推送等。

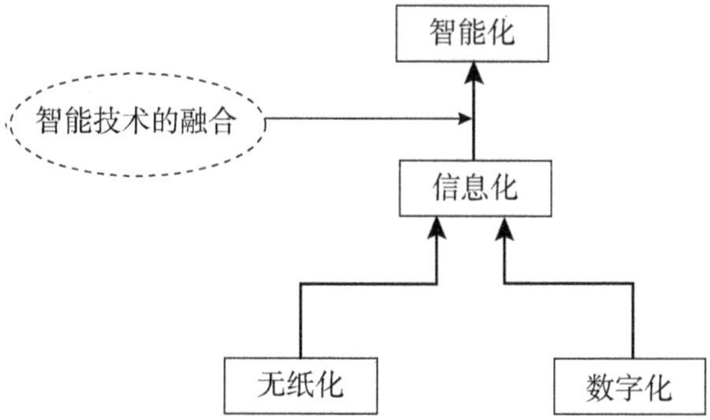

图 1　智慧法院建设谱系

（二）实践中理念偏差产生误区

智慧法院建设中目前存在一个悖论，即建设规划方案顶层设计的系统化和原则化与实践展开的碎片化和差异化[①]，这个悖论的存在使得智慧化改革陷入了形式主义的误区。实践中，有观点认为智慧化改革是“为了改革而改革”，除增加司法工作人员的工作量外，没有任何实际的作用。这种观点来源于几个方面：一是对智慧化改革的认识不够。新的工作方式打乱了原有的工作节奏，脱离了“舒适区”，使得部分工作人员对智慧化改革带有抵触和畏难情绪。二是碎片化的智慧应用功能叠加，各应用之间的操作界面和风格迥异，使得办案人员需要不断熟悉操作界面，增加了办案人员对智慧化应用的学习成本。三是各类智慧化应用的“用户体验”较差。智慧化应用的开发与设计多以第三方公司为主导，实务人员鲜有参与设计。设计逻辑与办案实际需要脱节，导致应用的体验性较差，不能有效回

① 参见肖建国、丁金钰：《论我国在线“斯图加特模式”的建构——以互联网法院异步审理模式为对象的研究》，载《法律适用》2020 年第 15 期。

应办案的实际需求。四是硬件设备保障乏力。实践中，部分庭审设施设备报错率较高，部分硬件设施则是流于形式、仓促布局。低容错率的工作环境，使得司法工作人员对于这些硬件设备产生了敬而远之的心理。

（三）职能部门间数据协作的障碍

当前的智慧法院建设，仍以省域为单位“各自为政”，“数据孤岛”的存在使得智慧化效应颇受影响。具体表现为以下两方面。

一方面，各级法院卷宗电子化工作步调不一致。例如，生效卷宗仍不能通过电子化平台统一查询。又如，案卷的移送管辖仍然需要通过纸质方式进行流转，而周转时间往往较长，跨省域卷宗移送更甚。

另一方面，各系统、平台间的融通性较差，存在重复建设问题。例如，自宁波市首创移动微法院以来，各省市已经陆续建成了各自的“微法院”，但“微法院”之间的功能并不互通互联，操作界面也不尽一致，不仅造成当事人重复学习，对于司法资源来说也是一种浪费。

三、问题的应对：明确基本理念，立法、技术、理论齐头并进

（一）确立以审判为中心的基本改革理念

《人民法院信息化建设五年发展规划（2019—2023）》指出，人民法院的信息化建设以促进审判体系和审判能力现代化为目标，始终以满足司法需求、服务用户对象为信息化建设的根本出发点，坚持服务人民群众、服务审判执行、服务司法管理、服务廉洁司法。然而，如上文所述，在改革的具体落实过程中，审判人员与审判辅助人员不得不将大量精力耗费在审判流程的各个节点海量信息输入和校对、卷宗扫描以及音视频等电子证据的上传等工作上。在法院信息化、智慧化改革全面铺开的情况下，一线的司法工作人员反而可能会感到流程更烦琐以及信息采集录入压力更大。

要解决这一问题，从根本上来讲需要明确智慧法院建设的基本理念。无论是法院的信息化改革还是智慧法院的建设，都应当以服务审判工作，服务审判人员和诉讼参与人员为出发点，应当贯彻以审判为中心的理念。改革并不是仅以追求无纸化、信息化为最终目标，而是需要将大数据、人工智能等新的技术手段融入

审判工作之中，切实解决一线工作人员及诉讼参与人的实际需求，真正实现审判能力的现代化。正如有观点所指出的，在智慧法院的建设中还需坚持以需求为导向的司法业务本位、以提升司法质效为目标的审判执行本位、以增强审判能力为追求的法院整体本位。[①]

贯彻以审判为中心的理念，就要求数据、信息以及各类技术手段为法官、审判辅助人员、当事人等各诉讼参与人服务，而非相反。同时，在改革的过程中还应明确人工智能等技术手段介入司法活动的边界，避免技术过度介入司法。在智慧司法实施的过程中，可能存在司法对技术的过度依赖、算法黑箱、数据壁垒影响数据价值的实现、数据裁决的算法歧视及机械性司法等风险。[②]在新兴技术融入司法的过程中，要坚持以维护法院审判主体地位为司法限度，坚持以工具主义定位及审慎理性推广为应用原则，让司法大数据在未来的融合应用进程中“有所为有所不为”。[③]或许，算法、人工智能等新技术的深度介入能够最大限度地提高司法的效率，然而正义的实现最终仍有赖于法官作为司法裁判者所注入的公平正义的价值判断，这也是现阶段技术难以取代的部分。因此，在面对滚滚而来的技术革新浪潮时，我们改革的理念不宜过于偏向通过各种技术提高诉讼效率，不断简化甚至取消各种庭审的程序，还应该切实保护当事人的程序权利，平衡司法效率与程序正义之间的关系。

（二）加强立法引领，完善顶层设计为各地改革提供支持

在法院的信息化改革与智慧法院的建设过程中，改革的步伐是领先于相关配套法律规则制定的。也正因如此，在改革的过程中，诉讼程序方面的问题显得较为突出，如异步庭审与诉讼法理论中庭审中心主义的矛盾、对审判公开制度的挑战、非电子形式之证据资料的电子化处理问题，等等。如前所述，在这些问题面前，理论界发出了不少质疑的声音，面对这些质疑有必要通过立法的方式予以回应。然而，在新技术应用于庭审的过程中出现的对现存诉讼法原则和规则的冲击面前，在线诉讼等新的诉讼手段却缺少配套的程序法支持和引导。2021年6月，最高人民法院颁布了《人民法院在线诉讼规则》，其中对在线诉讼的程序规则进行

---

① 参见李鑫：《智慧法院建设的理论基础与中国实践》，载《政法论丛》2021年第5期。

② 参见徐娟、杜家明：《智慧司法实施的风险及其法律规制》，载《河北法学》2020年第8期。

③ 大数据在司法审判中的融合应用研究课题组：《限度与深化：大数据在司法审判中的融合应用研究》，载《中国应用法学》2021年第2期。

了较为详尽的设计，也对前期改革中一些争议较大的问题进行了明确回应。然而，该规则从效力级别上来说仅相当于司法解释，难以解决一些涉及民事诉讼程序改造及原则变通方面的问题，若要真正解决在线诉讼等新的改革措施在程序法上的正当性基础，仍需要在诉讼基本立法上做相应修改。

此外，在改革中各地各级法院基本都是“摸着石头过河”，根据自身的实际情况制定改革方案，因此出现了各地的信息化平台、系统、技术设备纷繁复杂且相互难以兼容的情况。如上所述，针对这一问题，还需在立法层面加强引领，从法律上为改革搭建整体的框架、设立统一的规则，加强顶层设计。

在全国人民代表大会于 2021 年 10 月 23 日公布的《中华人民共和国民事诉讼法（修正草案）》中，仅对新型诉讼方式做了两处针对性规定：新增第 16 条规定“民事诉讼活动通过信息网络平台在线进行的，与线下诉讼活动具有同等法律效力”；同时经过修改后的第 90 条对电子送达进行了规定。建议在民事诉讼法的修改中，在吸收《人民法院在线诉讼规则》一些条款的基础上，明确在线诉讼所应遵循的基本原则，同时设立专章对异步庭审、在线诉讼平台规范、区块链等存证模式进行较为具体的规定，构建以在线诉讼为代表的新技术手段诉讼的基本程序法框架。

（三）促进智能技术融合，实现信息化到智能化的跃升

目前，随着《人民法院在线诉讼规则》的出台，在线庭审已经在全国各级法院全面铺开。同时，各地也都在全面推进全流程无纸化办案。可以说，目前全国法院的信息化建设已经取得了较大的进步，相关的技术手段已经得到应用，相关的数据库已经建立。然而，在目前法院信息化改革中的智能化技术应用仍存在不足之处。有学者通过对全国 76 家有技术类知识产权案件管辖权的一审法院（法庭）开展问卷调查，发现仅有 1 家单位可以实现“所有统计需求自动生成报表，并自动汇总和报送”，有 6 家单位“几乎没有自动统计结果，所有统计都要基于业务明细统计”。[①] 可见，目前法院在初步建立审判信息数据库的基础上，还未能全面利用自动数据处理分析系统来生成相关报告为审判工作提供支持。

下一步，智慧法院的建设工作将全面深化，各级法院也将逐渐从现阶段基本

① 参见周蓉蓉：《数据治理：审判体系与审判能力现代转型跃迁之道——以技术类知识产权数据的一体化司法应用为中心视角》，载《中国应用法学》2021 年第 1 期。

的信息化向真正的智能化跃升。在改革的过程中，可以从多个方面入手进行探索，如通过对大数据的自动分析生成类案检索报告并提出相关的裁判观点、通过智能分析及各职能部门数据库的同步查询对以在线立案方式提交的相应证据进行真伪识别、对于简单的要素式裁判文书通过人工智能自动生成等。

（四）引领变革，贡献智慧法院的中国理论

信息技术的发展不同程度地影响着世界各国的民事诉讼，其发展改变了民事诉讼行为、民事诉讼方式甚至民事诉讼的场所，引发了民事诉讼信息化的潮流[①]。在这一浪潮之下，我国法院凭借着国内信息技术、大数据及人工智能等高新产业的蓬勃发展，以后发优势走在了智慧法院建设的世界前列。近年来，中国的司法大数据建设实现了跨越式发展，成为中国司法"亮丽的名片"，我国法院信息化建设突飞猛进，成为司法大数据应用大国，并走出了一条智慧法院建设的"中国特色"之路。[②]然而，地方试点、先行先试的改革模式导致目前很多的新型诉讼规则均来源于实践中的经验总结，而相关的诉讼理论支持较为贫乏。

我国智慧法院建设不仅关系到审判能力和审判体系现代化的实现，同样也是巩固提升国家司法竞争力和软实力，在信息时代掌握国际司法话语权的关键之举。下一步，学界和实务界更应借助我国法院信息化和智慧化处于世界领先水平这一优势，加紧对相关配套诉讼理论的研究，从理论层面为新技术融入司法提供正当性基础，引领变革，贡献智慧法院的中国理论。具体而言，在智慧法院全面铺开，各项技术全面引入庭审的情况下，在诉讼法理论上应该进一步对司法中技术与参与人之间的关系、公平与效率之间的关系、程序正义与实质正义之间的关系等方面作出更加清晰的论述。

（**作者简介：**吴智永，法学硕士，上海市浦东新区人民法院知识产权审判庭庭长、三级高级法官；沈伟杰，法学硕士，上海市浦东新区人民法院自由贸易区法庭法官助理；庄雨晴，法学硕士，上海市浦东新区人民法院知识产权审判庭法官助理）

① 参见刘敏：《电子诉讼潮流与我国民事诉讼法的应对》，载《当代法学》2016年第5期。

② 参见孙晓勇：《司法大数据在中国法院的应用与前景展望》，载《中国法学》2021年第4期。

民事小额诉讼制度实务问题研究

——兼评《民事诉讼法（修正草案）》中的小额诉讼规定

崔　科　崔四星

2012年修正《民事诉讼法》时，确立了小额诉讼程序。2020年最高人民法院发布了《民事诉讼程序繁简分流改革试点实施办法》（以下简称《试点实施办法》）。2021年《中华人民共和国民事诉讼法（修正草案）》（以下简称《修正草案》）就修法内容公开征求意见，《修正草案》的内容之一是小额诉讼程序的规定。《修正草案》坚持以问题为导向，对相关程序作了重新配置，体现程序与案件类型和性质的相适应性，反映了小案快审，新规则将使工作量减少，对提高效率有积极作用。本文结合最高人民法院试点一年来的相关情况，来看《修正草案》中小额诉讼程序规定存在的问题，提出完善的路径。

一、小额诉讼程序的特点、源流、价值

小额诉讼程序具有简易化、效率化、灵活化等特点，方便当事人参加诉讼。我国将小额诉讼程序规定在简易程序专章中，是简易诉讼程序之下的一个子程序，没将其与简易程序并列，是包含与被包含的关系。

比较法上，1912年，在美国的堪萨斯州诞生了小额诉讼法庭。目前，世界上很多国家如美英德日等国都设有小额诉讼程序。国外小额诉讼程序多是单独立法，为独立程序。美国在民事诉讼法外进行单独的小额诉讼程序立法，日本在民事诉讼法中专章规定了小额诉讼程序。这些国家这样做，是因为其司法的主要矛盾已转移到诉讼正义实现的低效率上。

小额诉讼程序以效率价值优先，节省法官审理成本，节省整体司法资源，提高民事诉讼效率。随着立案登记制推行，包括诸多小额案件在内的大量的民事案件进入法院。因法官员额制改革，基层法院法官人少案多的矛盾突出。在公正与

效率的矛盾难以调和时，通过小额诉讼程序，实现快审快结，高效、便捷、有效解纷，使当事人少累，避免解决小额纠纷花费过多的时间、精力与费用，空耗浪费。如果小额的债权债务纠纷程序复杂、时间长，当事人就会觉得诉诸法院得不偿失，造成疏离司法的结果。小额诉讼程序更高层次的目的是司法的大众化，弥补正式司法程序在便民诉讼方面的缺陷，达到法院亲近市民之目的。[①]

二、小额诉讼程序适用中的问题

（一）过于简易化，过于强调效率

小额诉讼程序在我国的实行情况不尽如人意，适用率偏低。司法实践中，有反映标的额标准的上限过低，导致适用小额案件较少。因而在《试点实施办法》中，提高了小额案件的金额，将标准提高至 5 万元以下，且仅采用排除法来确定适用范围，实际上不再考虑该案件是否属于简单民事案件。[②]尽管如此，小额程序适用率仍较低。在最高人民法院实施繁简分流改革试点前，15 个省（区、市）的 20 个城市改革试点法院的平均适用率仅为 5.7%。改革试点一年来，上升至 19.3%。[③]

实务中，诉讼程序过于简易化，如小额案件裁判文书采用不说明理由的表格式判决，小额知识产权纠纷也可适用小额诉讼程序，虽然提高了司法效率，但牺牲了公正、司法公信力，反而导致更多的申诉、信访案，需抽出更多的人力、精力来应对。因终审信访维稳和再审绩效考核因素，法官一般不愿用小额程序。因各种因素的影响，判决并非都正确。当判决确有问题时，反增当事人的诉累。小额程序因简化程序而带来司法不公的可能性，更浪费人力、物力和司法资源。就如同开快车，出了交通事故，要等交警处理，更耗时间、精力，速度反而更慢。要处理好公正和效率的关系，以保证司法公正为原则。程序正义强调的是公平、公正，不单是效率、便捷、资源等。

① 参见陆俊芳、牛佳雯、熊要先：《我国小额诉讼制度运行的困境与出路——以北京市基层法院的审判实践为蓝本》，载《法律适用》2016 年第 3 期。

② 参见刘铮、何帆、李承运：《〈民事诉讼程序繁简分流改革试点实施办法〉的理解与适用》，载《人民法院报》2020 年 1 月 17 日，第 5 版。

③ 参见《最高人民法院关于民事诉讼程序繁简分流改革试点情况的中期报告》，载《人民法院报》2021 年 3 月 1 日，第 1 版。

从比较法来看，我国案件的审判效率其实并不低。应辩证看待小额程序适用率低的问题。小额程序适用率低的一个重要原因是前置调解程序的过滤。因多元化纠纷解决机制及调撤率是法院办案质效的重要指标，起诉到法院的案件，有非诉过滤，一般都在立案前，需经过法院的前置调解程序，先行处理此类案件，小额案件调撤概率大，通过调解过滤了部分小额案件，导致适用率低。这说明诉调对接的进步。调解结案，当事人信访的概率小，这是好事。进入法院久调不成的案件一般来说并不一定简单，说明双方当事人之间争议大，不应适用小额程序。

《修正草案》中小额诉讼程序过度关注了效率功能，应当考虑民事诉讼各基本价值之间的衡平，体现审判权与当事人权利实现之间的衡平，程序与当事人的利益满足相适应，不能减损当事人诉讼利益。案多人少在 20 世纪 80 年代就已出现，《修正草案》解决案多人少的问题，是员额制改革、诉讼与非诉讼衔接机制、诉源治理等改革针对的对象。对导致案多人少的原因，须进行科学分析。有人认为，案多人少的问题，未必是真问题，是在绩效考核的支配下人为制造“案多”。人少问题是从员额法官人数的视角来看的，不是以法院整体人数为视角来观察的，且我国法官数量相较于域外并不少。《修正草案》通过减损程序从内部解决案多人少，没触及制约诉讼效率、造成案多人少矛盾的根本问题，治标不治本。除了解决人少，还要关注案多，通过可预见的裁判结果以点带面地消解海量潜在权利纷争，鼓励当事人使用 ADR 纠纷解决机制。

（二）弱化当事人权利保障

2016 年《最高人民法院关于进一步推进案件繁简分流优化司法资源配置的若干意见》和 2020 年《试点实施办法》均规定当事人可以约定适用小额程序，即合意适用。原告起诉到法院后，因原、被告情绪对立，合意适用少。一些法院通过司法建议，让潜在的利用小额程序实现债权的企业如金融机构，采用在格式合同条款中事先加入一旦发生诉讼，双方同意适用小额程序解决纠纷的条款。一些金融机构采纳了司法建议。

通过格式条款适用小额程序限制、剥夺对方当事人的重要诉讼权利，来换取案件的快审，很难说反映了对方当事人的真实意愿，是否违背《民法典》第 496 条、第 497 条关于格式合同的规定，《最高人民法院民事诉讼程序繁简分流改革试点问答口径（二）》规定，如果按照《民法典》的规定采取合理方式履行了提示说明义务，可以认定有效，否则，对方当事人可以主张该约定无效。

如果金融机构向法院提起诉讼，借款人主张该条款无效，金融机构认为是根据法院提出的司法建议加入该格式条款的，借款人认为司法建议的行为使法院同被审理的对象具有了利害关系，可能会申请该法院整体回避。①

《修正草案》对小额案件单纯简化程序，当事人程序权益无法得到充分保障，可能导致程序保障与当事人诉权保障被弱化，偏离了民事诉讼法作为民众寻求司法救济最基本依据的制度定位。

（三）排除程序选择权，救济渠道不足

民事诉讼法规定小额诉讼程序为强制适用，法官在小额诉讼案件中有较大的裁量权，易引起当事人的不满。《修正草案》将原由中级法院作一审的小额知识产权案件，也规定可适用小额程序，下放至基层法院一审终审，发生错案的可能性较大，不能保障当事人的救济权利。小额程序通过简化程序，减少当事人诉讼权利，忽视了当事人的程序利益，使得当事人程序选择权不足，救济手段狭窄，救济渠道不畅。适用小额程序，因不需说明理由，可能出现同案不同判的现象。当事人害怕败诉后无法进行救济，败诉一方部分当事人只能以自认倒霉的方式接受。部分当事人通过再审程序或信访途径寻求救济，但再审概率微乎其微。小额诉讼标准，并不意味着其符合所有人心目中小额的标准。1 万元以上，对农民来说，也并非小数目。因救济渠道不足，当事人选择合意适用的情况少。②强制适用的职权主义加剧了案多人少的矛盾，影响司法公信力。当事人主义诉讼模式是化解案多人少的必由之路。

（四）识别标准难判断，审理程序混用

因立案登记制，案件受理时不再进行实质审查，立案庭对小额与简易程序案件凭经验判断常难以识别，对争议不大的判定标准模糊，裁量余地较大。未向被告送达应诉通知书等材料，无法得知被告方对案件事实的陈述，无法判断案件事实是否清楚，权利义务是否明确，案情是简单还是复杂。只有当案件真正到了承办法官手中，通过证据等材料、当事人意见才能断定是否适用小额诉讼程序，小

---

① 参见李浩：《繁简分流改革视域下完善小额诉讼程序研究——以 N 市与 S 市试点法院为重点》，载《当代法学》2021 年第 4 期。

② 参见郭士辉：《小额诉讼程序的运行困局和改革进路》，载《人民司法（应用）》2019 年第 10 期。

额诉讼制度适用取决于法官的自由裁量权。

实务中，时有突破适用范围的规定，出现对当事人提出小额程序的异议轻视，甚至忽视回复的倾向。有些法官为了尽快结案，发现案件复杂，不宜适用小额诉讼程序时不依法转换程序，仍以小额诉讼程序审理，也有小额诉讼程序审限随意延长及向其他程序转换的现象。有法官担心一审终审的小额诉讼程序会带来较多的再审、涉诉信访，影响考核，以案情复杂为由人为将小额诉讼程序转换为简易程序或普通程序，规避一审终审。

同一法官同时承担审理适用普通程序、简易程序和小额诉讼程序的案件的任务，小额诉讼程序转换审理程序的标准粗略，导致小额诉讼案件审理适用程序混乱。审理程序混用可能导致程序虚无主义。

（五）审限过短、送达难

因立案登记制、法官员额制，案多人少，要在 30 日内审结，审限过短，增大了基层法官结案考核的压力，有的为了避免超一个月审限，借助转换程序来延展审限。《修正草案》将小额诉讼案件审期设置为 2 个月，可延长 1 个月。这是合理的，解除了法官难以在一个月内审结的担忧，提升其适用小额程序的意愿。

送达难。小额诉讼程序主要是供债权人使用的程序，债权人是愿意选择这一程序的。但对于债务人来说，债务人并不希望加快偿还债务，因此，债务人缺乏积极性，以躲避送达来拖延期限。另有符合小额诉讼适用条件的案件，但由于被告外出务工等情况，无法在短期内送达被告，只能转换为简易程序或普通程序。

三、完善小额诉讼程序的路径

（一）适当提高小额的标准和范围

基于积极稳妥的考虑，建议小额诉讼适用范围法定标准调整为 40% 以下。此为取中间值。《修正草案》中以“上年度就业人员年平均工资百分之五十以下”作为小额案件的金额上限标准，从比较法来看，相较欧美等发达国家金额过高。草案拓宽了案件类型，一般案件小额化，程序保障却较低。扩大小额诉讼程序可能会造成再审数量增多。

比较法上，设立小额程序的国家不从实质上考虑案件是简单还是复杂，仅根据原告请求给付的金额来识别是否属于小额案件，对小额诉讼限定在真正小额的范围内，如德国把请求给付500欧元（约合3660人民币）以下的案件作为小额诉讼案件，日本把请求给付10万日元（约合5600人民币）以下的案件作为小额诉讼案件。[①]2012年确定的小额金额标准是较高的，"我们对其他国家和地区的金额标准与其人均收入做了对比分析，标的额与人均收入的比例从2%到20%不等"[②]。小额诉讼案件标准上限会随着收入的提高而提高。

对农民、农民工、下岗职工等低收入群体来说，50%的标准并不是小额。2020年，我国人均收入为32189元，农民有5.6亿人左右，农民人均可支配收入为17131元，从各种工资水平来讲，至少有80%的人达不到行业平均工资。原因是有的人工资年薪千万，够平均几百人的工资待遇。[③]因此，相对于农民等低收入人群，《修正草案》规定的小额案件标的额标准并不是小额，应使小额名副其实。

在范围上，《修正草案》第166条中应增加排除知识产权案件适用小额诉讼程序。理由是，知识产权作为一种无形的财产权，专业性强，涉及复杂的、高深的专业技术知识，部分知识产权纠纷属民事、行政交叉案件，程序繁冗，法律事实认定难，处理难度大。

（二）完善救济机制

随着《修正草案》强制适用案件范围的扩大，如果不设立救济机制，可能会损害当事人的基本程序权利。法治社会禁止私力救济，公权力应赋予当事人更有效的救济手段，从根本上消除法官不敢用、当事人不愿用的忧虑，激励适用该程序，实现小额诉讼程序简便高效的目的。

救济程序实行相对一审终审：对1万元以下简单、争议不大的案件实行一审终审，这类案件标的额小，法官可以在一种非正规的气氛下通过谈话的方式进行。

对金额超过1万元，一方当事人不服的小额案件，借鉴日本异议制度的做法，采用"异议+重审"救济手段，当事人可于15日内向原审法院提出异议，由原审

---

① 参见李浩：《繁简分流改革视域下完善小额诉讼程序研究——以N市与S市试点法院为重点》，载《当代法学》2021年第4期。

② 全国人大常委会法制工作委员会民法室编著：《2012民事诉讼法修改决定条文释解》，中国法制出版社2012年版，第221—222页。

③ 参见《2020年全国平均工资出炉了，你达标了吗？其实工资包括这几部分》，载搜狐网，https://www.sohu.com/a/468817139_120130950，2021年11月14日访问。

法院机关业务庭按照普通程序对案件进行实质性重审。对重审的判决，不可上诉。这既保持了一审终审的规定，又增强了对当事人的程序保障救济，可打消当事人顾虑，避免发生恶性事件或极端事件。

也可采取许可上诉的模式。国外立法经验显示，设置小额诉讼程序的国家，不为提高效率牺牲当事人合法的上诉利益，允许当事人上诉。[①] 我国可对小额诉讼程序上诉进行限制，上诉审为法律审，事实认定不属于提起上诉的要件。[②] 因事实认定不清，就不应适用小额诉讼程序。

（三）强化权利保障

赋予当事人程序选择权。选择不同程序审理对裁判结果可能产生重大影响。民事诉讼法是保护当事人诉讼权利的基本规则。完善小额诉讼程序的改革，应平衡好各方面的利益，处理好提高诉讼效率与保障当事人权益的关系。小额案件裁判文书不能采用不说明理由的表格式判决。这是为了防止对于案情复杂的小额诉讼案件，也一简了之。《修正草案》第165条中扩大了小额诉讼程序适用条件，但特别是在判决书用表格化或格式化形式，只宣布结果，不说明理由时，可能难以实现“让人民群众在每一个司法案件中感受到公平正义”的目标，给人以恣意、武断的印象。进入法院的案件，标的额多少与案情简易没有必然关系，有时候标的额小的案件反而更复杂。这时应增强裁判文书的说理性，做到以理服人。当小额案件的标的额无论从其金额数还是从其所占的人均工资比例都已经大幅度提升的情况下，应当对小额程序的当事人给予更多、更充分的程序保障。效率的提高应当建立在保障民众基本程序权利的基础上，不应减损当事人合法诉讼权益。[③]

为兼顾程序保障和减轻法院负担，建议通过赋予当事人程序选择权来解决问题。法院尽可能提供优质高效的司法资源，供当事人选择。若当事人不愿意用，强制适用会损害当事人程序选择权，提高标准更不愿意用。可以借鉴英美日等国

---

① 参见廖中洪：《小额诉讼救济机制比较研究——兼评新修改的〈民事诉讼法〉有关小额诉讼一审终审制的规定》，载《现代法学》2012年第5期。

② 参见陆俊芳、牛佳雯、熊要先：《我国小额诉讼制度运行的困境与出路——以北京市基层法院的审判实践为蓝本》，载《法律适用》2016年第3期。

③ 参见刘铮、何帆、李承运：《〈民事诉讼程序繁简分流改革试点实施办法〉的理解与适用》，载《人民法院报》2020年1月17日，第5版。

做法。美国规定，原告可选择小额诉讼程序、普通诉讼程序审理。日本民事诉讼法规定，小额诉讼程序由原告起诉时提出，被告与原告享有同等的程序选择权，自口头辩论期日起至辩论结束，可以申请程序转换。①

（四）建立易区分、类别化的小额诉讼程序流程

《修正草案》同时采用程序本身简易化和把案件更多分流至简易和小额诉讼程序的两种路径，模糊了各种简化诉讼程序之间的功能定位。普通独任程序、简易程序、小额程序间存在同质性的问题，没有设置明确的界限，审理的案件都是“事实清楚、法律关系明确”，程序之间界限模糊，可能引发普通程序简易化，小额诉讼程序的非技术化，导致程序的虚无主义。

小额诉讼制度应有其特点，应增加小额案件认定标准的区分度。小额诉讼程序在流程上，设立与案件性质、争议金额、争议事项复杂程度等因素匹配的类别化程序，通过程序正义，增强裁判权威。不滥用小额诉讼程序，保障当事人的程序异议权。完善小额诉讼程序与简易程序、普通程序的转换适用机制。当事人可以对小额诉讼程序的适用提起异议，异议成立，应当裁定转为简易程序或者普通程序。

小额案件应根据案情，实行类别化的程序。对于已确认、无争议的证据和事实，可以省略举证和质证程序。对于一方承认对方诉讼请求的认诺诉讼请求、无实质争议的案件，可以直接作出判断的，省略开庭审理环节，径行裁判。建议《修正草案》第 168 条增加 1 款作为第 3 款，即“原告对其提出的事实和请求，被告明确表示承认或者经询问不提出实质争议的，法院可以径行作出裁判”。对于有争议的小额案件，可灵活安排，打破固有的庭审阶段划分，法庭辩论和法庭调查可同时进行。

（五）健全小额电子诉讼规则，完善送达程序

《修正草案》确立了在线诉讼的效力，解纷效率明显提升。对原告和被告身处异地，双方到法庭对质困难的小额案件，采用在线审判方式审理，顺应了信息化时代的发展需求，有重要价值。小额案件在线审理，应考虑不同群体对诉讼方式

---

① 参见［日］中村英郎：《新民事诉讼法讲义》，陈刚、林剑锋、郭美松译，法律出版社 2001 年版，第 302 页。

的选择权。线上和线下已经完成的诉讼行为均具备法律效力。[①] 在线诉讼应当注意创新证据展示，证据质证认证与证据规则的协同，解决与证据调查制度相冲突的问题，如何对证据原件核实，保证证据的真实性。

推动当事人事前作出适用电子送达承诺。送达工作一直是制约诉讼效率的一个“瓶颈”。经当事人明确表示同意，可以电子送达裁判文书。为防止实务中的电子裁判文书与纸质文书不一致，广大基层，特别是农村的许多人员还不能适应电子送达，应规定，送达电子裁判文书时，应当同时向受送达人提供相应的纸质文书。

当事人主动提供电子地址的，无须征询当事人同意，到达电子地址即为有效送达。若没有确切的电子送达地址，主动获取的受送达人电子地址是否为受送达人电子地址，若是被别人盗用了，或多年未用的电子邮箱等，因不能确保当事人知悉案件，不能电子送达。

［**作者简介：**崔科，男，澳大利亚莫纳什大学硕士，北京大成（武汉）律师事务所专职律师；崔四星，男，湖北省恩施州中级人民法院研究室负责人］

① 刘峥、何帆、李承运：《〈人民法院在线诉讼规则〉的理解与适用》，载《人民司法》2021年第19期。

图书在版编目 (CIP) 数据

民事诉讼制度创新研究 / 孙佑海主编 . — 北京：中国法制出版社，2022.12

ISBN 978-7-5216-3146-3

Ⅰ. ①民… Ⅱ. ①孙… Ⅲ. ①民事诉讼 — 司法制度 — 研究 — 中国 Ⅳ. ① D925.104

中国版本图书馆 CIP 数据核字（2022）第 214906 号

策划编辑：侯　鹏
责任编辑：宋　平　　封面设计：杨泽江

民事诉讼制度创新研究

MINSHI SUSONG ZHIDU CHUANGXIN YANJIU

主编 / 孙佑海

经销 / 新华书店

印刷 / 北京虎彩文化传播有限公司

开本 / 710 毫米 ×1000 毫米　16 开　　印张 / 15.75　字数 / 273 千

版次 / 2022 年 12 月第 1 版　　2022 年 12 月第 1 次印刷

中国法制出版社出版

书号 ISBN 978-7-5216-3146-3　　定价：79.00 元

北京市西城区西便门西里甲 16 号西便门办公区

邮政编码：100053　　传真：010-63141600

网址：http://www.zgfzs.com　　**编辑部电话：010-63141825**

市场营销部电话：010-63141612　　**印务部电话：010-63141606**

（如有印装质量问题，请与本社印务部联系。）